BREAKING THE CODE OF
PAYMENTS
一本书读懂
支付

[美] 陈斌 著

机械工业出版社
CHINA MACHINE PRESS

图书在版编目（CIP）数据

一本书读懂支付 /（美）陈斌著 . —北京：机械工业出版社，2023.3
ISBN 978-7-111-72669-2

I.①一… II.①陈… III.①电子支付 IV.①F713.361.3

中国国家版本馆 CIP 数据核字（2023）第 031008 号

北京市版权局著作权合同登记 图字：01-2022-6549 号。

一本书读懂支付

出版发行：机械工业出版社（北京市西城区百万庄大街 22 号 邮政编码：100037）	
策划编辑：杨福川	责任编辑：杨福川
责任校对：张昕妍 陈 越	责任印制：刘 媛
印 刷：涿州市京南印刷厂	版 次：2023 年 5 月第 1 版第 1 次印刷
开 本：186mm×240mm 1/16	印 张：18.5
书 号：ISBN 978-7-111-72669-2	定 价：99.00 元

客服电话：（010）88361066 68326294

我们在日本已经见证了中国的手机支付走到世界的前端，带动日本的无现金社会蓬勃发展，改变了日本社会的支付方式。从新加坡、美国、中国到日本，陈斌一直是支付领域的技术先驱者和领导者。他在这本书里系统地讲解了支付的基本模式、体系结构以及业务运营等，同时用专业的视角重新思考了支付的历史、现在和未来。对支付行业的从业者来说，这是一本不二的教科书；对非支付行业的人员来说，这也是一本通俗的参考书。

——李刚　NETSTARS 创始人兼董事长

本书既是一本概括了人类支付科技及模式演变的通史和百科全书，也是一盏面向支付技术人员的指路明灯，融合了作者过去多年在新加坡、美国、中国、日本的科技和支付行业的丰富从业经验和深厚技术积累。作者用通俗易懂的言语，将支付的方式、技术演变、底层技术逻辑、商业应用等一一展现在我们面前，为支付技术人员、金融从业者、企业管理者、学术界人士、监管人士、投资者以及广大爱好者提供全面、系统、生动的指导。

——江月枫　友仓集团合伙人

作者学识渊博，在支付领域有丰富的技术与管理经验、产业经验和国际化经验。他在这本书中用通俗易懂的言语从不同维度将支付娓娓道来。本书适合支付领域的从业者和爱好者阅读，可以帮助他们高效地了解和学习最新的支付技术。

——王越　北京意锐新创科技有限公司创始人

我非常佩服陈斌先生为支付行业作出的杰出贡献。能写出一本全面系统地讲解支付领域的书确实不易。相信这本书能为想深入浅出地了解支付领域的变化和技术革新的行业人士带来极大帮助，同时对整个支付行业的发展也会起到很大的助力。

——林喆　商米科技 CEO

我非常兴奋地读完了陈斌的这部关于支付的专著，并对支付有了系统性的、全方位的了解。特别是在支付技术方面，作者把复杂的逻辑讲述得浅显易懂。在阅读本书的过程中，我随着作者的视角对支付系统的各个环节有了全面而深刻的认识，也参透了各种支付之谜，有了一种"半亩方塘一鉴开，天光云影共徘徊"的感觉。我愿意把这本书推荐给所有对支付感兴趣的朋友们，相信这本书可以成为帮助大家打开支付大门的一把钥匙。

——燕晓哲　美国无国界教育理事会主席/《生命无国界》共同作者

陈斌是百悟研究院的院长，长期以来一直致力于互联网技术，特别是电子支付技术的理论与实践。这本书集作者几十年的行业经验之大成，跨越中国、美国、日本、新加坡四个国家，对支付技术进行了全面而深刻的讨论。更加难能可贵的是，作者能够站在业务的角度讨论技术的架构设计、应用研发与技术运维。他特别强调要在充分理解支付业务的基础上，去研发和构建支付系统，为从事互联网产品技术的人员树立了一个好的榜样。我强烈推荐从事电子商务、电子支付、金融科技和数字化转型的人员把这本书当成案头的工具书来认真阅读。

——张瑞海　北京百悟科技董事长

为何写作本书

纵观人类发展的历史，每一次支付手段的演变，都给社会经济发展和商品流通带来了巨大的动力和新的发展机会。支付手段在一定程度上影响着社会生产力的发展，是关乎国计民生的重大课题。

在以物易物的时代，如果生产某种产品的人要在市场上寻找拥有自己需要的其他生产资料或者生活用品的人来进行物品交换，那么他会大费周章；如果要交换的商品有时效性，例如一筐鱼，那么交易的时间窗口非常有限；如果交易的对手远在他乡，那么还要长途负重运输才能完成交易。以贝壳作为交易的媒介后，前面提到的几个问题都迎刃而解。生产者可以把自己的产品卖出去，换回贝壳，然后可以在任何时间用赚取的贝壳去购买生产资料或者生活物资。这就是支付方式给生产和生活所带来的直接好处。

在以贝壳为货币的时代，货币的携带、保管、运输和计算又面临新的挑战。买家可能携带超过所购买商品重量的货币，大的生产者或者商户须收取大量货币，可能要腾出专门的房间去存储货币。如果是异地交易支付，付款方长途搬运大量沉重的货币，不仅很劳累，而且要担心运输沿线的"绿林好汉"，搞不好会人财两空。将金银等贵金属作为货币，可以把价值高度浓缩。这种新的交易媒介和支付手段，在很大程度上解决了前面提到的各种问题，有力地推进了贸易活动的发展，再次展现出支付的强大推动力，让人们的生产和生活变得更加容易。

在以金银这些贵金属为主要交易媒介的时代，日常生活中的支付和今天已经相差无几。但是支付仍然存在一定的困难。首先，黄金与白银的开采量是有限度的，不能说今年开采多少金银，明年就发展多大规模的经济，贵金属的稀有性在一定程度上约束了经济的蓬勃发展。其次，区域间的支付，例如地方税收上缴中央国库这样的事情非常不容易。尽管有官道和驿站，但是贵金属货币的巨大诱惑力让很多人铤而走险。这也是当时镖局生意很好并成为一个行业的原因。纸质银票这一新支付手段的出现，很好地解决了异地资本转移过程中的安全问题。以支付服务为核心的票号的涌现，进一步促进了商品的流通和经济的发展。

在以纸币为主导的今天，各国银行根据国民经济和社会发展的需要决定发行多少货币，经济发展不再受金银这些贵金属稀有性的约束。货币的异地交割也可以通过地区性或者国家级的清算机构来完成，不仅免去了镖局的车马劳顿，也提高了资金周转的效率。但是，纸币也面临着下面几个比较大的问题。

经过世界范围新冠病毒疫情的冲击，消费者对任何接触性的活动都心存疑虑，例如，人与人之间的物理接触，人与纸币或硬币之间的接触，人与诸如 ATM 公用设备之间的接触，人与指纹采集器之间的接触等。解决这个问题最好的办法就是推动非现金支付，也就是说通过扫码支付、NFC 支付和生物特征支付等非现金支付方式来取代传统的现金支付方式。2017 年日本的非现金支付金额只占支付总额的 21.2%。因为疫情，消费者开始广泛使用电子钱包扫码支付。现在日本的非现金支付占比已经超过支付总额的 32.5%，几年时间至少增长了 11.3%[一]。

因为伪造货币的技术在不断地提高，所以货币的防伪就越来越具有挑战性。根据印度国家银行（SBI）和印度国家犯罪记录局（NCRB）的数据[二]，2020 年印度全国流通的假钞有 834 亿美元，而市场流通的货币数量是 2420 亿美元，假钞占了市场货币流通量的 34.4%。即使没有假钞，仅仅是新货币发行本身也会产生很大的成本。例如，就人民币来说，1 元纸币的成本大概是 4 角，100 元纸币的成本大概是 8～9 角，1 角硬币的成本是 9 分，5 角硬币的成本大约是 6 角。以智能点钞机为例，该行业全球每年的市场规模在 35 亿美元以上。如果再考虑各类金库、运钞车、点钞机以及旧货币处理，那累加起来的成本就更高了，所以以纸币和硬币为核心的货币体系成本巨大。

在当前的支付过程中，货币的匿名性和在线交易的复杂性所造成的欺诈、贪污和洗钱等活动非常猖獗。根据尼尔森报告，2020 年在全球发生的 ATM、发卡、收单和商户侧的银行卡欺诈案件所带来的损失高达 285.8 亿美元。根据国际货币基金组织（IMF）2019 年 9 月发表在《金融与发展》季刊上的调查报告，全世界每年发生的贿赂金额高达 1.5 万亿～2.0 万亿美元，偷逃税使各国政府每年损失 3 万亿美元。另外，联合国 FACTI 于 2020 年 9 月 24 日的报告估计，全球每年的洗钱金额达到 1.6 万亿美元，占全世界国民生产总值的 2.7%。这些问题是各国政府都不得不面对的重大挑战。

今天的世界正在快速进入数字化时代。数字化时代的支付将以数字货币作为主要的媒介，数字货币为解决上述问题带来了希望。当交易发生的时候，所有资金往来所涉及的货币将以

㊀ https://paymentsjapan.or.jp/wp-content/uploads/2022/08/roadmap2022.pdf。

㊁ https://www.rbi.org.in/financialeducation/currencynote.aspx。

数字形式出现，货币也可以全部或者部分实现实名制。因此，支付发生的时间、地点与参与支付活动的各方身份也更加明确和容易追踪。现在支付所面临的挑战也将会得到有效的解决。以智能化文本生成技术为特色的 ChatGPT 的横空出世，不仅为世界的科技创新带来了新方向，而且为支付技术的发展注入了新动力。可以预见支付业务将会在合适的场景，通过应用自然语言和文本生成新技术，大幅度地提高消费者的支付体验，进一步促进数字化支付技术向智能化的方向发展。通过阅读本书，你可以更加深入地理解和掌握当前的支付模式、支付工具、支付业务、支付技术、支付风险和行业趋势，从而能够在向数字货币演进的过程中，高瞻远瞩，从容应对，不断创新产品和业务模式，发现新的机遇和发展空间。

最后，我想用 ChatGPT 模仿唐代诗人李白做的关于支付的诗，祝愿各位读者能通过阅读本书获得最大的收获。

> 支付如流水般简单，
> 点一下便可完成交易。
> 不再掏钱包，不再排长队。
> 智慧科技令生活如此便利，
> 无论在何处皆可实现。
> 财富不再是难题，
> 科技使人类生活更加美好。

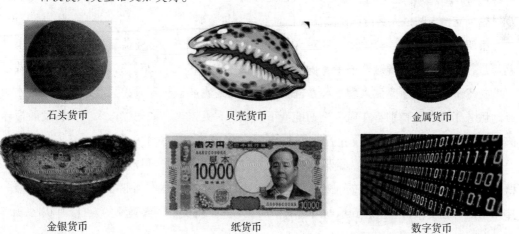

| 石头货币 | 贝壳货币 | 金属货币 |
| 金银货币 | 纸货币 | 数字货币 |

本书主要内容

支付是一个内涵极其丰富、外延非常广泛的概念，既包括在日常生活中我们所能观察和参与的各种支付活动，又包括国家与国家之间的支付行为。本书将聚焦讨论前者而忽略后者，因为在日常生活中我们接触后者的机会相对较少，而且后者具有高度的复杂性，需要大量的篇幅去分析和总结，后续或许可以单独专门出版一本书来做更详细的介绍。本书分为四部分，分别从基本模式、技术架构、技术运维、业务运营四个维度展开。

第一部分（第 1 ~ 4 章），聚焦支付的基本概念、业务模式和基础工具。第 1 章对支付的基本概念进行了讨论，分析了支付与交易的逻辑关系；第 2 章全面描述了支付的各种业务模式，期望读者能快速形成对支付行业的全景视图；第 3 章对支付和收单的基础工具做了深入的分析与描述；第 4 章讨论了包括刷脸、指纹、虹膜、声纹、掌纹和静脉在内的六种生物特征支付方式。在读过第一部分之后，读者可以在头脑中建立起支付的宏观框架，掌握关于支付的基础知识，为后续章节的深入讨论奠定基础。

第二部分（第 5 ~ 9 章），主要讨论与支付相关的技术架构和技术实现。第 5 章是第二部分的前导性内容，从宏观和整体上介绍了支付的技术架构；第 6 ~ 8 章分别详细地讲解了支付前、支付中和支付后的业务需求特点以及应用设计方面应该注意的问题；第 9 章对技术实现过程中的一些常见问题做了深入的分析和讨论。

第三部分（第 10 ~ 12 章），围绕支付的技术运维这个核心展开讲解。第 10 章深入讨论了云服务、分布式计算、应用发布、系统环境等；第 11 章介绍了以 ITIL 为基础的信息技术管理最佳实践，包括服务水平协议管理、容量管理、可用性管理、变更管理、事件管理和故障管理，旨在通过 ITIL 的最佳实践结合支付业务的特点，形成支付技术体系的管理模式；第 12 章讨论了支付卡和个人身份识别数据的信息安全管控策略。

第四部分（第 13 ~ 15 章），针对支付的业务运营、政策与行业监管以及支付的未来发展趋势进行了讨论。尽管这本书主要以从事支付工作的技术人员为对象，但是我认为要做好支付的技术工作，必须要深入理解和掌握支付的业务逻辑和政策监管，只有这样，技术才能更好地服务于业务。特别是在风云变幻的当下，如何看见未来，如何以未来的支付发展为导向来发展现在的支付业务，是支付行业每个产品技术人员所要面对的问题。

我个人在中国、新加坡、美国和日本的支付行业有多年支付技术和业务工作经验。本书既是我对这些国家支付实践的观察与体验，也是我多年产品技术和业务运营经验的总结。希望本书能够在支付行业里起到承前启后的作用，为想了解支付世界奥秘的人打开一扇小窗口。

本书读者定位

本书的第 1 ~ 4 章介绍了支付的基础概念、模式和工具，适合所有对支付感兴趣的人阅读。第 5 ~ 9 章讨论了支付系统的架构思考、应用设计和技术实现，比较适合支付行业的产品和技术人员，特别是想要了解支付技术体系的架构师和应用设计研发人员，当然对需要与支付系统对接的其他行业的技术人员也有一定指导作用。第 10 ～ 12 章主要涵盖支付系统的技术运维、技术管理的最佳实践和信息安全三个方面，非常适合从事支付技术运维或者 SRE 的架构师、运维工程师和信息安全工程师，对从事产品应用研发的工程师也有不错的启发作用。第 13 ～ 15 章以支付业务运营为核心，分析了支付业务运营过程中的各种风险，并且介绍了支付的行业监管和支付业务的未来发展趋势，适合支付公司以及使用支付服务的其他机构的业务运营人员阅读。这几章还讨论了各国有关个人身份识别数据的管控法规，有利于从事跨境支付的业务人员掌握世界各地有关个人数据保护的法规。第 15 章适合所有对未来的支付业务感兴趣的人，特别是经营管理人员、产品工程师、研发工程师和运维工程师等阅读。

总之，这本书主要面向支付产品技术人员。对于刚刚踏入支付领域的技术人员，这本书是一盏指路的明灯，能起到向导的作用，可以帮助你快速了解支付的体系结构；对有一定支付业务经验的人，这本书是支付业务的案头参考，可以帮助你总结和提炼有关支付的知识与经验；对于从事支付业务多年的高级技术、业务和经营管理人员，这本书能起到更新知识和总结经验的作用；对于那些不从事支付业务，但是与支付业务密切相关的电商、银行、监管和投资人员，这本书是了解和掌握支付的不二选择。

本书内容特色

这本书最大的亮点在于，书中的很多案例和描述都是我在中国、新加坡、美国和日本四个国家技术与业务的亲身经历。我的经历以支付业务为主，但并不局限于支付。在新加坡航空公司的 8 年让我掌握了 IBM 主机系统，了解了传统大型交易系统的处理逻辑与系统架构；在美国硅谷的 14 年，特别是在 eBay、PayPal 的经历，让我深刻理解了什么是创新、互联网技术和支付业务；在中国易宝支付创业和工作的 6 年，让我体验到了什么叫后来居上，看到了中国如何依靠高维度新技术和巨大的市场容量，快速超越美国占优势的传统支付行业，引领移动支付的行业发展；在日本的 3 年，让我充分地体会了什么叫细致入微与墨守成规，看到了日本式支付业务运营与市场竞争的独特风景。

另外，这本书也是我职业发展与成长的写照。回顾在支付公司里的工作经历，我突然发现自己几乎做过支付业务涉及的所有工作，包括产品、技术、运维、业务运营、安全、销售和管理：从早期的主机系统汇编语言分析员，进化到 Oracle DBA、UNIX 管理员，并进一步发展为 Java 研发工程师、系统集成和信息安全架构师；当移动技术蓬勃发展的时候，快速转变为移动应用架构师，然后又从高级架构师向技术管理人员转变，成为技术和业务负责人。

我相信这个过程既是时代发展的反映，也是每个从业人员在自己的职业生涯发展过程中都会遇到的类似经历。从研发到运维，从产品到运营，从销售到管理，每个人在职业发展过程中成功转身，既是时代赋予的机会，也是个人不断努力与挑战自我的结果。

跳出个人的圈子，本书所记载的支付业务也体现了中国的跳跃式发展。2000 年互联网高速发展的时候，我在硅谷的一家支付创业公司里做 Oracle DBA 兼 HP UNIX 系统管理员。当时在美国，每 2 个人拥有一台电脑，而在中国，每 1 万人拥有 88 台电脑，美国的电脑普及率是中国的 57 倍。当时美国的网民占了其总人口的一半，而中国大概只有 1690 万网民。显然，在互联网渗透度和普及率方面，两国存在巨大的差距。我的美国同事曾经自豪地说，如果按照这个速度发展，中国再有几十年也无法追上美国。我当时感觉非常沮丧。2008 年智能手机的出现，彻底改变了游戏规则。规模化生产的大量低成本智能手机让网民可以随时随地上网。截至 2008 年 6 月底，中国的网民数量达到了 2.53 亿，首次大幅度超过美国，跃居世界第一位。智能手机的出现让中国后来居上，这是我看到的第一个跳跃式发展。

2008 年我在 eBay 和 PayPal 做移动支付创新的时候，中国支付行业的落后情况与当年互联网普及率低的情况类似。但是，在智能手机上快速发展起来的移动支付，配合二维码，在很短的时间内就把中国的移动支付普及率大幅度提高到世界上数一数二的水平。到 2019 年，中国移动支付的普及率达到了 80%，而美国的普及率只有 10%。这是我看到的中国的第二个跳跃式发展。

本书的亮点是，除了见证时代进步和国家发展之外，还首次提出以参考架构的方法设计支付系统的架构。这个参考架构的设计方法比领域设计等其他应用架构设计方法更加简单，而且强调把复杂的问题按照大逻辑分成不同的层次，再根据不同层次采用不同的思路，交给不同的人去思考与设计。这样做其实也体现了目前支付公司产品技术体系的结构，可操作性强。另外，在应用设计的讨论中，本书从业务流程的角度组织安排支付应用系统的设计，分成支付前、支付中和支付后三个部分，让这些子系统可以按照支付业务在不同阶段的特点各自聚焦。

致谢

本书所讨论的关于支付的模式、产品、技术、业务、最佳实践和监管，并不是单独由我总结出来的，而是我与中国、日本、新加坡和美国的客户、同事以及合作伙伴多年交流与讨论的结果，他们对本书的各个部分都有不同程度的贡献。因此，我感谢在过去数十年里共事过的老师、朋友、伙伴、客户、同事和老板，特别是中国人民银行科技司前司长陈静老师、中国银联的董事陈雷先生、易宝支付的创始人余晨先生、银联国际日本总经理潘东先生、北京意锐新创科技有限公司创始人王越先生、友仓集团的江月枫先生、美国无国界教育理事会主席燕晓哲老师、NETSTARS 创始人李刚先生等，他们对本书的帮助是无价的。

我还要感谢对本书提供文字建议以及图片编辑的衣娜、范艳君和王瑞等几位同事，感谢为本书的编辑出版提供帮助的所有人！

最后，也是最重要的，我要感谢我的妻子鲁明玉，她是最好的意见聆听者、支持者和建议者。我还要感谢我的朋友们，他们容忍了我因为需要坐在电脑前写作而无法参加春夏的烧烤与远足驾车旅行等社交活动。这种规模的工作不是我单枪匹马就可以完成的，没有家人和朋友们的理解与支持，这将是一个艰难的过程。

关于作者

陈斌，吉林大学情报工程系硕士，日本 NETSTARS 董事和首席技术官。曾任中国易宝支付的首席技术官，参与易宝支付在 2003 年的创业，先后负责过易宝支付的技术研发、技术运维、产品策略、业务运营和市场销售。曾在 eBay 和 PayPal 工作六年，担任过高级架构师，负责过移动应用产品的架构设计和研发工作。曾在美国的 Nokia、斯坦福医疗中心、Hitachi 等担任过首席工程师、性能架构师、技术集成总监等。曾在新加坡航空公司从事过多年民航信息系统的研发工作。中国互联网技术百人会理事长，首席技术官领袖联盟联席主席。翻译出版了《架构即未来》《架构真经》《数据即未来》《Python 机器学习》《区块链启示录》和《企业 AI 战略》。

目 录 *Contents*

第一部分 *Part 1*

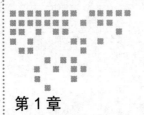

Chapter 1 第 1 章

支付的基本概念

支付与交易密不可分，支付往往伴随着交易，换句话说，支付是交易不可或缺的一个重要环节，更是交易成败的关键。所以，本章将在深入讨论支付的概念之前，先简要地分析一下交易，之后再全面介绍支付的各种场景、形态、工具等，为后续章节的讨论打好基础。

1.1 交易

从古到今，交易一直存在于人类社会的日常生活中，而且随着人类社会生产实践与生活实践的不断发展而演变。交易方式从远古时代的以货易货发展到今天的电子商务，交易媒介从石头、贝壳与金银演变为纸币甚至数字货币。同时，交易的范围和地域在不断扩大，交易的手段和工具在不断发展。如今，"交易"一词已经从纯粹的商业范畴渗透到政治、军事、外交等各个领域。

1.1.1 交易的定义

"交易是买卖双方对有价值的物品及服务进行互通有无的行为。"[⊖]

由此可见，交易的本质是一种互通有无的行为，而这种行为是促进社会生产发展的重要手段，也是保障社会生活的基础。交易让生产不同产品的人能实现自己的劳动价值，通过交易换回自己需要的各种生产资料和生活资料，同时也让那些拥有独特技能的人（古代把

⊖ https://www.sohu.com/a/456235719_114819。

这种人称为匠人）不用去打猎或者农耕，而去专心钻研自己的手艺功夫，从而促进了社会的分工，以及艺术与文化的发展。匠人们通过服务他人来体现自己的价值，因此，社会上才会出现艺术家、建筑师、音乐家、哲学家和美术家，从而创造了灿烂的文化。

数字时代，交易的内涵仍然是买卖双方对有价值的物品及服务进行互通有无的行为，但是外延却有了扩大。有价值的物品已经不再局限于传统的商品与服务，而是扩大到数字世界中数字化的商品和服务。数字化的商品是指数字世界中那些有价值的物品，例如在虚拟现实世界中某个人的数字化外形，数字化的穿戴、居所和工具。数字化的服务是指数字世界中那些有价值的服务，例如，未来的医疗服务可以对完全数字化的人体进行体检，根据发现的问题制订手术方案并模拟和演练手术，也可以针对药物治疗方案进行数字化验证等。

1.1.2　交易的流程

在不同的地区、行业、时期，交易流程都有各自独特的地方。古代手放袖子里讲价的方法又叫"拉手比价"或者"袖内拉手"，如图 1-1 所示。生意人在谈价钱时会用袖内拉手方式交易，即你开个价，然后对方还价，一切都在袖子里进行。所谓行有行规，商人为了不让别人知道自己出的价，一般都在私下议价，用商行里通用的手势比划价格，当买卖双方商定价格后，即可成交。

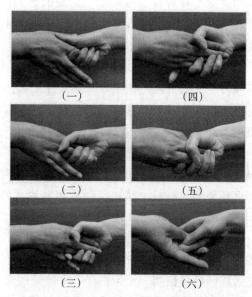

（一）　　　（四）

（二）　　　（五）

（三）　　　（六）

图 1-1　生意人谈价钱时用袖内拉手方式交易

现代的证券交易所或者大宗商品交易所的交易方式也与前面提到的袖内拉手类似，采用手势来表达自己的交易意愿，在公开喊价的时候，通过手势表示买进或者卖出，如图 1-2 所示。拍卖也是一种非常有意思的交易方式，在拍卖的过程中，主要靠喊价来完成最终的交易。

但是，无论交易的表现形式如何，典型的交易基本上都少不了签约、认证、交付、记录和支付 5 个环节，如图 1-3 所示。不同的交易方式，其流程可能会在细节上有一定的差异，但是都包含这 5 个环节，它们构成了交易的 5 个要素。

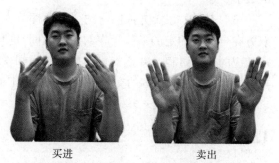

买进　　　　　卖出

图 1-2　证券交易所的公开喊价手势

签约 → 认证 → 交付 → 记录 → 支付

图 1-3　交易的流程

1.1.3　交易的 5 个要素

交易包含签约、认证、交付、记录和支付 5
个要素，如图 1-4 所示。

（1）签约　买卖双方通过谈判对要交换的标
的，标的的数量、质量、价值，交换的时间和地
点等达成共识，并把所达成的共识以合同、合约、
销售确认书，甚至口头承诺等方式确定下来，作
为约束买卖双方行为的规范。传统的签约以纸质
合同的方式出现，现在更多的是电子合同和电子
签章，甚至有基于区块链的智能合约。

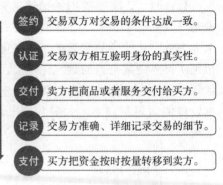

签约	交易双方对交易的条件达成一致。
认证	交易双方相互验明身份的真实性。
交付	卖方把商品或者服务交付给买方。
记录	交易方准确、详细记录交易的细节。
支付	买方把资金按时按量转移到卖方。

图 1-4　交易的要素

（2）认证　买卖双方为了避免各种欺诈以及满足监管要求，有时候需要通过检查公
司或者个人的证件、执照等身份文件来认证对方的身份。目前的认证手段非常多，可以通
过短信、邮件、电子身份证，甚至刷脸、指纹、掌纹、笔迹、声音等生物特征完成身份的
识别。

（3）交付　卖方按照合同的约定，提供相应质量和数量的商品或者服务。交付的过程
很有可能会涉及第三方的认证、检疫、保险和物流。如果买卖双方分别来自不同的国家，
那么还要通过商检、海关、保险和海运等更为复杂的环节。传统的贸易可以通过信用证、
支票、汇票等方式交付，现在则增加了电子转账和数字货币等新方式。

（4）记录　为了避免交易后双方可能出现的潜在纠纷和诉讼，一般情况下，买卖双方
需要详细记录交易的细节，例如合约、订单、质量检查合格证、商检证明、发货证明、物
流追踪、报关证明、海运提单、保险证明和支付凭证等。特别是发票，它是记载交易的重
要文档，传统交易采用纸质的发票，现在增加了电子发票和以数字化方式记载在区块链上
的数字发票。

（5）支付　在卖方依照合约全部或部分完成了商品或者服务的交付之后，买方会按照
双方在合同中约定的条款，在约定的时间，向约定的账户，以约定的币种和约定的金额完
成相应的支付过程，并把支付结果及时通知卖方。如果这种支付发生在同一个国家和地区
还好处理，如果是跨国的交易，则会涉及换汇的问题。

1.2　支付

支付是交易过程中保障互通有无行为的一个非常重要的环节，也是买卖双方最为关心

的活动。如果支付完成，卖方收到应得的利益，那么大概率交易会成功；如果支付发生问题，卖方无法获得约定的利益，那么交易也必然失败。本节将重点介绍支付的定义、过程和要素。

1.2.1　支付的定义

"支付是付款人向收款人转移可接受的货币债权的过程。"⊖

所谓的货币债权就是以货币形式表示的债权，持有货币债权的人，可以据此向接受该债权的人或者机构兑现相应价值的商品或者服务。目前，法定货币是货币债权最主要的表现形式之一。

货币经过数千年的发展和演变，从石头币、贝壳币、金属币、金币、银币、纸币过渡到数字货币。无论货币以什么形态出现，它都代表了信任。从事买卖交易的人们都相信货币能代表特定的价值。换句话说，货币是什么不要紧，要紧的是它要可以信赖。反过来，如果没有买方与卖方在货币上建立的信任机制，交易很难达成。

在数字时代，以数字货币为主的支付的内涵仍然是付款人向收款人转移可接受的货币债权的过程。但是支付的外延发生了变化，这主要体现在三个方面。首先，付款人已经扩展到自然人之外的智能设备，例如智能管家可以根据家里的需要自主决定购买日常用品。其次，数字时代的支付所涉及的可接受的货币债权包括数字货币。再次，数字时代的支付会利用区块链的智能合约自动兑现承诺，完成约定的资金转移过程。

1.2.2　支付的过程

支付是付款人把与所获得商品或者服务的价值相当的货币转移给收款人的过程，如图 1-5 所示。支付的过程既可以面对面地完成，又可以通过邮寄、电报、电话、传真或者计算机网络等其他信息传递手段来完成。支付的过程既

图 1-5　支付的过程

可以是价值的直接转移，又可以是对价值载体的授权或者承诺。支付的过程既可以是在当下即期发生的价值转移，也可以是交易发生很多天之后发生的远期结算。支付的过程既可以由受益方或者买方完成，也可以由第三方代为交割，例如应收账款的垫资、保理或者信贷服务等。

1.2.3　支付的 3 个要素

从前面关于支付的定义可以看出，支付包含付款人、收款人和可接受的货币债权 3 个要素。

⊖　https://www.toutiao.com/article/6893689290841129486/?&source=m_redirect。

付款人通常是指交易过程中的买方。当然，付款人也可以是买方之外的其他主体。例如，买方用机构捐助的款项购买设备，此时付款人与买方不是同一个主体。付款人有的时候可以是接受委托的代理，例如银行可以根据客户的要求，代理客户向指定的账户进行代付。这只是形式上的变化，实质上最终的付款人还是客户自己。

收款人一般是指交易过程中的卖方，也就是提供商品或者服务的一方。但是在电子商务的买卖过程中情况有所变化。例如第三方支付机构被卖方委托代为收取买方的资金，再统一把一个时期内的所有支付款项转移给卖方。在这个过程中，受信任的人从买方变成了第三方支付机构。在实际的业务中，也有专业代为收账的机构。例如，卖方在卖出货物之后，把应收的账款打折卖给保理公司或者银行，从而缩短账期，利用快速回笼的资金组织下一轮的生产或贸易。在这个过程中收款人就从原来的卖方变成了保理公司或者银行。

可接受的货币债权主要涉及以下几个方面。

- 支付的时间：合约中规定的期限，例如货到后 N 天付款。
- 支付的货币：合约中规定的币种，例如美元、日元、欧元、人民币和卢布等。
- 支付的金额：合约中规定的某种货币的数量。
- 支付的方式：支票、信用证、现钞、信用卡或者电子转账等。

1.2.4　支付的复杂性

支付会受到人与人之间关系的影响。付款人和收款人之间，可能会因为彼此的宗教理念、政治主张和其他情感因素而出现矛盾。如果再加上政府的政策影响以及周边组织或环境的推动，支付就会变得非常复杂。例如反洗钱、反贪污和打击恐怖主义融资活动。支付的复杂性主要表现在以下几个方面。

首先，支付涉及收款人与付款人的身份识别和认证问题。付款人不验明正身是不能把资金交割给收款人的。但是验明正身这件事在互联网电子商务这样远程非接触交易的场景下是不容易做好的，很容易出现货物发出、资金却收不回来的情况，或者支付了货款但拿到的不是预期商品或服务的情况。这里形形色色的欺诈问题非常多，防不胜防。我曾经经历过买方要求电商公司在某条马路的某个电线杆下交货的情况。更多的是利用盗窃或者伪造的信用卡进行在线交易的情况，如果发生信用卡持有人拒付的情形，商户就要自己承担损失。

其次，支付涉及约定资金的交割。资金有可能是不同国家的货币，货币之间的兑换往往涉及快速变化的市场兑换率。如果涉及大额支付，那么短时间就可能会产生巨额的损失。仅 2022 年初到 2022 年 9 月，日元的跌幅就高达 27%，从 1 美元兑 114 日元，快速贬值到 1 美元兑 145 日元。为了避免货币兑换率频繁变动所带来的汇差风险，在一段时间内，支付机构都会与银行或者其他专业机构合作来锁定汇率。这样，无论外汇市场如何风云变幻，支付过程中支付机构都以某个特定的汇率进行兑换，切实保障交易中各方的利益。

再次，支付涉及约定资金的交割时间。资金与时间的结合就会产生利息问题，超过约定时间交付将出现违约合约罚款和延迟交付罚息问题。遇到这种问题时需要慎重计算，否则可能会导致交易双方对簿公堂。延迟支付一般会带来三个方面的影响：①按约定的罚则支付滞纳金或者迟纳金，例如无法完成资金交割，每延迟 1 天罚交易总额的 1%；②付款人需要为延迟付款缴纳利息；③付款人的商业信誉会受到影响，让其他的交易对手心存疑虑。区块链的智能合约可以很有效地解决这个问题。例如，买卖双方进行交易，约定 3 天到货，当买方签署了收货单据后，就可以通过智能合约的自动执行，按期获得应该交割的款项。

最后，支付受到各国监管机构的密切关注，特别是要接受与反洗钱、反贪污、防止偷税漏税与打击恐怖主义融资相关机构的调查。如果搞不清楚资金的使用目的和真正去向，会在无形中为支付机构带来很大的麻烦，这也是为什么支付机构要真正了解自己所服务的商户，例如了解商户的业务是什么，是否有不合规的内容。曾经有人把改装后的 POS 机带到境外，然后在赌场里刷卡套现几千万，这是非常明显的洗钱活动。深圳也曾经发生过劫匪打劫时，自己携带 POS 机，让没有带现钱的受害人通过 POS 机刷卡完成支付的案件。

1.3 交易与支付

支付是交易过程中最为关键的环节。交易带来了支付，支付让交易得以顺利完成，二者基本上是伴生的关系。交易是支付的前提，支付服务于交易。在大部分情况下，交易发生的后面往往跟着支付，但也会有其他情况。

1.3.1 交易与支付不是一回事

在某些特定的情况下，支付可以与交易毫无关系。在交易过程中，如果不需要买方以货币形式补偿卖方，或者买卖双方以非货币为媒介进行价值交换，就不存在支付这个环节了。

例如饥渴的甲愿意用十袋化肥换取乙的一个西瓜。这种以化肥换西瓜的交易，就是发生在双方无法以货币支付的情况下，但是确实起到了互通有无的作用。双方直接通过交换货物的方式进行交易，过程中就不存在以货币为媒介的支付环节。

同样，有些交易的发生与支付也没有什么直接关系。例如，某人偿还朋友的欠款，这确实是付出货币的行为，但是却并不存在任何交易的环节。又如，慈善家捐款给某大学，这也是支付，而且是大额度的货币支付，但也与交易没有任何关系。图 1-6 描述了交易与支付的相互关系：

1）绝大多数的交易都是含有支付的交易，也就是以货币为媒介

图 1-6 交易与支付的相互关系

完成的价值交换。

2）少部分的交易根本不涉及支付，价值的交换直接通过货物交换完成。

3）少部分的支付根本不涉及交易，付款人不以换取等价商品或服务为目的。

1.3.2 常被混淆的概念

在实际的工作当中，经常会有人混用交易和支付这两个概念，甚至把这两个词并列混合使用。实际上，交易是个外延比较大的概念，指的是互通有无这个行为，而支付只是其中付钱的一个环节，详见图 1-7。在支付机构的日常工作对话中，我们经常会听到、看到甚至用到诸如"支付交易""交易金额""交易系统""支付订单"此类的词。

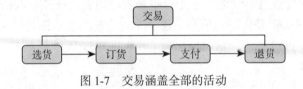

图 1-7　交易涵盖全部的活动

支付机构中也存在支付请求和支付指令混用的情况，图 1-8 澄清了几个关键术语之间的关系。

支付请求（Payment Request）是指消费者要向某商户支付款项，于是该商户通过与网络相连的支付系统，把支付处理的请求发送给支付机构的过程。支付请求里面列明了需要支付的款项和所涉及的资金来源，相当于消费者授权扣款的通知书。在日常工作中有些人对术语使用得不够准确，例如支付订单，事实上，订单是订货单据的简称，指的是订货的明细。

支付指令（Payment Instruction）是指支付机构按照消费者的授权，向银行或者其他的金融机构发出支付的具体命令。根据支付机构与银行或其他的金融机构之间的网络应用协议的具体约定，一个支付请求可能会变成 N 个支付指令。

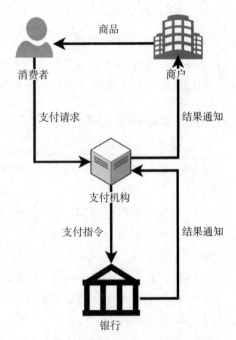

图 1-8　支付请求与支付指令之间的关系

1.4　支付中常用的概念

本节将对支付业务和技术工作过程中经常遇到的几个概念，诸如应收账款、保理、收单、备付金、结算、清算、会计系统、信用与信用支付，做一个简单的介绍，为后续章节的讨论做好准备。

1.4.1 应收账款

应收账款（Account Receivable，AR）是一项会计科目，专指因出售商品或服务，进而对顾客所发生的债权。

从卖方的角度看，应收账款是指在卖方提供了买方需要的服务或者商品之后，卖方应该收到的买方的款项。应收账款代表了企业的盈利，企业一般会由财务部门专门管理应收账款。从支付机构的角度看，应收账款是指支付系统里的备付金，也就是支付机构代替企业收取的费用，这些费用因为结算周期的缘故尚未结算，暂时保存在支付机构的银行账面上。

当企业的流动资金紧张的时候，甚至可以将应收账款作为抵押去银行贷款或者直接把应收账款打包卖给专业的金融机构以取得需要的流动资金。支付机构实际上也可以提供一定程度的应收账款服务，例如，提前结算服务。从财务管理的角度，应收账款需要在企业的财务系统中被正确和明确地记载下来，示例如表1-1所示。

表 1-1 应收账款明细表示例

序号	合同名称	合同金额（元）	开票金额（元）	已收款金额（元）	未收款金额（元）	截止日期	账龄	收款比例	备注
1	苹果合同	1800.00	1800.00	1000.00	800.00	2021/12/31	91天以上	56%	
2	鸭梨合同	3200.00	3200.00	1000.00	2200.00	2021/11/30	91天以上	31%	
3	芒果合同	3000.00	3000.00	1000.00	2000.00	2021/10/30	91天以上	33%	
4	西瓜合同	1700.00	1700.00	1000.00	700.00	2021/09/01	91天以上	59%	
5	葡萄合同	8000.00	8000.00	1000.00	7000.00	2021/08/15	91天以上	13%	
6	榴莲合同	6000.00	6000.00	1000.00	5000.00	2021/07/12	91天以上	17%	
7	杨桃合同	7600.00	7600.00	1000.00	6600.00	2021/06/15	91天以上	13%	
8	蜜桃合同	5400.00	5400.00	1000.00	4400.00	2021/05/04	91天以上	19%	
9	柚子合同	2900.00	2900.00	1000.00	1900.00	2021/04/15	91天以上	34%	
10	橙子合同	7500.00	7500.00	1000.00	6500.00	2021/03/02	91天以上	13%	
11	木瓜合同	1500.00	1500.00	1000.00	500.00	2021/01/15	91天以上	67%	
12	龙眼合同	4500.00	4500.00	1000.00	3500.00	2021/02/26	91天以上	22%	

1.4.2 保理

保理（Factoring），全称保付代理，又称托收保付，是一个金融术语，指卖家将其现在或将来的基于与买家订立的货物销售或者服务提供合同所产生的应收账款转让给提供保理服务的金融机构，由保理服务商向其提供资金融通、买家资信评估、销售账户管理、信用风险担保、账款催收等一系列服务的综合金融服务方式[⊖]。应收账款的保理服务解决了卖家

⊖ https://baike.baidu.com/item/ 保理 /3047248。

的资金回收问题，可以让卖家的业务转动得更快。如图1-9所示。

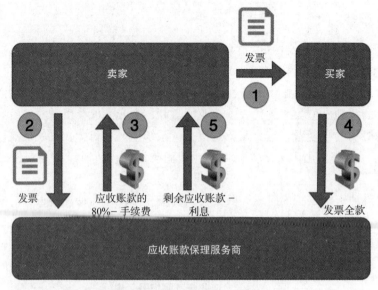

图1-9　应收账款的保理服务

应收账款的保理服务的过程描述如下：

- 卖家向买家开出发票从而形成卖家的应收账款；
- 卖家把发票出售给应收账款保理服务商；
- 应收账款保理服务商把发票金额的80%减去手续费支付给卖家；
- 买家按照发票面额把全额货款支付给应收账款保理服务商；
- 应收账款保理服务商把剩余应收账款减去利息支付给卖家。

1.4.3　收单

要弄明白收单的概念，先要知道"单"是什么。所谓的"单"是指消费者完成某项交易之后留下的单据。所以，收单就是接收和处理这些单据的意思。常见的收单如下。

1. ATM收单

持卡人在自己的开户银行通过ATM（自动柜员机）取款，这种交易是非常自然的情况。通常ATM收单更多是指持卡人在非开户行的ATM上完成取款交易，这涉及银行之间的服务费用收取和清算活动。

2. POS机收单

最常见和最经典的收单是在POS机上通过银行卡完成的支付请求。这个过程因为涉及的环节比较多，所以比较复杂。通常商户的POS机来源于银行，而这间银行就是所谓的收单银行。银行直接或者通过收单服务机构把POS机部署到商户的店铺。在消费者用借记卡或者信用卡完成支付之后，银行会打出一式两份的凭据。消费者保留单据是为了日后备查，商户保留单据是为了确保自己的利益能够通过收单银行准确及时地收到。这个支付处理的后面还会涉及提供 POS 机服务的服务商，提供网络服务的底层网络运营商，甚至提供后台结算的支付服务商或者第三方支付机构。

3. 网络收单

网络收单是指通过互联网完成的支付请求。这个过程可以通过完全在线的支付方式完成，也可以通过移动互联网实现的 QR（Quick Response，快速响应）扫码支付等方式完成。无论哪种方式，都是通过网络完成的支付交易，涉及第三方支付机构、收单银行、银行卡组织和公共网络或者专用网络。因为网络收单涉及的买卖双方没办法见面来验明正身，所以经常会出现欺诈和数据安全方面的问题。

1.4.4 备付金

按照中国人民银行的定义，客户备付金是指支付机构办理客户委托的支付业务时实际收到的预收待付货币资金。

从商户的角度来说，备付金是指在约定的结算周期内，支付机构即将结算给商户的待付资金；从消费者的角度来说，备付金是指电子钱包中用户个人的账户余额，这些充值后未进行交易的资金被沉淀在支付机构的账户上。这个余额不仅包含在钱包中看到的零钱余额，还包含在网购时尚未确认收款前，由于存在结算周期的时间差，托管给第三方的商品金额等。

图 1-10 描述了备付金的概念。商业客户（商户）和个人用户都会在支付机构开设各自的账户。对于个人用户而言，这个账户是电子钱包的基础。对于商户而言，这个账户是支付机构用来记录受客户委托收取的交易资金。从商户的角度来看，该账户上的资金属于商户的应收账款；从支付机构的角度看，这部分资金属于备付金。根据商户与支付机构之间约定的结算周期，到了结算的时间点，支付机构就会把该账户里的资金通过支付机构开户银行的账户划拨到商户开设的银行账户。

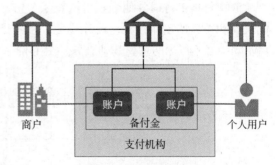

图 1-10　备付金的概念

1.4.5 结算

结算（Settlement）是我们在支付的过程中经常会遇到的一个核心术语，有时候我们也会听到另外一个术语，清算（Clearance），有些人在某些场合会混用这两个术语。事实上，这两个术语有各自独特的内涵和外延，以及特定的使用场景，不可以混合使用。1.4.5 节和 1.4.6 节将对这两个术语做出区别说明，希望能厘清两者的概念，帮助大家准确使用术语。

结算是指根据支付机构与商户在合约中商定的周期和处理费率，对该周期内所有发生的支付请求进行总结性的计算。结算的结果要能反映出该商户在该周期内的备付金，当然还需要扣除相应的代理费、支付处理费和后续银行可能会收取的出款费用等。图 1-11 描述了结算在支付过程中所起到的作用。

例如，商户 M 与支付机构 P 签订了委托收款服务的合约，合约中约定每个月结算，结算日为每个月的第一个工作日，支付处理费用按 0.3% 收取，到期后账款直接划拨到商户在 B 银行的账户上。商户 M 在 2022 年 7 月共做了 100 笔交易，共收到人民币 1000 万元。在 2022 年的 8 月 1 日，支付机构就会先把交易总额的 0.3%，也就是

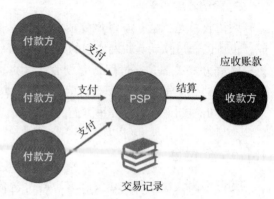

图 1-11　结算的过程

注：PSP（Payment Service Provider）即支付服务提供商，在电子商务领域被称为第三方支付机构。

3000 元的支付处理费用扣掉，然后把剩下的 999.7 万元款项通过银行转给商户 M，同时附上相关交易的细节和结算报告。至此，结算的过程结束。

1.4.6　清算

清算是指银行或其他金融机构在某个指定的金融机构开设账户，然后定期进行机构之间长款和短款的割差过程。清算避免了金融机构之间不必要的资金转移，是国家和地区经济活动中必不可少的重要基础服务。图 1-12 展示了清算的基本逻辑。

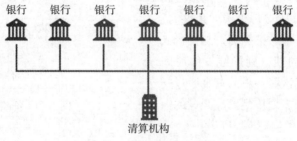

图 1-12　清算的基本逻辑

下面通过一个案例来说明清算的概念，如图 1-13 所示。

- 支付：拿中行卡去建行的 ATM 取 700 元。
- 清算：建行拿着账单找中行要求还钱。

图 1-13 清算的案例

在某日的上午 9:00，宋江用中国银行的银行卡在建设银行的 ATM 取了 700 元，因此，中国银行欠了建设银行 700 元的款项。无独有偶，在同一天的下午 2:00，李逵用建设银行的卡在中国银行的 ATM 上取了 500 元，因此，建设银行又欠了中国银行 500 元。在第二天凌晨 1:00，中国银行、建设银行还有许多其他银行的清算人员聚在一起进行清算，此时：

- 中国银行的人对建设银行的人说：你欠了我 500 元；
- 建设银行的人对中国银行的人说：你欠了我 700 元。

负责清算的机构把两个银行的代表拉到清算所，让大家坐下来，先喝茶再想办法。经过短暂友好的协商，两个银行发现可以相互抵消 500 元，最终中国银行转给建设银行 200 元，这样就顺利完成了清算。

从这个例子可以看出，金融机构相互之间显然普遍存在着大量的交叉欠款问题，如果没有清算的过程，金融机构之间就会发生大量的资金转移，这是劳民伤财的事情。有了清算就可以轻松解决机构之间的互欠款项问题。

通过比较结算和清算两个概念，我们可以清楚地了解到，清算是机构之间算清相互之间所欠款项的过程，其实质是解决机构间通过长款和短款相互割差平衡账户的过程。而结算仅限于支付服务提供商与所服务的商户之间，算清一个结算周期内的支付款项的过程，其实质是支付机构为商户代收、计算和转移应收账款的过程。在日常的支付业务实践过程中，支付机构所从事的活动基本上只是结算，不存在清算的过程。

1.4.7 会计系统

尽管世界上已经有指定的国际财务报告准则（International Financial Reporting Standard，IFRS），但是，因为历史传统问题和社会制度，仍然存在着多种会计系统，不同的会计系统遵循不同的财务报告准则。例如，中国企业的会计师遵从《中华人民共和国会计法》和国务院发布的《企业财务会计报告条例》的相关规定；美国的会计师在处理美国公司或在美国上市的外国公司的账务时，则会遵循美国的公认会计原则。日本企业的会计师只遵守日本企业会计基准委员会所制定的《企业会计准则》[⊖]。这些会计准则各有千秋，差异主要体现在要保护的目标上。

本节将以中国的财务报告准则为基础讨论账户、账务和账户模型。

1. 账户

根据百度百科的定义，账户是根据会计科目设置的，具有一定格式和结构，用于反映会计要素的增减变动情况及其结果的载体。账户的基本结构应同时具备：

- 账户的名称，即会计科目；
- 日期和摘要，即记载经济业务的日期和概括说明经济业务的内容；
- 增加方和减少方的金额及余额；
- 凭证号数，即说明记载账户记录的依据。

在支付应用中，账户是一个特别重要的概念。因为账户记载了支付生态体系里各个利益相关方之间的资金往来情况，也是结算的依据。

2. 账务

根据百度百科的定义，账务是指为实现会计处理而进行原始单证的收集、整理、记载、计算、结报等会计处理的具体事务，它要求规范、准确，以保证会计核算、会计监督和会计准则的有效实施。支付机构的业务系统往往需要对用户的资金数据进行核算，然后将处理的结果汇总并生成凭证送往账务系统进行统一处理。账务系统充当虚拟货币的银行角色，银行资金管理系统则管理着真实的货币。

3. 账户模型

在设计账务系统时，需要对资产账户、零钱（个人消费）账户、储值卡账户、收益汇总账户及贷记（信用）账户进行账户建模、操作抽象和关系建立。在记账过程中抽象出来的账户属性、关系链有以下几种。

- 账户编号：客户在商业银行或金融机构开立账户时经过系统授权并给予的唯一编号。账户编号并不是一组随机、无意义的数字编号，而是一组具有从属关系、业务分类和业务标识的编号。对账户进行科学合理的编号，有利于编制会计凭证、登记账簿、查阅账目等会计和审计工作，也有利于自动或者人工识别、分类与核对。
- 账户余额：当前账户里现存且未使用的货币数量，其中包含当前可用余额和当前不可用余额。例如：在日常生活中，商家为了销售商品和留住顾客，会给予顾客账户相应的代金券（不可提现金额），对于用户提现操作来讲，这部分代金券就是不可用余额。
- 可用余额：当前账户在当前场景、当前时刻可以使用的金额。
- 冻结余额：当前账户里不可使用的金额。其中涉及不同类型的冻结原因：基础性业

⊖ https://www.asb.or.jp/jp/project/proceedings.html。

务操作造成资金冻结，导致账户资金处于不可用状态；政策、法律或个人账户错误操作及付款停滞等原因而造成账户资金处于不可用状态；与商家签订对应的销售活动协议造成账户资金处于不可用状态，例如运营商的充值按月返现活动。

- 货币种类：以上余额的金融币种属性，余额＋币种＝真实价值。
- 借贷属性：借贷是会计行业中的术语，它表示账户金额的增加和减少。借出表示资产的增加和负债的减少，贷入表示负债的增加和资产的减少。在会计系统的借贷中，借表示资产、费用或成本的增加，以及负债、收入或所有者权益的减少；贷表示负债、收入或所有者权益的增加，以及资产、费用或成本的减少。
- 所属科目：所从属的会计科目。会计科目是对会计要素中对象的具体内容进行分类核算的类目，会计对象的具体内容不同，科目设置不同，而且不同企业对科目的设立也不尽相同。一般所属科目的设置依据是对资金的变化情况进行划分，按经济内容对资产、负债、所有者权益、收入、费用和利润等会计要素做进一步分类后的类型名称。
- 账套：对存放会计核算对象的所有会计业务数据文件的总称。一个账套包含的文件有会计科目、记账凭证、会计账簿、会计报表等。同时，它是一组相互关联的数据，每个独立核算的企业都有一套相互关联的账簿体系，把这套完整的账簿体系建立在计算机系统中就叫作一个账套。一般来讲一个企事业单位或公司只会用到一个账套，但是如果一个大型的集团公司中有几个独立核算的下属实体子公司，则可以建立多个账套。

1.4.8　信用与信用支付

在通常的情形下，支付的过程是把付款人的资金转移给收款人。但是，所转移的资金并非总是收款人手里或者账面上已经存在的资金，有时这种资金不属于付款人，而是银行或者其他金融机构临时提供的，也就是信用支付。

最早有记载的人类的信用机制发生在公元前古巴比伦的苏美尔社会，至少在农耕时代，农民就知道通过在播种季节借钱，在丰收季节还钱，来缓解现金流紧张的情况。后面包括丝绸之路等，都有以物易物的行为，其实这就是最早的信用机制。

信用支付的本质是花未来的钱进行超前消费。对于尚未积累足够资本的年轻人，为了能够买房买车，娶妻生子，借贷往往是不可避免的选择。否则，等资本积累够了再买房买车，娶妻生子，可能已经过了最好的时机。所以，信用支付是在时间维度上的乾坤大挪移，先用未来能赚到的钱解决现在的问题，然后逐步偿还所借贷的资金。

信用（Credit）是指建立在信任基础上，不用立即付款或担保就可获得资金、物资或服务的能力。这种能力以在约定期限内偿还的承诺为条件。也就是说，信用是一种借钱的能力，你的信用越好，能借到的钱越多，条件越优惠。所谓信用支付，就是在支付的过程中把付款人借到的资金转移给收款人的过程。由此可以看到，信用是一个人很重要的能力，直接决定了他在需要借钱的时候能否借到，以及能借到多少钱。信用卡支付其实就是建立在信用基础上的一种支付形式。

信用卡的发卡与信用有直接关系。首先，没有好的信用基础，发卡行不会把卡发给你。例如，大学生刚毕业进入社会，除了一张毕业文凭，没有其他的信息可以佐证其信用情况；类似的情况还有移民到一个新的国家，尚未建立任何信用基础。其次，即使某人在某个社会环境中已经建立了信用基础，但是，他相对于其他消费者的信用程度的好坏存在着差异。有些人的信用很差，银行拒绝往来；而有些人的信用优秀，银行都抢着和他做生意，愿意把钱借给他。

如何评价一个人的信用呢？美国的信用评价体系目前比较成熟。在20世纪50年代，因信用卡的不断发行，出现了专门为发卡行提供征信服务的征信公司。目前，有如图1-14所示的三大征信公司在为银行卡组织和开户行提供每个美国人的征信记录和基于这些记录计算出的信用分数。

图1-14　美国的三大征信公司

FICO（FairIssac COmpany）最初是一个计算消费者信用分数的算法模型，后来也成为一家公司的名字。美国的征信机构对每个人的信用评价都是基于FICO模型完成的。1956年，加州旧金山的工程师Bill Fair和数学家Earl Issac发明了用来做信用评分的数学模型，并成立了第一家信贷咨询公司Fair Isaac。截至2022年9月，FICO已经发展成为一个拥有3000多名员工，每年收入超过14亿美元的大型上市公司。FICO评分方法的实质是用数学模型对个人信用报告包含的信息进行量化分析。该模型主要的评估内容是客户以往发生的信用行为，该模型对近期行为的衡量权重高于远期行为。FICO模型包含五个方面的因素，支付历史、债务数额、信用记录长度、新申请信贷和信用组合（信用账户的类型、数量等），如图1-15所示。征信机构根据这五个维度的数据，计算出信用分数。在美国，如果你在一家

图1-15　FICO模型的组成因素及其比例

银行申请信用卡或者贷款，这家银行可以马上通过网络连接到三大征信机构，然后根据你的社会安全号码调出你的征信报告。

征信报告中除了事无巨细地记载了各种历史数据之外，还有一个基于这些数据计算出来的信用评估分数。例如，A 征信公司给你的信用分是 600（良好），B 征信公司给你的信用分是 780（优秀），C 征信公司给你的信用分是 530（中偏下），根据三家评分公司的结果，借贷者可以大致判断出：该人基本属于信用良好的情况。因为三家征信公司中有两家说他信用好。发卡行应该能发给他一张信用卡，或者贷款给他。如图 1-16 所示，以 FICO 为基础，征信公司对消费者的评价结果大致分为五个级别。

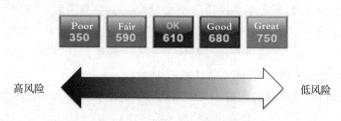

图 1-16　信用评估分数的解析

- Poor（差）：信用评估分数在 350 分以下的属于信用度很差的个人，银行不会发给他信用卡或者贷款。
- Fair（一般）：信用评估分数在 351 ～ 590 分的属于信用度一般的个人，应该是信用记录上有些瑕疵，银行估计不会发给他普通的信用卡，有可能是额度很低的尝试性信用卡。
- OK（可以）：信用评估分数在 591 ～ 610 分的属于中间地带的个人，银行应该会发给他信用卡，但是利息可能不会太低而且条件可能会比较苛刻。
- Good（好）：信用评估分数在 611 ～ 680 分的属于信用度比较好的个人，银行应该会发给他信用卡，且额度会比较高，利息也比较优惠。
- Great（优秀）：信用评估分数在 681 分以上的属于银行的贵客，银行会毫不犹豫地发给他信用卡，且额度高，利息非常优惠。

信用评分的分布与违约率如图 1-17 所示。

2007 年美国发生过次贷危机，引起这次次贷危机的原因就在于贷款人的信用评估结果不好。但是，这批人还想要买房子，于是贷款公司和银行就发放贷款给他们，但是条件比较苛

信用评分	人数百分比	累计百分比	违约率
300~499	2%	2%	87%
500~549	5%	7%	71%
550~599	8%	15%	51%
600~649	12%	27%	31%
650~699	15%	42%	15%
700~749	18%	60%	5%
750~799	27%	87%	2%
800~850	13%	100%	1%

图 1-17　信用评分的分布与违约率

刻。这些人在别无选择的情况下，也只好接受这种贷款。次贷危机从一个角度证明了美国信用体系还是行之有效的，只是银行没有按照征信机构的指引去作业。

事实上，并不是信用评分不高的人就没有什么办法了。美国的 Capital One 公司专门做信用评分不太好的这些人的生意。该公司会在这部分人当中进一步筛选出可以发信用卡的对象，是一家典型的通过管理风险来赚钱的金融科技企业。

1.5 本章小结

本章从交易的基本概念入手，讨论了交易的定义、交易的过程和交易的要素。然后，对支付的基本概念进行了阐述，分析了支付的定义、支付的过程和支付的要素。在此基础上，对交易与支付之间的内涵与外延关系做了比较。最后，针对支付范畴内的应收账款、保理、收单、备付金、结算、清算、会计系统等重要的概念做了分析和讨论。深入学习本章将会对交易和支付有更准确的理解，为继续讨论其他的支付业务与技术概念做好准备。

支付的业务模式

支付的业务模式会随着交易的业务模式的发展而改变。交易的业务模式会因为具体场景的不同而不同。例如，在电子商务领域，交易可以分成线上、线下以及线上和线下结合（O2O）的模式，支付的业务模式也会因为消费者支付的工具或者手段的不同而分成现金支付、刷卡支付、支票支付、跨境支付、预付卡支付等，电子商务的交易模式也会因为交易主体的不同而分成 B2C、C2C、B2B 和 C2B 交易。本章会根据交易模式的不同分别介绍相应的支付方式。

2.1 按照场景分类的支付方式

电子商务是目前比较主流的交易方式，未来会随着数字化的发展逐渐演化为数字商务。所以我们以电子商务中交易发生的场景为划分的逻辑，可以把支付分成线上支付、线下支付两大类。

所谓的线是指可以广泛连接世界各地、各机构和各个消费者的通信网络。这里的线既可以是物理上看得到的有线网络，也可以是无法看到但是广泛存在的无线网络。从古到今，世界上的支付大部分都是通过人与人之间面对面的直接的接触完成的。

如果按照电子商务的业务模式来划分，传统的支付基本上都是线下支付。随着电子商务的广泛普及，通过电脑浏览器、智能手机、电子钱包应用完成的交易和支付越来越多，也就是说线上支付与线下支付的界限在逐渐模糊。未来的数字化支付可能会增添新的支付场景，即已经初见端倪的虚拟现实场景。那么未来的支付场景也会再提升一个维度，分为现实场景支付和虚拟现实场景支付。未来的留给未来去分解，在此仅做个预测。

2.1.1 线下支付

线下支付主要是指那些通过人与人之间面对面的物理接触而实现的交易场景。最为常见的线下支付的例子是现金支付和刷卡支付。在大部分情况下，刷卡支付也需要依赖互联网或者其他专用网络。当然，信用卡支付也可以在完全没有网络通信甚至没有电的情况下完成。例如，在人迹罕至的旅游胜地，如高山峡谷，消费者把信用卡递给商户，商户将信用卡置入一个与信用卡的大小、深浅程度相同的卡槽内，上面覆盖着多联具有复写功能的空白交易单，放好后，压卡机左侧有一个同样宽度的滑杆可左右滑动，用力在覆盖交易单的卡片上左右滚压一次后，卡片上的卡号、姓名、有效期等信息就会在交易单上显示出来，这就是为什么所有的信用卡都要求用凸字印刷的原因。商户以此作为支付收单的凭证，向收单行报告自己收到的款项。图 2-1 是一个典型的信用卡压卡机。

线下支付最大的特征是付款人与收款人存在物理上的直接接触。例如，在餐馆用完餐之后，支付现金给餐馆老板，这是最常见的线下支付场景；如果在餐馆的 POS 机上刷信用卡或者借记卡，尽管 POS 机是处在联网的线上状态，这个场景仍然属于线下支付场景；打开智能手机上的电子钱包应用，通过扫描 QR（Quick Response，二维码的一种，具体在第 3 章介绍）码完成支付，虽然智能手机是在线的，但是仍然属于线下支付场景。所以，线下支付的场景非常广泛，占据了支付业务相当大的份额。图 2-2 简单概括了线下支付的具体场景。

图 2-1　信用卡压卡机

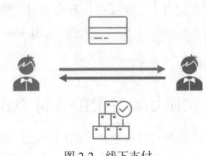

图 2-2　线下支付

线下支付具有以下几个特点：

- 付款方与收款方直接见面，所以身份容易认证；
- 付款和收款的环节少而且流程短；
- 如果现金支付，收款方能迅速回款；
- 收款方的交易流水保持隐秘，不容易被人掌握；
- 收款方可能不必为支付服务付费。

2.1.2 线上支付

线上支付，顾名思义，是伴随着电子商务的线上交易，发生在互联网上的支付场景。

大约从 1995 年开始，硅谷电子支付的鼻祖 eBay 就开创了电子商务的先河；同期，同样是硅谷的电子支付服务商的 PayPal 提出了基于电子邮件支付的理念。随着互联网电子商务的广泛应用与深入发展，各种不同的线上支付手段层出不穷，为人类带来了很多便利的支付服务。图 2-3 概略描述了线上支付的具体场景。

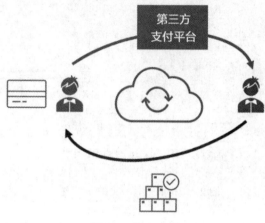

图 2-3　线上支付

因为付款人和收款人缺乏物理上的直接接触，所以双方很难建立信任关系，需要由中立的第三方支付机构来协助。付款人先把支付请求发给第三方支付机构，由第三方支付机构把支付指令转发给银行来执行扣款指令，把付款人的资金转移到第三方支付机构上暂时保管，待扣款成功后，第三方支付机构会通知商户已经收到付款人的款项，然后商户就可以开始给买方或者付款人发货了。

线上支付有以下特点：

- 付款人与收款人没有直接的物理接触，交易的参与方之间沟通困难。
- 付款人与收款人之间缺乏相互信任，身份验证是个非常大的挑战。
- 资金需要在交易之后的 N 天才能完成结算，无形中加大了卖方的资金压力。
- 第三方支付机构的引入，给收款人增加了一些支付处理的额外费用。
- 第三方支付机构在一定程度上起到付款人和收款人的支付桥梁作用。

2.2　按照工具分类的支付方式

在支付的过程中，信息流和资金流是伴生的，资金流的变化一定是在授权与确认信息的基础上。因此，支付总会通过不同的工具来传递支付授权、支付指令和指令的执行状态等信息。随着信息传递工具的不断丰富与发展，支付方式也相应地出现了不同的形态。例如，通过邮政系统完成信息传递的信函支付、通过电报系统完成信息传递的电报支付、通过传统电话互动语音系统完成的 IVR 支付、通过电视屏幕和遥控器配合完成信息传递的电视支付、通过电脑浏览器完成信息传递的浏览器支付、通过智能手机完成信息传递的手机支付以及通过二维码完成信息传递的 QR 码支付等。图 2-4 列举了按照工具分类的各种不同的支付方式。

图 2-4　按照工具分类的支付方式

2.2.1　信函支付

信函支付（信汇），历史悠久，人们在很久以前就开始利用邮局驿站传递信件，直到今天还有不少国家非常依赖邮政系统传递信息和配送物流。利用邮政系统完成支付最常见的例子是信汇。付款人把地址、姓名、电话或者其他联络方式填在汇款单上，然后将要支付的货币交给邮局，如图 2-5 所示。收款人会从邮局收到汇款的通知，然后去邮局验明正身后取得汇来的款项。

汇款单位编号：				委托日期：＿年＿月＿日											第＿号	
收款单位	全称			汇款单位	全称											
	账号				账号											
	汇入地点	XX省市	汇入行名称		汇出地点	XX省市	汇出行名称									
金额	人民币（大写）					千	百	十	万	千	百	十	元	角	分	
汇款用途				银行待取预留收款人印鉴											
上列款项已代进帐，如有错误请持此联来面洽，此致			上列款项已照收无误（收款人印鉴）		科目（付）										
					对方科目（收）										
（开户单位）			年　月　日		汇入行解汇日期　年月日										
（汇入行盖章）					复核员　　出纳员										
年　月　日					记账员										

图 2-5　信汇支付

2.2.2　电报支付

电报支付（电汇）始于 150 年前，随着电报的广泛普及，远距离的信息传递变得更加快速和方便。因此，利用电报传递支付授权、支付指令和支付结果也就顺理成章。电报支付的过程与信函支付的过程基本相同（如图2-6所示），但是它具有以下几个特点。

- 更快速：电报支付以每秒30万公里的速度传递信息，远非信函支付所能比拟。
- 更安全：电报支付在传递信息的过程中采取加密的办法防止信息泄露。
- 地域广：电报支付靠电磁波传递信息，可以飞跃高山海洋，覆盖范围广。
- 费用高：电报支付不仅按字数收电报费，还按汇款数量收支付处理费。

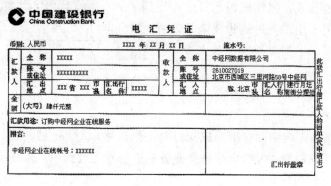

图2-6 电汇支付

2.2.3 IVR支付

IVR（交互式语音应答）支付是一种基于传统固定线路语音电话的支付方式。这种支付是建立在交互式语音应答的语音网关上的，用户可以通过交互式语音应答的语音提示，配合电话的按键，完成发送诸如信用卡号码、有效期、验证码等支付指令的过程，如图2-7所示。对于不熟悉智能手机，但是非常熟悉传统固定线路语音电话的人而言，IVR支付不失为一种方便、合适、有效的支付方式。

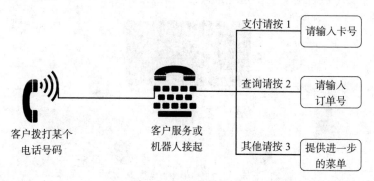

图2-7 IVR支付方式

2.2.4 电视支付

电视支付建立在用于传递电视节目信号的固定线路网络之上，如图2-8所示。通常这种固定网络是完全封闭的体系，利用同轴电缆连接到千家万户，例如中国的有线电视，日本的 NTT，美国的 Comcast Cable Network。电视支付的设想是通过在固定的电视网络上传递支付的相关信息，以完成资金的转移。这种支付方式的普及程度非常低，主要原因在于消费者很难通过电视遥控器的键盘和机顶盒来完成支付的过程。另外，因为智能手机的快速普及，电缆电视本身已经受到了被取代的威胁，更不用说支付这种复杂且需要高安全度的操作。所以，电视支付属于被人冷落、遗忘的支付方式。

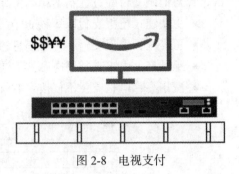

图 2-8　电视支付

2.2.5　浏览器支付

浏览器支付是基于电脑浏览器完成支付的一种支付方式。这种方式随着电脑、鼠标的出现而快速普及，特别是在配合电子商务业务的快速发展过程中，发挥了巨大的作用。人们已经把浏览器支付当成最基本的在线支付手段。从 2008 年开始，随着智能手机的快速普及，触摸屏革新了键盘、屏幕和鼠标的结合，很多消费者开始使用智能手机的浏览器和 App 进行电商及其相关的支付活动，分流了大量曾经在电脑浏览器上完成的支付业务，如图 2-9 所示。

浏览器支付主要有以下几个特点。

- 方便：容易与电子商务网站配合使用。
- 快速：以光速通过互联网来传递。
- 安全：可以做非对称的数据加密。
- 轻量：不必下载任何软件即可完成。

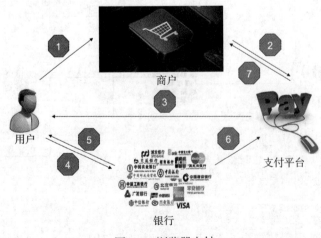

图 2-9　浏览器支付

当然，浏览器支付也有自己的问题。其缺点主要在于，用户在使用浏览器时，会不知不觉地通过浏览器自带的 Cookie 留下各种隐私信息。而黑客有可能远程利用这些留存的信息来窃取消费者的各种敏感信息，从而威胁消费者的资金安全，降低消费者使用浏览器进行支付的主观意愿。本书第 12 章将讨论几个因为使用浏览器和 App 不当造成财务损失的案例。

2.2.6 手机支付

从 2008 年开始，智能手机的出现让支付方式发生了新的变化。智能手机解决了支付指令、支付授权和支付结果在空中传递的过程中信息加密的安全问题。于是，以 App 为基础的各种手机支付方式大量涌现。特别是拥有大量互联网用户的互联网信息平台，通过让消费者绑定金融账户或者开设余额账户，快速形成了大量的智能手机钱包（也称为电子钱包）。无论哪一种叫法，其逻辑都非常清楚，即把消费者传统使用的皮制钱包，转移到了以智能手机为载体的新型钱包。本书将统一称之为电子钱包。智能手机中的电子钱包正在逐步取代传统钱包中的现金、信用卡、借记卡、会员卡和打折券。出门不用带现金，只用手机上的电子钱包即可完成各种支付，这在很多国家和地区已经成为现实。

图 2-10 简单介绍了手机支付的逻辑。诸如电子邮件、即时通信、娱乐互动等已经拥有大量用户的互联网平台把信用卡、借记卡、预付卡与这些用户的信息账户绑定，当互联网平台的用户在商户一侧消费的时候，就可以通过智能手机里的 App 来展示该互联网平台上绑定的各种卡信息，然后通过第三方支付机构即可顺利完成整个支付过程。这个过程可以通过扫 QR 码或者 NFC 非接触式交互来完成。

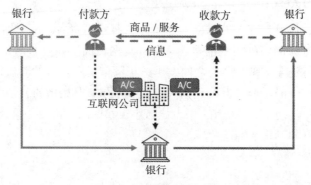

图 2-10 手机支付的逻辑

其实，历史上曾经有过一种狭义的手机钱包，它甚至在智能手机出现之前就已经出现了。这种钱包是建立在手机电信运营商账户的基础之上的。消费者用手机进行支付的过程就是从该手机在电信运营商的账户上扣款的过程。消费者在每个月的电信公司账单上可以看到除了自己的电话费用之外的那些利用电话费扣款完成的购买交易。随着其他更方便的支付方式的出现，这种支付方式逐渐退出历史的舞台。

手机支付具有以下几个特点：

- 体积小，重量轻，便于携带。
- 通信功能完善，可以建立安全通道进行支付。
- 拥有高清晰的摄像头，可以方便地进行生物特征识别。
- 可以通过短信进行支付相关流程的认证和通知。
- 可以利用摄像头进行条形码或者二维码的扫描。

2.3 按照角色分类的支付方式

交易主要涉及商户（Business，下文简称为 B）和消费者（Consumer，下文简称为 C）两种角色，因此在交易的过程中的支付环节也涉及 B 和 C 两种角色。根据支付过程中 B 和 C 两种角色之间资金的流向，图 2-11 展示了四种支付方式：

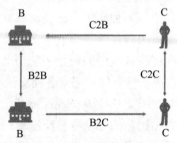

图 2-11　按照角色分类的支付方式

- C2C，在两个消费者之间发生的支付方式；
- C2B，消费者作为付款人，商户作为收款人的支付方式；
- B2B，在两个商户之间发生的支付方式；
- B2C，商户作为付款人，消费者作为收款人的支付方式。

2.3.1　C2C 支付方式

C2C 支付方式，即参与支付的付款人和收款人都是消费者。一个消费者作为付款人把货币支付给作为收款人的另外一个消费者。例如，两位同事在午餐后进行 AA 分账，拍卖结束后买卖双方进行资金交割，朋友之间发生的小额借贷等。有的时候行业里也把 C2C 称为 P2P（Person To Person）。PayPal 的创始人彼得·蒂尔最开始做的就是点对点的支付产品。C2C 支付在整个支付活动（支付金额）中占比最小，在中国大概占了整个市场的 10% 左右。C2C 的支付方式具有如下几个特点：

- 数额较小。
- 线下场景。
- 简单快捷。
- 频率不高。

2.3.2　C2B 支付方式

C2B 支付方式，即参与支付的付款人是消费者，而收款人是商户。消费者作为付款人把货币支付给作为收款人的商户。例如，消费者在餐馆吃饭后向商户支付餐费；消费者在电子商务平台上购物，然后把货款支付给电子商务平台；消费者在普通的店铺购买日常消费品。在中国，C2B 支付在整个支付活动（支付金额）中大约占 20%。C2B 支付方式是最为常见，使用频度最高的支付方式，也是目前各种钱包主推的方式。C2B 支付方式具有以下几个特点。

- 单笔交易的金额相对较小。
- 交易笔数相对较多。
- 在线场景会有第三方支付作为中介。
- 应用场景最多、最广泛。
- 使用频度高。

2.3.3　B2B 支付方式

B2B 支付方式，即参与支付过程的付款人和收款人都是商户。一个商户作为付款人把货币支付给作为收款人的另外一个商户。例如，某餐馆从酒厂采购啤酒，然后餐馆老板把啤酒款项支付给啤酒供应商；公司每个月向办公室租赁公司支付租金；企业向提供云服务的厂商支付云服务费。在中国的整个支付活动中，B2B 支付金额占比最大，大约为 50%。B2B 支付方式具有以下几个特点：

- 通常涉及复杂、耗时的手动支付流程，导致高错误率和失败率，并且容易受到安全风险和成本增加的影响。
- 涉及大量资金、不同货币和多样的支付手段。
- 涉及更多的地区，处理时间更长。
- 使用频率相对较低。

2.3.4　B2C 支付方式

B2C 支付方式，即参与支付的付款人为商户，收款人为消费者。商户作为付款人把货币支付给作为收款人的消费者。例如，企业给员工发放工资或者奖金，政府为个人发社保或者疫情救助金，学校为学生发放助学金或奖学金。在整个支付活动中，B2C 支付金额占比大约为 20%。B2C 支付方式也包含与政府相关的 G2C（Government To Consumer）方式，例如，目前经常会有的各国或者各地区政府组织为了缓解新冠病毒对人民生活的影响，通过支付机构发放各种补贴和救济。B2C 支付方式具有如下几个特点。

- 虽然支付的总额不小，但是分到每个收款人的金额比较小。
- 一般是定期性的循环型交易，例如，工资和退休金等。
- 多数都是通过银行转账的方式来完成的。

B2C 和 C2B 支付方式不仅在支付的业务场景上不同，而且在资金的流向上也完全相反，因此，两者有完全不同的业务特点和功能需求。作为支付的专业人员，应该注意严格区分两类不同的支付形式，以便更准确地描述支付场景和支付流程，更深入地理解用户的真实需求。

在按照角色分类的四种支付方式中，最为常见、使用最为频繁的支付方式是 C2B，因为消费者几乎每天都会使用这种方式来向商户付款，以购买生活必需品。支付金额最大的支付方式是 B2B，尽管 B2B 的支付频率没有 C2B 那么频繁，但是，用于生产资料采购的单笔交易金额往往会远远高于消费者参与的支付金额。最容易被误解的支付方式是 B2C，即企业、机构、政府向消费者支付的方式。C2C 是这 4 种支付方式中使用得最不频繁，而且金额最小的支付方式。

2.4　按照资金来源分类的支付方式

按照资金来源分类的支付方式最能反映支付业务的本质。资金来源往往处在支付链条的最顶端，不同资金来源的支付方式有各自独特的情况，深入分析和研究这些支付方式将有利于我们更好地了解支付的具体业务本质与表现形式之间的关系。图 2-12 罗列了按照资金来源分类的 8 种常见的支付方式。它们分别是现金支付、支票支付、银行账户支付、互联网账户支付、信用卡支付、借记卡支付、预付费卡支付和先买后付。

图 2-12　按照资金来源分类的支付方式

2.4.1　现金支付

这里所说的现金支付是指付款人把货币（纸币或硬币）支付给收款人的过程。这种方式曾经是 C2B 支付的主流，近几年来逐步被各种卡、电子钱包甚至数字货币所取代。现金支付最大的好处就是具有广泛的可接受性，即使交易的场合没有电，或者在完全没有电信信号的偏远地区，也能完成交易。

纸币或者硬币的流通成本很高，不仅仅需要巨大的金库，而且各种安防措施和消毒、销毁工作都需要大量的人力物力来支撑。可以预见，在未来现金支付将越来越少甚至消失。

2.4.2　支票支付

这里所说的支票支付是指付款人使用银行发的支票支付款项给收款人的过程。这种方式曾经是美国 C2B 支付的主流。美国家庭中每个符合申请银行支票账户条件的人都可以拥有自己的支票，这种支票使用起来非常方便。付款人只要在支票上填写收款人的名字、要支付的金额，然后在支票的右下方签字，就可以完成支付。无论是在加油站加油、交房租、交水电费和煤气费，甚至在超级市场购物，都可以用支票来完成。

支票支付的好处是方便灵活，如在买房或者买车时，不再需要携带大量现金，只要在支票本上写上收款人的名字、付款的金额、签署的日期和自己的名字就可以完成大额交易的支付过程。现在美国很多银行已经在自己的 App 上提供了用手机扫描支票存入银行账户的功能。支票的问题是：第一，有一定的成本，比如每本支票本 10 美元或 20 美元的制作费；第二，有些场景不接受支票。

目前，支票在美国仍然非常普及，属于最基本的支付方式，如图 2-13 所示。在中国，大约 1990 年，我们跳过了支票这一个历史阶段，而直接进入了银行卡阶段。所以在中国，支票基本上只有公司才会使用。日本与中国类似，普通老百姓也不将支票作为常规的支付手段。

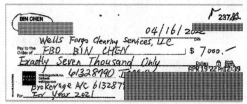

图 2-13　支票支付

2.4.3　银行账户支付

银行账户支付是指依托银行账户完成的支付。银行账户的持有人授权支付服务提供商从其账户中扣除支付请求规定数量的资金，从而完成资金转移的支付过程。图 2-14 描述了银行账户支付的基本过程。

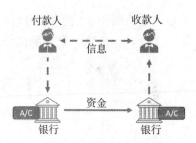

图 2-14　银行账户支付

付款人把支付指令（收款人、联系方式、支付说明、支付金额、支付时间）发给自己的开户银行。然后，开户银行检查付款人的账户上是否有足够的资金来完成这笔支付。如果付款人的银行账户上有足够的资金，开户银行就会根据支付指令把相应的资金转移给收款人的银行，并把支付指令的执行结果反馈给付款人，收款人的银行在收到付款人的资金后，会发通知给收款人。

账户支付的好处是效率高，因为银行之间的网络都是相互联通的，可以直接完成资金的划拨。账户支付还可以完成跨越国境的国际间转账支付。但账户支付的问题是，一般家庭的账户都会保存不少资金，如果将自己的账户暴露在外，会带来风险。特别是在与互联网账户关联的情况下。银行账户支付的特点如下。

- 支付转账的时间短，速度快。
- 以账面的平衡金额为限，不会出现透支的问题。
- 需要向银行支付一定金额的支付处理费。

2.4.4　互联网账户支付

互联网账户支付是指依托互联网公司的信息账户完成的支付。这里的信息账户一般是指电子邮箱、IM 账户、电话号码和电子商务网站的会员账户等。通常情况是把金融账户与信息账户相关联，从而在支付时透过信息账户完成资金的支出或者收入，这样的信息账户也称为支付账户。图 2-15 描述了互联网账户支付的基本过程。

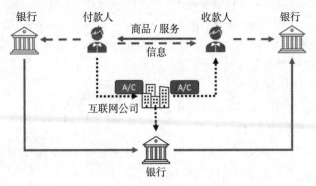

图 2-15　互联网账户支付

互联网信息账户，或者准确地说支付账户的好处是可以避免直接使用银行账户或者银行卡，减少这些金融账户暴露的机会。它的问题是因为经常使用，几乎每天都暴露在互联网上，所以容易被人盗取，威胁到银行账户的安全。因此以互联网信息账户为基础的支付账户要注意设置限额和授权。互联网账户支付的特点如下：

- 用户范围广泛；
- 使用起来方便灵活；
- 支付金额不大；
- 使用频率很高；
- 面临数据安全的挑战。

2.4.5　信用卡支付

信用卡支付是从二战之后快速发展起来的支付方式，是目前世界各国支付的主流方式。信用卡支付号称支付行业王冠上的明珠，因为这种支付方式涉及一整套国际性的业务规则；涉及银行卡组织、发卡行、收单行、持卡人、特约商户五种不同角色的参与；涉及复杂的发卡系统、收单系统和银行卡组织的底层网络等技术基础。但是，信用卡的易用性，也让其成为国际诈骗集团的目标，各种欺诈案件层出不穷。图 2-16 描述了信用卡支付的基本过程。

信用卡支付的特点如下。

- 发卡、收单、清算分工较细，导致要处理的环节很多。
- 因为参与的利益方比较多，所以涉及的系统较多，处理费高。

- 经过各国多年的业务实践，信用卡支付已经成为标准成熟的支付方式。
- 欺诈现象比较多、风险比较大。
- 信用卡需要依托 IBM 大型主机系统和专用的底层网络，成本居高不下。

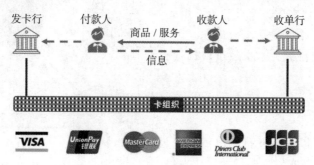

图 2-16 信用卡支付

银行卡组织体系包含银行卡组织、发卡行、收单行、持卡人和商户五个要素。下面简单介绍这五个要素。

- 银行卡组织：收单行代表商户与发卡行清算本结算周期内的交易款项。
- 发卡行：发卡行根据申请人的信用情况决定是否发卡以及卡的支付额度。
- 收单行：收单行发展商户，并且处理持卡人在商户的刷卡支付请求。
- 持卡人：申请银行卡并且使用银行卡进行交易。
- 商户：成为银行卡组织的签约商户，用银行卡组织的 POS 收单。

目前，世界上主要的六大银行卡组织包括银联、VISA、JCB、MasterCard、Discover 和 American Express。按照上面五个要素的组织模式，又可以把六大银行卡组织进一步分成五要素和三要素两类。目前银联、VISA、JCB 和 MasterCard 都属于五要素银行卡组织。五要素银行卡组织中，银行卡组织（简称卡组织）、发卡行、收单行、持卡人和商户五个角色各自独立，如图 2-17 所示。五要素银行卡组织的好处是分工明确，各司其职。它的问题是环节比较多，成本相对高。

三要素银行卡组织包含银行卡组织本身（收单行、发卡行和银行卡组织三位一体）、持卡人和商户三个要素，目前 American Express 和 Discover 属于这类银行卡组织。这类银行卡组织的银行卡组织、发卡行和收单行为一方，持卡人和商户为另外两方，如图 2-18 所示。三要素

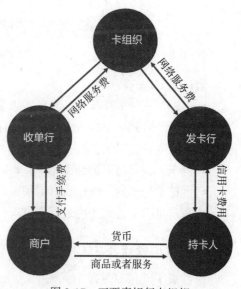

图 2-17 五要素银行卡组织

银行卡组织的环节减少了，成本相对低，但是在发卡和收单方面没有可以依靠的银行，所以相对五要素银行卡组织，其活动范围和活动力度都有些逊色。但是，American Express从其成立开始就聚焦在服务企业法人，因此，发卡行和收单行少并不是一个大问题。因为企业作为要发展的目标，本来数量就远远少于消费者个人。

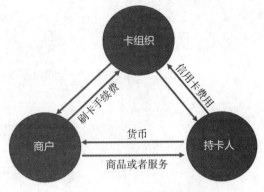

图 2-18 三要素银行卡组织

2.4.6 借记卡支付

借记卡支付是以银行发行的以借记卡为基础完成的支付，其实质是银行的账户支付。借记卡本身代表的是银行的账户。通常情况下，借记卡支付会直接从付款人的账户上扣除需要支付的款项，如果付款人的借记卡账户上没有足够的余额，那么交易就会失败，这是借记卡支付与信用卡支付的最大差别。借记卡支付需要一个能广泛联接银行和其他金融机构的基础网络，不同的地区有不同的安排，如有的国家存在统一的银行网络来完成银行间的支付指令传输，有的国家利用既有的银行卡组织网络来完成。图 2-19 描述了借记卡支付的基本逻辑。

图 2-19 借记卡支付

借记卡支付的特点如下。

- 借记卡支付所涉及的环节比信用卡支付的少，复杂度低。
- 支付的时候需要持卡人的密码认证，欺诈的风险相对低。
- 因为支付的时候会直接发生扣款，所以卡丢失后带来的资金损失很大。
- 持卡人很容易申请到借记卡，不需要积累信用分数。
- 借记卡使用的广泛性没有信用卡高，有些卡跨境可能会有问题。
- 账户里必须有钱才能进行支付。

2.4.7 预付费卡支付

预付费卡支付也是经常见到的一种支付方式。预付费卡需要持卡人在预付费卡公司购卡的时候预先存入一笔资金。当持卡人消费的时候，预付卡公司会从该持卡人的账户上

直接扣除支付的款项，并在结算周期末把累积的支付款结算给商户。具体的流程请参考
图 2-20。预付费卡比较适合没有办法申请到信
用卡的人群，比如大学刚毕业或者从别的国家
刚移民来的新居民，他们需要卡来关联钱包，
完成例如在加油站加油，在电商平台上购物或
者在航空公司网站购买机票等消费行为。

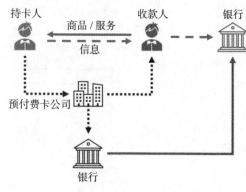

图 2-20　预付费卡支付

　　预付费卡支付方式的特点如下。

- 额度有限，能用多少资金完全取决于购
卡的时候存入了多少资金。
- 使用方便，能接受信用卡和借记卡的商
户一般都会接受预付费卡。
- 欺诈率低，支付发生即时扣款，不会出
现信用卡拒付的风险。
- 风险度低，独立于银行的其他金融账户，被盗后的损失有限。

2.4.8　先买后付

　　所谓的先买后付（Buy Now Pay Later，BNPL）是一种新型的支付方式，属于 FinTech
领域里的消费信贷（Consumer Lending）产品。付款人多数是刚入社会或者刚刚移民，尚未
有足够资格申请信用卡的消费者，而且其借记卡账户上没有多少钱，却还想在短时间内先
购买某些产品，等几个月后再分期偿还这部分资金。先买后付方式可以帮助消费者超前消
费，所以深受年轻人的喜爱。先买后付公司需要与签约商户约定出现了无法偿还的坏账时，
谁来负担这些坏账。有些协议是把坏账交给商户，也有些协议是把坏账交由先买后付公司
处理。

　　一般情况下，先买后付公司都会把消费者的欠账打包成金融产品，在金融市场上销售，
从而获得流动资金，接受新的支付请求。先买后付业务所依赖的就是借款人无法还款的概
率计算模型，基本逻辑就是计算出有多少坏账，然后根据这个数字确定应该收的利率，只
要收到的利率多过坏账金额，那就可以盈利。其实质是守信用的人帮不守信用的人还款，
这在金融领域的其他产品上也经常会看到，例如保险就是用没有产生风险的人的保费来偿
还有风险的人的损失。如果灾难的面积很大，所有人都有风险，那保险公司就只能破产。
图 2-21 描述了先买后付的基本业务流程。

　　先买后付支付方式的特点如下。

- 首先要申请成为先买后付公司的会员并建立账户。
- 根据会员的个人数据进行信用预评估，确定可以后付费的额度。
- 先买后付的公司会与售卖人气旺盛消费品的商户建立业务关系。
- 先买后付的贷款产生的利息可能会比信用卡债务更高。

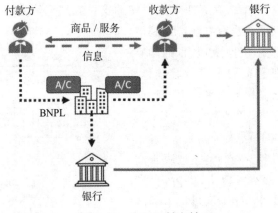

图 2-21　先买后付支付

2.5　按照地理范围分类的支付方式

　　除了上面提到的支付方式分类逻辑以外，还有按照国家或者地区的地理范围分类的支付方式。其中最重要的就是跨境支付。跨境支付可以进一步分为：跨境购买商品和入境购买商品或服务。图 2-22 简单描述了按照地理范围分类的支付方式。

2.5.1　跨境支付方式

　　当消费者生活在一个国家或地区，而商户处于另外一个国家或地区的时候，就会出现跨境电子商务，也就是消费者跨境向其他国家或地区的商户购买所需要的商品。跨境

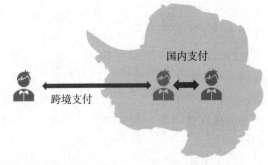

图 2-22　按照地理范围分类的支付方式

电子商务过程会涉及消费者（付款人）向商户（收款人）支付商品款项的环节。这个环节不仅会涉及第三方支付机构，还要同时处理好海关、商检、外汇、国际物流等几种比较复杂的情况。跨境购买商品是电子商务带来的便利，消费者可以足不出户，通过浏览器上网购买不同地域的商品，但也由此引来了跨境支付的需求。图 2-23 描述了跨境电子商务与跨境支付的过程。跨境支付方式的特点如下。

- 涉及的环节比较多，诸如海关、外汇、物流和商检等。
- 汇率风险比较大，外汇市场的波动起伏瞬间变化幅度很大。
- 出现商业纠纷不容易解决，主要是因为在法律和文化方面存在差异。

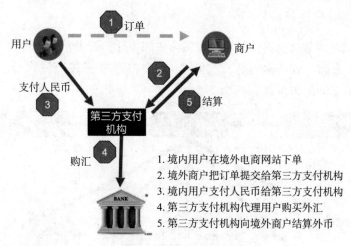

图 2-23 跨境支付方式

2.5.2 入境支付方式

当外国游客进入某个国家或地区后，游客需要在当地购买商品或者服务，如果采用与当地消费者一样的支付手段，那么这个游客就相当于当地居民，也就没有什么特别需要考虑的事情。但是，在实际生活中，外国游客往往会希望用在自己国家经常使用的支付手段来完成交易。例如，中国游客一丈青到日本旅游，希望买几只日本的小型发财猫送给朋友作为小礼物。这时，她会问商户，我可以用微信支付吗？日本的商户为了能抓住这些来自中国游客的商机，自然希望支付服务提供商能帮助他们解决微信钱包收单的问题。图 2-24 解释了用户用微信钱包在日本商户支付的过程。

入境支付属于跨境支付业务中的一种。入境支付方式的特点如下。

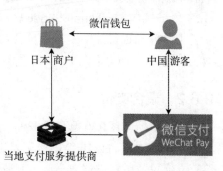

图 2-24 入境支付方式

- 入境支付涉及外币与本币的兑换。
- 入境支付涉及商户是否受理国外的电子钱包。
- 入境支付涉及游客的海关退税。
- 入境支付涉及语言的本地化。

2.6 支付服务提供商

本章前半部分讨论了很多不同类型的支付方式。一个普通的商户要能适应这么多不同种类的支付方式是一件非常困难的事情。为了解决这个问题，市场上出现了能够聚合各种不同支付方式为商户提供统一解决方案的支付服务提供商（Payment Service Provider，PSP）。

2.6.1 第三方支付

第三方支付是通常意义上的支付服务提供商中的一种，因为它处于付款方（第一方）和收款方（第二方）之间，故被称为第三方支付。图 2-25 简要描述了付款方、收款方和第三方支付服务提供商之间的关系。

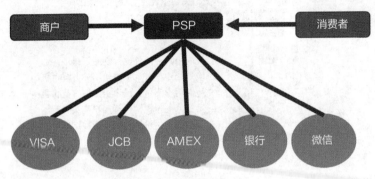

图 2-25　第三方支付

现实生活中存在很多不同的支付解决方案，例如，商户有一个 POS 机可以接受 VISA 品牌的信用卡支付，有一个 POS 机可以接受 MasterCard 品牌的信用卡支付，还有一个 POS 机专门处理来自银联品牌的信用卡支付，此外可能还有来自某个银行的借记卡刷卡 POS 机，以及支持近些年来快速发展的 QR 扫码技术的扫码设备（如微信扫码设备）。小小的店铺，这么多的设备，让商户不知所措。为了解决这个问题，市场上就出现了把上述全部或者部分服务整合为一体的第三方支付公司。这与把不同航空公司的票务系统统一集成到 GDS（Global Distribution Service，全球分销系统）是异曲同工的。有了可以提供联结不同银行卡品牌和银行的第三方支付公司，商户就不需要再考虑品牌问题，而可以专心致力于自己的业务。在现实生活中，每个电子钱包的服务提供商就是这样的第三方支付机构。

2.6.2 聚合支付

虽然市场上存在着整合了多种支付方式的第三方支付公司，但是，因为各种市场原因，例如，第三方支付公司 A 的股东是电信公司 A，第三方支付公司 B 的股东是电信公司 B，第三方支付公司 C 的股东是某个互联网电商平台，出于竞争的考虑，第三方支付公司 A、B 和 C 会分别接入主流的某些银行、信用卡或其他银行。

因此，商户还是很迷茫，所谓的整合支付服务并不完整，存在部分排他的情况，仍然需要几个不同的支付服务提供商才能彻底覆盖，真正地解决支付问题。在这个时候，专门整合第三方支付公司业务的聚合支付公司应运而生。聚合支付一般以网管的模式存在，最大限度地集成市场上已经存在的支付服务，为商户提供一站式的支付解决方案。图 2-26 展示了聚合支付的概念。虽然第三方与聚合方都属于支付服务提供商，但是两者仍然存在很大的差异，具体表现在如下方面。

- 第三方支付机构既可以服务消费者也可以服务商户。而聚合支付机构只服务商户，不直接服务消费者。
- 第三方支付机构比聚合支付机构更快收到备付金。聚合支付要等第三方支付机构的计算周期到了才完成出款。
- 聚合支付更靠近商户，掌握场景方面的具体数据。而第三方支付更靠近银行和金融机构，也就是说更靠近资金。

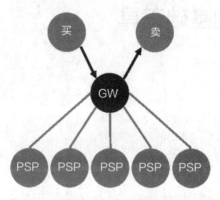

图 2-26　聚合支付

2.7　本章小结

本章首先根据交易的场景，把支付分成了线上支付和线下支付；接着按照支付过程中信息传递工具的不同形式，把支付分成了信函、电报、电视、IVR、浏览器和手机 6 种不同的支付方式；然后，按照交易过程中不同角色之间的关系，进一步把支付分成 C2C、C2B、B2B 和 B2C 四种支付方式。支付的核心是资金，因此，本章根据资金的来源又把支付分成现金支付、支票支付、银行账户支付、互联网账户支付、信用卡支付、借记卡支付、预付费卡支付和先买后付 8 种不同的支付模式，并把涉及海外的支付分成跨境支付和入境支付两种方式。最后，总结了第三方支付的作用和特点，同时引出了聚合支付的概念。

第 3 章

支付的基础工具

付款人把资金转移给收款人的过程会涉及支付请求接收、支付请求处理、支付指令执行、支付结果收款人通知、支付结果付款人通知、支付请求记录、支付请求记账和支付资金计算等许多不同的环节。这些环节又会使用不同的软件或者硬件工具来辅助处理。本章将对目前常见的相关工具进行全面介绍，为后续章节的讨论奠定基础。

收单这个概念来源于信用卡使用的场景，当消费者在商户那里支付的时候，商户为了保留该消费者消费的证据，以避免拒付，会请消费者在一式两份的支付账单上面签字，然后把收到的支付账单提交给负责替商户处理支付请求的支付机构或者收单银行。

付款与收单是两个对立统一的概念，有付款就有收单。每种付款手段都对应着相应的收单工具。付款是消费者把资金转移给商户的过程，而收单是商户从消费者那里取得资金的过程，付款与收单是从两个不同角度分析同一个支付过程的结果。本章将首先从付款人的角度讨论付款工具，主要包括各种银行卡、电子钱包、智能手机和物联网支付设备；然后，从收款人的角度讨论商户收单的工具，主要包括传统POS 机、智能 POS 机、QR 码扫描工具、生物特征识别工具等。表 3-1 是支付与收单工具对照表。

表 3-1 支付与收单工具对照表

支付	收单
磁条卡	传统 POS 机
IC 卡	智能 POS 机
复合卡	POS 一体机
虚拟卡	云端 POS 机
QR 码	QR 码扫描工具
生物特征	生物特征识别工具
物联网	物联网收单

3.1 银行卡支付

在第 2 章中讨论过，按照资金来源可以把银行卡分为借记卡、信用卡和预付费卡。这些卡作为付款人的支付工具，从第二次世界大战之后就开始广泛地应用于世界各地的各种支付场合。本节将从支付工具的角度出发，深入讨论磁条卡、IC 卡、复合卡和虚拟卡，以帮助读者全面掌握各种支付工具。

3.1.1　银行卡的历史和国际标准

1. 银行卡的历史

在纽约市西 33 大街 33 号，靠近帝国大厦的地方，有一家名字叫作 Majors Cabin Grill 的餐馆。在 1949 年的一个傍晚，商人弗兰克·麦克纳马拉（Frank McNamara）与自己的客户共进晚餐，在结账的时候，他突然意识到自己把钱包放在了另一套西装的口袋里，无法结账使他感到非常尴尬，不得已他红着脸请妻子前来为他结账。

这次的遭遇促使麦克纳马拉提出了多用途赊账卡的想法。1950 年 2 月，麦克纳马拉和他的搭档拉尔夫·施耐德（Ralph Schneider）再次来到这家餐馆。这次，当账单递到他面前时，麦克纳马拉用一张签名的纸卡片支付了晚餐，这张纸卡片是历史上的第一张信用卡，如图 3-1 所示。

Majors Cabin Grill 餐馆　　　　　　　　第一张信用卡

图 3-1　第一张信用卡及其诞生地

这顿晚餐也成为信用卡历史的重要组成部分。次年，麦克纳马拉便与施耐德共同创立了大来俱乐部（Diners Club）。该俱乐部为每个会员提供一张卡片，在合作商店签账消费后，由大来俱乐部先垫付给商店，再每月向会员收取签账款项。在初期，大来俱乐部主要与餐厅合作，后来逐渐将合作范围扩大到饭店、航空公司和其他旅游行业，让持卡会员充分享受先消费后付款的好处，建立了现代信用卡的交易模式雏形并一直沿用至今。

1958 年，美国银行（Bank of America）发行了 BankAmericard（VISA 卡的前身），这是第一张具有循环信贷功能的信用卡。同年，以货运和旅游业务起家的美国运通（American Express）公司开始发行运通个人卡，并在 1966 年推出了公司卡服务，以满足商业客户管理其员工支出的需求。然而，在银行卡产业发展的初期，各银行都在分别推广合作商户和发行卡片，不但需要投入较高成本，而且无法有效地形成合力，共同拓展业务。另外，在业务量有限的情况下，因为发卡的银行数量太多，导致许多银行因不堪亏损而纷纷退出，侥幸存活下来的银行则开始组成合作性组织，通过构建彼此联通的网络将服务扩展至其他国家的商户。从此以后，各个银行卡组织都开始积极拓展国际市场，让会员银行可以通过全球授权和清算网络，为持卡人在全球范围的特约商户提供签单消费服务。

1961 年，日本先后成立了日本信贷局（Japan Credit Bureau，JCB）和大阪信贷局（Osaka Credit Bureau，OCB），后来两者合二为一成为今天的 JCB。1966 年，加州联合银行（United California Bank）、富国银行（Wells Fargo）、克罗克银行（Crocker Bank）和加州银行（Bank of California），为了与美国银行发行的 BankAmericard 竞争而设立了银行间卡协会（Interbank Card Association，ICA）。1968 年，墨西哥国民银行、欧洲 EuroCard 和日本银行的加入，使 ICA 成为一家国际性的组织。1970 年，ICA 正式使用 MasterCharge 的名称与标志并于 1980 年改名为 MasterCard。

中国银联成立于 2002 年 3 月，是经中华人民共和国国务院同意，中国人民银行批准，在合并 18 家银行卡信息交换中心的基础上，由 85 家机构共同出资成立的中国银行卡联合组织（简称银联）。银行卡组织被称为支付产业链王冠上的宝石，主要是因为其系统庞大复杂、投入巨大、网络具有世界性而且关联的银行机构甚多。现在，中国银联已经成为世界六大银行卡组织之一，而且发卡量和交易额已经超过了 VISA 和 MasterCard 成为世界第一。图 3-2 综合展示了世界主要信用卡的发展过程。

图 3-2　世界主要信用卡的发展过程

2. 银行卡的国际标准

1950 年以后，美国的信用卡公司不断涌现，发出的各种卡也越来越多。为了不让钱包制作商对各种信用卡、借记卡、驾驶执照和其他 ID 卡的尺寸大小不一感到为难，国际标准化组织（ISO）特别对这些卡的几何尺寸、物理特性、凸字印刷、磁条格式和数据结构等作出了非常详细的规定。这些国际标准考虑得非常周到，例如标准卡片的长宽之比完全符合黄金分割 1.618∶1。图 3-3 介绍了银行卡的标准点。表 3-2 给出了与银行卡相关的 ISO 国际标准编号。

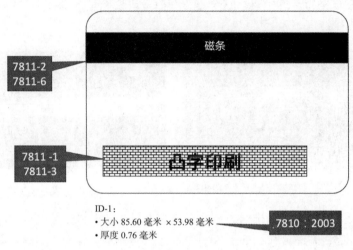

图 3-3　银行卡的标准点

表 3-2　与银行卡相关的 ISO 国际标准编号

标准编号	标准对象	标准编号	标准对象
7810	卡的物理特性	7813	金融交易卡
7811-1	卡的凸字印刷	7816	IC 卡
7811-2	卡的软性磁条	7501	ID 卡
7811-3	卡上凸字的位置	14443	非接触式 IC 卡
7811-6	卡的硬性磁条		

3.1.2　银行卡的 4 种类型

银行卡早期是纸质的，后来逐渐发展为以塑料为主，甚至出现碳质和钛制。70 多年来塑料信用卡的累积发行量已经超过了 100 亿张。但是卡公司和持卡人已经意识到，这些难以降解的塑料是对地球环境的巨大污染，相信未来会出现新的"绿色"材质。银行卡有正反两面，正面一般会展示发卡行的商标、持卡人的姓名、卡号、有效期等信息，反面则展示诸如银行卡验证码（CVV）之类的其他信息。一般的银行卡都会通过压制的方法，做出凸起的卡号和有效期等信息，以备在缺乏通信条件的时候，通过压卡机留存账单。有些银行卡只有单一的磁条功能，而更多的银行卡在磁条卡的基础之上，附加了接触式或者非接触式的 IC 芯片，以便更好地处理、存储和传递信息，从而提高银行卡的安全性，改善银行卡的支付效率。最近几年银行卡组织又发展出了虚拟卡，就是只有一排数字串、而在物理上根本不存在的银行卡，用来与互联网账户和电子钱包的信息账户绑定。综上，银行卡可以分成磁条卡、IC 卡、复合卡和虚拟卡。

1. 磁条卡

银行卡的正反两面都可以通过贴磁条来存储相关的卡信息。付款人在 POS 机上刷磁条，由 POS 机读取银行卡的信息。这个过程和磁带机读磁带上歌曲的逻辑相同。图 3-4 是一张磁条卡示意图。

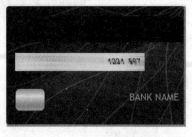

图 3-4　磁条卡

磁条是一层薄薄的由定向排列的铁性氧化粒子组成的材料。把这些材料用树脂黏合剂严密地黏合在一起，并黏合在诸如纸或塑料这样的非磁基片媒介上，这就是磁条卡。磁条卡上共有三条磁道，每条磁条道的宽度均为 2.79 毫米。由于磁条卡成本低廉，易于使用，便于管理，且具有一定的安全特性，因此它的发展得到了很多世界知名公司，特别是各国政府部门几十年的鼎力支持，使得磁卡的应用非常普及，遍布国民生活的方方面面，包括身份证、驾驶证、会员卡等各种卡。在支付业务的应用中，所有的磁条卡都使用磁道 2。根据不同机构的规定，有些可能会选择同时使用磁道 3，但均暂时没有使用磁道 1。表 3-3 为3 个磁道具体情况的概括性总结。

表 3-3　磁条卡的 3 个磁道

	磁道 1	磁道 2	磁道 3
记录密度（bpi）	210	75	210
字符格式	6 bit + 1CRC	4 bit+1CRC	4 bit+1CRC
存储容量（byte）	79	40	107
读写控制	只读	只读	读写
用途	暂时不用	使用	可选用

注：bpi 即 bits per inch（每英寸可以记录的比特数）。

磁条卡是最早出现、最基本也是使用最为广泛的银行卡，它有以下几个特点。

● 因为磁条容易大规模生产和普及，所以生产成本相对较低。
● 磁条可能会因为接触不同的电磁环境而产生磁减弱的问题。

- 磁条暴露在外面，容易受损造成无法读取数据。
- 磁条裸露在外面，数据容易被读取和复制进而出现安全问题。
- 因为磁条卡较软，又经常暴露在外，很容易损坏。
- 上百亿张磁条卡使用塑料制作，对地球环境构成污染。

2. IC卡

IC（Integrated Circuit）直接翻译的意思是集成电路。IC卡即集成电路卡或者微电子芯片卡。IC卡说起来复杂，实际上每个人都与它打过交道。IC卡是将一个微电子芯片嵌入符合 ISO 7816 标准的卡基中，做成卡片形式。这种嵌入的芯片通常是电擦式可编程只读存储器（EEPROM），芯片内部载有嵌入式操作系统，因此整个芯片卡相当于一台微型计算机，可以执行数据交换命令或者支持非常复杂的应用。一般的公交卡和地铁卡也都属于IC卡，其他还包括以前的电信卡、身份证、手机 SIM 卡等。

最常见的 IC 卡就是智能手机里面的 SIM（Subscriber Identification Module，用户身份模块）卡，是电信公司、银行或者银行卡组织用来管理用户身份的集成电路模块。电信公司的 SIM 卡插入手机，银行或者银行卡组织的 SIM 卡直接嵌入卡片里。由此可见，银行和电信公司在 SIM 卡，也就是用户身份识别问题上有重叠。两者在利用移动智能手机进行 NFC 支付这个场景上的冲突与矛盾很多。

我观察到一个非常有趣的现象，在日本，每个电信运营商都会去做支付。例如日本的电信一哥是 NTT，其子公司 NTT DoCoMo 是世界移动通信的先驱，旗下拥有 D Pay；KDDI 是日本排行第二的移动电信运营商，旗下拥有移动支付公司 Au Pay；SoftBank 是日本排行第三的电信运营商，旗下拥有日本最大的移动支付公司 PayPay。简单地说，每家移动通信公司都有一个做支付的梦，每家移动支付公司背后都有一家移动通信公司。我们在前面分析支付发展历史的时候曾经提过，支付的过程伴随着信息的处理。无论是身份认证、支付请求传输、支付指令执行，还是支付结果通知，都能看到数据处理和数据传输伴随左右。换句话说，电信运营商做支付属于近水楼台先得月。未来，随着数字世界的到来，电信运营商在数据采集、数据传输和数据处理方面的影响力会越来越大，与银行在用户身份信息管理与处理方面的融合也会越来越深入。

IC卡与磁条卡是有区别的，IC卡是通过卡里的集成电路存储信息，而磁条卡是通过卡内的磁力记录信息。IC卡的成本一般比磁条卡高，但保密性更好。根据数据传输过程中卡片是否需要与 POS 机接电，又把 IC 卡分成接触式和非接触式两类。首先，我们介绍接触式 IC 卡。图 3-5 为接触式 IC 卡的样例和描述。

接触式 IC 卡不仅可以运行简单的程序，还可以存储大量的信息，甚至支持功能丰富的应用。接触式 IC 卡是通过读写设备的触点与 IC 芯片触点的接触完成数据读写的。当用户使用信用卡时，通过电极触电将卡的集成电路与外部接口设备直接接触，从而进行数据交换和其他的互动活动。这种方式可以快速且安全地把信息传递给 POS 机，从而完成支付的过程。IC 卡具有下述特点。

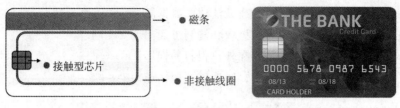

图 3-5 接触式 IC 卡

- 因为嵌入的 IC 芯片可以进行复杂的加解密，所以安全度非常高。
- 因为嵌入的 IC 芯片体积较小而且暴露较少，所以不太容易损坏。
- 嵌入芯片的 IC 卡有很强的计算和存储能力，磁条卡最多能存 210 个字符，而 IC 卡可以存上百万字节，所以可以提供更加丰富的功能。
- IC 卡的用电量微小，可以使用 10 年以上，远比磁条卡的使用寿命长，大大减少了周期性替换塑料卡片的操作。

相对于接触式 IC 卡，非接触式 IC 卡具有寿命更长和不需要物理接触的优点。非接触式 IC 卡，也称为射频 IC 卡，简单地说，就是在普通的 IC 卡的基础上，增加近场通信（NFC）的芯片和微型天线。所谓近场是指卡与读卡器之间的距离在 10 厘米之内。当付款人把银行卡靠近专用读卡器的时候，可以通过近场通信把付款人的信息安全而且方便地传递给读卡器。常见的非接触式 IC 卡包括食堂卡、门禁卡、NFC 卡、FeliCa 等多种不同的变种。图 3-6 具体展示了非接触式 IC 卡。电子钱包是比物理芯片卡更好的一种信息载体，3.4 节会讨论这个问题。

图 3-6　非接触式 IC 卡

ISO/IEC 根据射频技术的实现逻辑，制订了 ISO/IEC14443、ISO/IEC18092 和 ISO/IEC15693 等标准。这些标准又进一步把 NFC 卡分成了 A、B、F 和 V 类。

A 类：在读卡器向卡传送信号时，通过 13.56 MHz 的射频载波信号，并采用同步和改进的 Miller 编码方式，100% ASK 传送，以 106 kbit/s 的速度传输数据。A 类来自飞利浦的 MIFARE 标准。

B 类：在读卡器向卡传送信号时，通过 13.56 MHz 的射频载波信号，并采用异步和 NRZ 编码方式，10% ASK 传送，以 106 kbit/s 的速度传输数据。B 类来自飞利浦的 MIFARE 标准。

F 类：在读卡器向卡传送信号时，通过 13.56 MHz 的射频载波信号，并采用异步和 Manchester 编码方式，10% ASK 传送，以 212 kbit/s 或 424 kbit/s 的速度传输数据。F 类来自索尼公司的 FeliCaTM 标准，JIS X6319-4。FeliCa 主要在日本使用，诸如 Suica 之类的 IC 卡车票，在日本之外，中国香港的八达通也采用 FeliCa 标准。

V 类：在读卡器向卡传送信号时，通过 13.56 MHz 的射频载波信号，并采用异步和 Manchester 编码方式，10% ASK 或者 100% ASK 传送，以 26.48 kbit/s 的速度传输数据。V

类是在不断发展中的类型，其数据读取可以在 1 米范围内实现，常用于门禁控制。

3. 复合卡

复合卡就是同时拥有普通凸字印刷、磁条、IC 芯片和 NFC 模块的银行卡。随着移动网络技术和芯片制造技术的发展，智能手机和智能 POS 机的普及，以及防止信用卡盗卡和欺诈需求的增加，复合卡成为支付行业的一种标准配备。图 3-6 展示的就是一张包括 IC 芯片、NFC 模块、凸字印刷和磁条的复合卡。

银行卡从凸字卡、凸字卡 + 磁条卡、凸字卡 + 磁条卡 + 芯片卡，到现在的凸字卡 + 磁条卡 + 芯片卡 + 无线卡，越来越复杂，成本也越来越高。解决这个问题的最佳手段就是大道至简，无就是有，把所有的卡信息变成一串数字，即虚拟卡。

4. 虚拟卡

智能手机本身就有能力模拟 IC 卡和 NFC 无线银行卡，甚至超越银行卡的其他卡片，包括公交卡、门禁卡、食堂卡和会员卡。所以加载在智能手机上的电子钱包已经有能力把银行卡收进来。事实上，近几年电子钱包在世界各地得到了广泛普及和应用，在有些国家或地区的普及率甚至高达 90%。越来越多的实体银行卡与电子钱包绑定。在日常生活中，消费者对实体银行卡的需求越来越少。为应对这种变化，银行卡组织提出了虚拟卡的概念。

所谓的虚拟卡，在本质上与当前广泛使用的实体银行卡没有什么太大的差异。银行卡组织或者银行，在审批消费者的银行卡申请之后，把虚拟卡的卡号、有效期和验证码等信息发给消费者；消费者把相关的信息与电子钱包绑定，通过电子钱包进行正常的消费，或者在线上支付的过程中直接把相关信息提供给商户。虚拟卡可以降低发卡成本，提高发卡效率，减少盗卡风险。另外，已经出现的物联网支付也需要虚拟卡来完成一些反复发生的支付活动。可以预见未来会有越来越多的虚拟卡出现并替代现在的实体卡。

3.1.3 几种银行卡的比较

前几节讨论了各种银行卡的标准、形态和特点，本节将针对各种银行卡的优缺点做一个比较，以便更好地理解和掌握这些银行卡。我专门请了在银行卡行业打拼多年的几位专家，从制作成本、使用寿命、易用程度、存储加密、传输加密、线上支付、线下支付和欺诈风险 8 个维度，分别对各种形式的银行卡进行打分。每个维度最高为 10 分，以下是打分的汇总结果，如表 3-4 所示。专家打分的评价只是代表一部分意见，仅供参考，更准确的还要看行业的相关报告。

表 3-4 几种银行卡的比较

	普通卡	磁条卡	接触式 IC 卡	非接触式 IC 卡	复合卡	虚拟卡
制作成本（成本最低记为 10）	8	6	4	2	0	10
使用寿命（寿命最长记为 10）	4	2	6	8	8	10
易用程度（最易使用记为 10）	0	4	6	8	10	6
存储加密（最高安全性记为 10）	0	2	10	10	10	10

（续）

	普通卡	磁条卡	接触式 IC 卡	非接触式 IC 卡	复合卡	虚拟卡
传输加密（最高安全性记为 10）	0	0	8	8	8	10
线上支付（最为方便记为 10）	4	4	4	4	4	10
线下支付（最为方便记为 10）	2	4	6	8	10	8
欺诈风险（最为安全记为 10）	0	2	4	6	6	8
总分	18	24	48	54	56	72

3.1.4 卡 BIN

除了银行的信用卡和借记卡以外，还有许多其他类型的卡应用在金融领域以外的其他组织和业务，例如驾驶证、身份证、酒店房卡、会员卡、就餐证、地铁卡和员工门禁卡等。国际标准化组织把卡的第一位数字用于标识该卡所属的产业分类。以下是卡号第一位的分配结果：

- 1 和 2 表示航空业，例如航空公司发给乘客的里程卡；
- 3 表示旅游和娱乐，例如酒店为住客提供的房卡；
- 4 和 5 表示银行和金融，例如银行的信用卡与借记卡；
- 6 表示商业和银行，62 就是银联卡的标记；
- 7 表示石油，例如加油站的油卡；
- 8 表示通信，例如电信公司的电话卡；
- 9 表示国家分配，留给各个国家内部使用。

在银行卡领域，ISO 又进一步通过 ISO/IEC 7812-1 标准将卡分配给世界各国从事跨行信息交换的银行或者银行卡组织，形成了所谓的卡 BIN（Bank Identification Number），即发卡行识别码，现在也被称为 IIN（Issuer Identification Number，发行者识别码）。卡 BIN 由出现在卡号最前面的 6 位数字表示。表 3-5 给出了世界上主要的银行卡机构的卡 BIN 分配情况。

表 3-5 世界上主要银行卡机构的卡 BIN 分配情况

国家	发卡机构	BIN 范围	卡号长度
美国	American Express	340000 ～ 349999 370000 ～ 379999	15 位
中国	China UnionPay	部分 9 开头的卡 部分 60 开头的卡 622126 ～ 622925 624000 ～ 626999 628200 ～ 628899 810000 ～ 817199	16 ～ 19 位
美国	Diners Club	300000 ～ 305999 309000 ～ 309999 360000 ～ 369999 380000 ～ 399999 540000 ～ 559999	14 位

（续）

国家	发卡机构	BIN 范围	卡号长度
日本	JCB	308800 ～ 310299 311200 ～ 312099 315800 ～ 315999 333700 ～ 334999 352800 ～ 358999	16 位
美国	MasterCard	510000 ～ 559999 222100 ～ 272099	16 位
美国	VISA	400000 ～ 499999	19 位
美国	Discover	601100 ～ 601103 601105 ～ 601109 601120 ～ 601149 601174 开头的卡 601177 ～ 601179 601186 ～ 659999	16 位

3.1.5 卢恩算法

上述所有信用卡的验证方法都是基于卢恩算法（LUHN algorithm，LUHN）的，该算法也被称为模 10（Mod 10）算法，是一种简单的校验算法，一般用于验证身份识别码。例如发卡行识别码（BIN）、国际移动设备识别码（IMEI）、美国国家提供商识别码（NPI）。

卢恩算法由 IBM 科学家汗斯·彼得·卢恩于 1954 年发明创造，并得到了广泛的应用。但是该算法并不是一种安全的加密哈希函数，设计它的目的只是防止人工操作意外出错而不是恶意攻击。卢恩算法会通过校验码对一串数字进行验证，几乎可以发现所有由于邻位上数字被交换产生的错误。校验码通常会被加到这串数字的末尾处，从而得到一个完整的识别码。

以数字 7992739871 为例，计算其校验位。假设校验位为 x 并添加至数列末位，即最终的数字为 7992739871x，如表 3-6 所示。

表 3-6　卢恩算法

	奇	偶	奇	偶	奇	偶	奇	偶	奇	偶	校验位
原始数字	7	9	9	2	7	3	9	8	7	1	x
从右面 x 开始的偶数位 ×2	7	18	9	4	7	6	9	16	7	2	x
两位的数，个位十位相加	7	9	9	4	7	6	9	7	7	2	x
所有的数求和得到 t=67	7	9	9	4	7	6	9	7	7	2	x
t%10=p，67%10=7											
x=10−p，x=10−7=3	7	9	9	2	7	3	9	8	7	1	3

- 从校验位开始自右向左，偶数位乘以 2，1×2=2，8×2=16，3×2=6，2×2=4，9×2=18。

- 将上一个步骤中的两位数字的个位与十位相加，本例中，1+6=7，1+8=9。
- 把得到的数字加在一起，本例中 2+7+7+9+6+7+4+9+9+7=67。
- 将累加的结果以 10 取余数，在本例中，用 67 除以 10 得到的余数是 7。
- 再用 10 减去上一步的结果，得到 3，即校验码的值为 3。
- 如果 7992739871x 的计算结果与校验位的值不相等，那就是有问题了。

银行卡的卡号是由标识发卡机构的卡 BIN 和持卡人信息的号码所组成的，具体分为以下 3 个部分：发卡行识别码、发卡行自定义位、校验码。卡号的长度在 13 位到 19 位之间，国内的信用卡绝大多数是 16 位，美国运通卡为 15 位，大来卡为 14 位。国内银行的 BIN 由中国银联分配，例如，招商银行带银联标志的卡以 62258 开头。此外，同一家银行的信用卡和借记卡的卡号位数一般也不一样，信用卡为 16 位，借记卡为 19 位。

目前，国内以 9、62、60 打头的银行卡属于中国银联卡，其中以 62、60 打头的银联卡是符合国际标准的银联标准卡，可以在国外使用，这也是中国银联近几年来主要发行的银行卡。通常，大部分银行卡通过银行卡号前 6 位即可确定发卡行和卡类型，但也有非标准卡需要 6 ~ 10 位才可以判断出来，因此需要维护一个卡 BIN 库。

3.1.6　银行卡的收单设备

在零售交易完成时，商户首先计算消费者所欠的商品或服务的金额，然后向消费者提示应该支付的金额。在收到消费者的付款之后，由商户通过诸如手写、打印或发送电子版的方式来开具收据。除了支付款项，很多大型商户的 POS 机还与本公司的库存管理、客户管理、会员系统和财务系统相连。

随着计算机系统的快速发展，零售业也开始尝试使用电脑来管理门店的商品。20 世纪 70 年代商品的条形码规格确立，制造商在商品出厂时直接印制条形码，这样店家便可以利用此条形码来管理商品，这便是 POS 机的主要功能。本章所说的 POS（Point of Sale，销售点）机指的是在上述过程中所涉及的支付收单设备。因为现在商户在 POS 机上面叠加的功能越来越多，远远超过传统意义上的 Point of Sale，所以现在也有人称之为 Point of Service，但仍简称为 POS。

在互联网不太发达的年代，POS 机一般通过固定专线直接联接到收单机构以确保支付信息的安全。2008 年以后，随着移动互联网的飞速发展，传统的固定专线 POS 机逐渐被通过 Wi-Fi、3G、4G、5G 等移动蜂窝网络联接的无线移动 POS 机所取代。特别是在智能手机大量出现和 Android 移动平台开源流行之后，以 Android 系统应用为基础的智能 POS 机越来越多。尤其是在各种智能 IC 银行卡大量出现在市场上以后，POS 机收单的模式也变得丰富多彩，如从单一的消费者刷卡，演变为插卡和 NFC 无接触贴卡。

3.1.7　POS 机

POS 机最初只能专线联接到银行卡组织的网络，提供刷卡的功能。随着移动网络设备的不断发展与进步，经过几十年的发展和演变，POS 机逐渐发展到可以通过 2G、3G、4G 和 Wi-Fi 无线网络联接到银行卡组织、银行和支付机构，提供包括刷卡、贴卡、插卡、扫码功能的智能 POS 机。成本在不断地降低，而功能在不断地增多。智能 POS 机的内部和外部结构如图 3-7 所示。

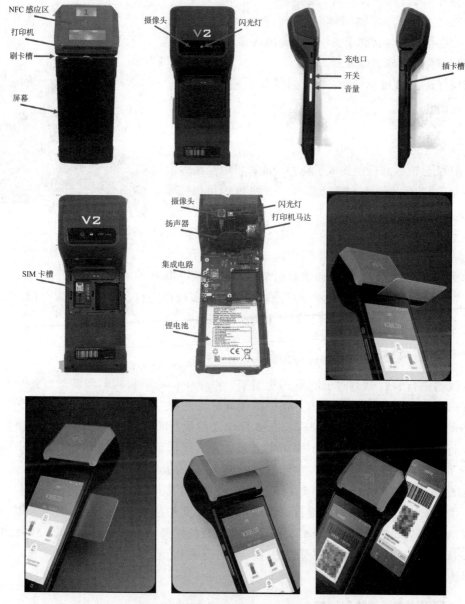

图 3-7　智能 POS 机的内部和外部结构

从图 3-7 可以看到，POS 机的外部一般有如下结构。

- 刷卡槽：用于传统的磁条卡刷卡。
- 贴卡区域：用于 NFC 卡贴卡感应。
- 摄像头：用于扫描 QR 码。
- 键盘：用于用户录入交易金额和输入密码。
- 屏幕：用于显示交易的状态。
- SIM 卡槽：用于插 SIM 卡。
- 充电接口：与智能手机一样的充电接口，如 Type-C。
- 打印机：用于打印发票。

如果打开 POS 机，可以看到其内部有如下结构：

- 电池；
- NFC 天线；
- 各种电路。

图 3-8　POS 一体机

目前智能 POS 机已经集成了各种功能，可以全面为消费者和商户提供方便的支付收单服务。这种 POS 机也被称为 POS 一体机（如图 3-8 所示）。所谓一体机，就是把刷卡、插卡、NFC、FeliCa、虚拟卡、电子钱包、扫码等功能都集成在一台机器上，让商户只用这一台机器就可以处理各种支付方式。这种一体机通常有两个屏幕，一个屏幕给客户看，一个屏幕给店员看。这对于取代之前的多种独立的收单设备会大有帮助，不仅降低了之前各种收单设备的成本，而且节省空间，提高了客户和商户的满意度。

3.1.8　中国 POS 收单的机构与模式

中国的银行卡收单不同于欧美其他国家。对于中国收单机构的理解最好能从整个收单行业的历史演变来观察和分析。在中国银联成立之前，中国境内已经有不少银行开始与国外的银行卡组织 VISA 和 MasterCard 合作发行银行卡。1985 年 3 月，中国银行珠海分行发行了中银信用卡，这是中国历史上第一张人民币信用卡。1986 年 6 月，中国银行又发行了人民币"长城信用卡"并陆续推广到全国。1987 年 11 月，中国银行加入 VISA 和 MasterCard 组织，并于 1988 年发行了以美元为结算货币的长城万事达卡。通过这些尝试，中国银行业开始熟悉国际银行卡组织的业务规则和技术要求，在不断服务客户的基础上逐渐融入全球支付网络。此后，各个商业银行纷纷开始发行诸如 VISA、MasterCard、American Express 和 JCB 等各类符合国际标准的信用卡。但是，目前国内最主流的还是中国银联的各种银行卡。

1. 中国银联主导的收单模式

2002 年中国银联成立。中国银联的出现让中国有了自己的银行卡组织，因此各大银行开始大量发行各种银行卡。与此同时，中国银联通过银联商务，发展合作商户，提供相应的 POS 机并开展收单业务。这个阶段的收单机构基本上只有银联商务，其收单模式也非常简单，主要特点就是银联在银行卡收单市场上起到绝对的主导性作用，如图 3-9 所示。

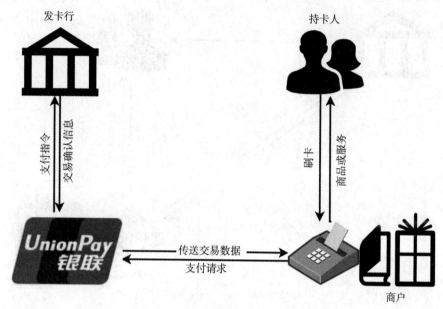

图 3-9 中国银联主导的收单模式

2. 百花齐放的收单模式

各大商业银行也慢慢地开始发展自己的 POS 收单业务。商户在开户行开设结算账户，银行为商户安装 POS 机，持卡人在商户那里消费，然后通过刷卡、贴卡、插卡、扫码的方式进行支付，收单行负责扣减一定的支付处理费，然后将消费资金计入商户账户。

假设有个邻里超市开始营业，店老板在宇宙第一大银行办理了 POS 收单业务。隔壁老王对新开的超市感到好奇，于是前去购物。他买了 100 元的啤酒，然后去收银台使用宇宙第一大银行的储蓄卡在超市的 POS 机上刷卡付款。POS 机把付款数据发送到收单行，即宇宙第一大银行，银行的收单系统一看，发现持卡人隔壁老王也是本行的储户，因此没有必要把数据转送到银联，自己直接对数据进行处理更加简单。于是就把 100 元货款从隔壁老王的账户，转入邻里超市在宇宙第一大银行指定的账户上。这种模式的特点是消费者和商户属于同一个商业银行，如图 3-10a 所示，因此绕过了银联，从而改变了银联主导的收单市场格局。

假设隔壁老王的开户行是宇宙第二大银行，商户的开户行是宇宙第一大银行。当隔壁老王在 POS 机上完成卡的支付操作之后，支付请求会被传送到宇宙第一大银行，系统一看，不是本行的消费者，于是就把这个扣款指令发给了宇宙第二大银行去处理。宇宙第二大银行处理后，把支付成功的通知发给宇宙第一大银行，再转发到商户的 POS 机上。这种模式的特点是商户和消费者分别来自不同的银行，如图 3-10b 所示。通过银行之间的信息互换，收单再一次绕过了银联。

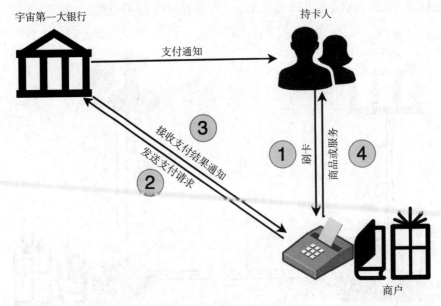

a) 消费者和商户属于同一家银行的模式

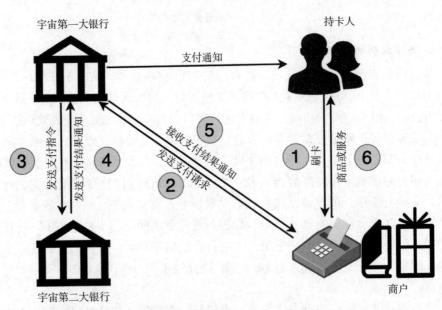

b) 消费者和商户属于两家银行的模式

图 3-10　百花齐放的收单模式

由此可见，上述两种模式都绕开了银联，由银行直接完成支付处理，银联主导市场的情况被商业银行打破。在 2010 年前后，第三方支付机构也加入 POS 收单的行列，这个市场又被进一步分化。从上面的讨论也能看到中国的收单模式经历了直联模式和间联模式，让更多的商业银行和支付机构参与到银行卡收单的业务。

- 直联模式。商户的 POS 机直接联接银联的主机系统，当支付发生时，数据先上传到银联主机，由银联系统自动做出判断，然后直接发送到相关的发卡行，最后沿原路返回。
- 间联模式。商户的 POS 机直接联接收单行的主机系统，当发生跨行消费支付时，数据先经收单行，再发送到相关的发卡行，当不发生跨行消费支付时，可以不走银联。

3.2 扫码支付

在战后的美国，零售业特别是超级市场得到繁荣发展。如何在商店内加快结账速度、减少排队时间成为一个挑战。自动结账的解决方案，不仅可以提高结账效率，还可以降低因为雇用大量结账人员而带来的人力及其他成本。1974 年，IBM 率先推出了使用条形码（Bar Code）扫描的技术。该技术的核心主要包括贴在商品上面的条形码标签和扫描该标签的条形码激光扫描器。今天，条形码技术已经发展成为价值超过 200 亿美元的业务，每天扫描数十亿件商品[⊖]。

在自动结账的解决方案中，有一个非常重要的环节，就是如何快速取得商品的编码（UPC）。一维的条形码编码和扫描技术成为当时的最佳选择。随着业务和技术的不断发展，人们逐渐认识到一维条形码的一些弱点。于是，二维的方形码逐步开始被业界广泛使用，尤其是在与电子钱包支付相关的各种场景中。本节将分别介绍一维的条形码和二维的方形码，如图 3-11 所示，讨论相关的码结构及其对应的扫码设备等。

一维的条形码

二维的方形码

图 3-11　一维码与二维码

3.2.1 条形码

条形码是由不同宽度、不同反射率的黑白两色线条所组成的。这些条纹按照特定的编

⊖ https://www.ibm.com/blogs/china/gts/in-memory-of-the-inventor-of-the-barcode/。

码规则编制，以表达一组数字或字母信息，如图 3-12 所示。因为黑色吸收光中的所有颜色，而白色反射光中的所有颜色，所以两种颜色有着截然不同的反射率。ISO/IEC15416 对条形码的各项标准给出了明确的定义。条形码有许多不同的编码体系，例如，UPC-A、UPC-E、EAN-8、EAN-13、Code 128、Code 39 和 Extended 39 等。本节将以 EAN-13 为例来介绍条形码的编码方法。

图 3-12　条形码示例

条代表 1，空代表 0，每 7 个模块表示 1 个字符。这些条和空的组合可以表达 0 ～ 9 之间的 10 个字符，如图 3-13 所示。

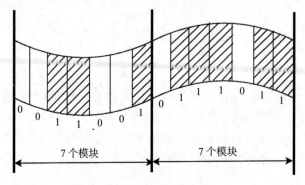

7 个模块　　　7 个模块

图 3-13　条形码的模块、条和空

表 3-7 展示了 A、B、C 三类编码规则，按 A 类编码规则，图 3-13 的左边是 0011001，代表数字 1；右边是 0111011，代表数字 7。

表 3-7　A、B、C 三类编码规则

数字	值	逻辑值	数字	值	逻辑值	数字	值	逻辑值
0	0	0001101	0	0	0100111	0	0	1110010
1	1	0011001	1	1	0110011	1	1	1100110
2	2	0010011	2	2	0011011	2	2	1101100
3	3	0111101	3	3	0100001	3	3	1000010
4	4	0100011	4	4	0011101	4	4	1011100
5	5	0110001	5	5	0111001	5	5	1001110
6	6	010111	6	6	0000101	6	6	1010000
7	7	0111011	7	7	0010001	7	7	1000100
8	8	0110111	8	8	0001001	8	8	1001000
9	9	0001011	9	9	0010111	9	9	1110100
A 类编码规则			B 类编码规则			C 类编码规则		

EAN 是指欧洲物品编码（European Article Number）。EAN-13 是条形码的行业编码标准方法。该方法由左侧空白区、起始符、左侧数据符、中间分隔符、右侧数据符、校验符、终止符、右侧空白区及可读性字符组成。表 3-8 对 EAN-13 条形码的编码方法做了整理汇总。

表 3-8 EAN-13 条形码的编码方法

符号名称	位置	描述	模块数
左侧空白区	最左侧的空白区	左侧空白区	11
起始符	最左侧空白区的右侧	代表信息开始	3
左侧数据符	起始符右侧	表示 6 位数字	42
中间分隔符	左侧数据符的右侧	把信息一分为二	5
右侧数据符	中央分割标志的右侧	表示 5 位数字	35
校验符	右侧数据符的右侧	信息校验码	7
终止符	校验符的右侧	代表信息结束	3
右侧空白区	最右侧的空白区	右侧空白区	7
可读性字符	条形码的下方	13 位数字供人识别	

根据前面的定义和标准，图 3-14 详细描述了 EAN-13 的编码规则。

图 3-14 EAN-13 的编码规则与案例

条形码下面部分的数字是这样定义的。

- 国家代码：由国际物品编码组织（GS1）授权，中国的代码为 690 ～ 699、489、958、471 等。
- 厂商代码：由中国物品编码中心核发给相关厂家，共 4 位代码。
- 产品代码：有 5 位，代表单个产品的编码，由厂商自己定义。
- 检验码：为了防止条形码扫描器误读的自我检查，由前 12 位数据计算得出，校验码的计算步骤如表 3-9 所示。

条形码上面部分的条线是这样定义的。

- 左护线：辅助码，不代表任何资料，列印长度比一般资料长，逻辑形态为 101。
- 左侧数据：左护线和中间间隔线的条形码部分，共 6 位数字资料。其编码方式取决于导入值的大小，编码规则和逻辑值如表 3-10 所示。

表 3-9 校验码的计算步骤

N12	N11	N10	N9	N8	N7	N6	N5	N4	N3	N2	N1	C
						计算校验码的步骤						
C1	=					$(N1 + N3 + N5 + N7 + N9 + N11) \times 3$						
C2	=					$N2 + N4 + N6 + N8 + N10 + N12$						
CC	=					（C1＋C2）取个位数						
C						（校验码）=10－CC（若值为10，则取0）						

表 3-10 左侧数据 6 位编码

导入值	编码方式	导入值	编码方式
1	AAAAAA	6	ABBBAA
2	AABABB	7	ABABAB
3	AABBAB	8	ABABBA
4	ABAABB	9	ABBABA
5	ABBAAB		

- 间隔线：辅助码，用于区分左右数据，逻辑型态为 01010。
- 右侧数据：位于右护线与间隔线之间的部分。包括 5 位产品代码和 1 位校验码。其编码方式采用 C 类编码规则。
- 右护线：辅助码，列印长度与左护线、中间间隔线相同，逻辑型态亦为 101。

3.2.2　二维码

　　一维码的信息存储量只有 13 个数字，不能存储其他字符，无论容量还是灵活度都极为有限。同时，虽然一维码的解码没有问题，但是在使用的过程中，解码时间和识别准确率还存在一定的困难，于是二维码应运而生。常见的二维码有 PDF417 码、Data Matrix 二维码、QR 码、Code 49、Code 16K、Code one，除此之外，还有 CP 码、Vericode 码、Maxicode 码、Codablock F 码、田字码、Ultracode 码及 Aztec 码。QR 码的用户不需要对准，无论以任何角度扫描，信息仍然可以被正确地读取，如图 3-15 所示。因此，QR 码在支付行业被广泛接受和使用。

图 3-15　QR 码示例

　　日本最大汽车零部件供应商 Denso 的原昌宏于 1994 年发明了 QR 码，目的是克服一维码存在的问题。从其名字就能看出，发明者希望这种技术能够在扫描的反应速度上比一维码有大幅度的提升。实际上，二维码带给我们的好处不仅仅是提升了反应速度，还包括增加了信息存储量（超 7000 个字符）和提高了准确性等其他好处。本节将重点介绍 QR 码的历史、定义、构造原理，为后续讨论扫描 QR 码的收单方式奠定基础。

　　在 QR 码还没被发明出来的时候，该厂使用条形码来管理零件。工人每次要连续读取 8 ～ 10 个条形码来获取信息。这样不但工作效率太低，而且操作人员会非常累。为此，原昌宏决心开发一种能一次性读取大量信息的编码，受围棋的启发，他发明了 QR 码。

如前所述，QR 码的全称为快速响应矩阵图码（Quick Response Code），是二维码的一种。QR 码可以使用数字、字母、二进制字节和日文（Shift_JIS）四种标准化编码模式来存储数据。QR 码被世界各国广泛地应用于各行各业，其中智能手机支付的读码操作最为常见。

常见的 QR 码为呈黑白两色的正方形，一共有 40 种不同的规模，每种规模被称为一个版本。例如，版本 1 是 21×21 矩阵，版本 2 是 25×25 矩阵，规模每增加 4 就会有一个新的版本，因此，矩阵规模的计算公式为：

$$矩阵规模 = (V-1) \times 4 + 21$$

其中，V 为版本号，取值范围在 1 到 40。最大的版本号是 40，也就是说最大规模的 QR 码是（40-1）×4+21=177，即 177×177 矩阵。另外，不同版本对于校正标记有不同的定义，详见国际标准化组织发布的 ISO 18004。表 3-11 列出了几种不同版本 QR 码的矩阵规模和编码结构。

表 3-11 几种不同版本 QR 码的矩阵规模和编码结构

版本	矩阵规模	编码结构	版本	矩阵规模	编码结构
1	21×21=441		7	45×45=2025	
2	25×25=625		14	73×73=5329	
6	41×41=1681		21	101×101=10201	

（续）

版本	矩阵规模	编码结构	版本	矩阵规模	编码结构
40	177×177=31329	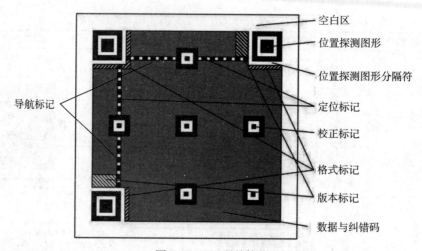			

QR 码由空白区、位置探测图形、位置探测图形分隔符、定位标记、校正标记、格式标记、版本标记、数据与纠错码以及导航标记组成，其具体构造如图 3-16 所示。

图 3-16　QR 码的构造

- **定位标记**：这是 QR 码的最大特征，由分布在码的左上、右上、左下的三个黑白相间的回字形构成。QR 码作为二维平面，三个点可以决定其稳定性。如果 QR 码失去任何一个定位标记，都将会影响到识别的效果。
- **校正标记**：右下方用于校正或对准的较小同心方形，适合版本 2 以上的定位。
- **导航标记**：左边和上部黑白相间的两根断线用于避免扫歪。
- **格式标记**：记载编码的格式，这些格式信息代表了编码的不同模式，目的在于确保编码区域在解码后可读可用。
- **版本标记**：版本号决定了 QR 码矩阵的规模，即（V−1）×4+21。
- **数据编码**：剩下的区域就是可以存放数据的区域，如表 3-12 所示。

表 3-12 QR 数据编码

模式	标记	模式	标记
ECI	0111	Kanji	1000
Numeric	0001	Structured Append	0101
AlphaNumeric	0010	FNC1	1001(1st)1001(2nd)
8-bit Byte	0100	Terminator(End of Message)	0000

3.2.3 QR 码的编码模式

QR 码有数字、字符 + 数字、单字节和双字节 4 种主要的编码模式。不同的 QR 码版本，其编码模式有所不同，见表 3-13。在实际的应用过程中，可以根据需要选择合适的 QR 码版本。

表 3-13 QR 码的编码模式

版本	数字模式	字符 + 数字模式	单字节模式	双字节模式
1～9	10	9	8	8
10～26	12	11	16	10
27～40	14	13	16	12

- 数字模式。包括从 0 到 9 的 10 个数字，也就是说内容只包含阿拉伯数字。
- 字符 + 数字模式。包括 0～9，大写的 A～Z(没有小写)，以及符号 $、%、*、+、−、.、/、: 和空格。这些字符会映射成一个字符索引表，如表 3-14 所示（其中的 SP 是空格）。

表 3-14 QR 码的字符索引表

字符	数值	字符	数值	字符	数值	字符	数值	字符	数值	字符	数值	字符	数值	字符	数值
0	0	6	6	C	12	I	18	O	24	U	30	SP	36	.	42
1	1	7	7	D	13	J	19	P	25	V	31	$	37	/	43
2	2	8	8	E	14	K	20	Q	26	W	32	%	38	:	44
3	3	9	9	F	15	L	21	R	27	X	33	*	39		
4	4	A	10	G	16	M	22	S	28	Y	34	+	40		
5	5	B	11	H	17	N	23	T	29	Z	35	−	41		

- 单字节模式。单字节编码，可以是 0～255 的 ISO-8859-1 字符。有些二维码的扫描器可以自动检测是不是 UTF-8 的编码。ISO-8859-1 对应于 ISO/IEC 10646，即 Unicode 的前 256 个码位。
- 双字节模式。主要用于日文和中文字符的编码和解码。
- 其他模式。ECI（Extended Channel Interpretation，扩展频道解释）编码和混合编码。

3.2.4 扫码收单模式

与支付码相对应的收单方式是扫码支付收单，即使用扫码设备去扫描条形码或者 QR 码以获取信息来完成支付。如果说智能手机帮助中国解决了网络和电脑普及率低的问题，从而跳跃式地进入了互联网时代，那么 QR 码则帮助中国解决了大量线下店铺没有 POS 机无法进行银行卡收单的问题，从而让中国跳跃式地进入了高度发达的电子支付时代。由此可见扫码对于中国电子支付发展的战略意义。世界上还有很多发展中国家正在走中国曾经走过的类似的路，通过智能手机和二维码来加速电子支付的发展。

按照出示支付码的主体，扫码支付又可以进一步细分为如下两种模式。

- CPM 模式：消费者出示支付码，由商户扫码。
- MPM 模式：商户出示支付码，由消费者扫码。

这两种模式各有其适合的使用场景，如图 3-17 所示。

a) CPM 扫码模式（主扫）　　　b) MPM 扫码模式（被扫）

图 3-17　扫码支付的两种模式

CPM 模式（商户主扫）非常适合消费者在超市结账的场景，即消费者出示自己电子钱包的支付码，然后由商户的店员利用扫码设备读取。这样的场景，既有利于消费者自由选取合适的电子钱包，也有利于商户确认支付后的成功或者失败的状态。在客户至上的文化环境里，CPM 模式比较能体现商户的服务精神。

CPM 模式最主要的问题在于商户需要投入资本来改造现有的综合收银系统，增加扫码支付的新方式，或者投资采购专用的扫码枪来完成收单。在日本的电子钱包扫码收单市场上，CPM 模式占据着主导地位，而在中国，CPM 和 MPM 平分秋色。

MPM 模式（消费者主扫）特别适合没有店员扫码的场景。例如，自动贩卖机、餐馆中午或者晚上高峰期大量消费者同时结账、自助加油站加油、线下展示线上支付的 O2O 场景、电视购物、学校餐厅食堂和水电煤气账单自助缴费等场景。由商户主动以贴纸的方式出示静态的支付码，或者以电子 QR 码展示器的方式出示动态的支付码，然后由消费者打开自己的电子钱包主动扫码完成支付，如图 3-18 所示。

MPM 模式的主要好处是成本低，可以以贴纸方式提供支付码，零成本，也可以以简单的光电设备展示动态的支付码，成本很低，特别适用于不想投入大量资本改造现有设备，或者根本就没有什么设备的小型店铺，尤其是在不发达地区或者发展中国家。商户贴张支付码就可以进入电子支付时代。

MPM 模式的主要问题是安全性较差。如果商户贴在外面的支付码被别有用心的坏人偷偷地替换掉，就会出现商户卖出了产品或者服务，但是钱被别人收走的情况。所以，在推广 MPM 模式的时候要认真考虑这个问题，避免出现漏洞。

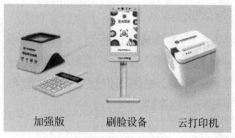

a）静态支付码   b）动态支付码生成器

图 3-18 静态和动态扫码支付

随着智能手机的普及，电子钱包被广泛地使用，扫码支付收单在东亚、南亚和东南亚地区变得非常普及。但在美国、加拿大和澳大利亚这些以信用卡支付为主的国家，因为信用卡的渗透率非常高而且消费者已经习惯了使用信用卡支付，如果采用扫码支付，需要商户额外投入收单设备，所以扫码支付的应用和普及程度并不高。

3.2.5 扫码收单设备

扫码收单设备包括综合收银 POS 设备附加的扫码枪、独立的专用扫码枪、智能 POS机、电子钱包和专用的展示码或者扫码设备。图 3-19 展示了几种扫码收单设备。

综合收银机附加扫码枪   专用扫码枪   电子钱包扫静态码

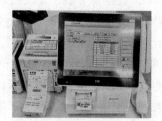

电子钱包扫动态码   刷脸支付设备   自动贩卖机 MPM

图 3-19 扫码收单设备

3.3 物联网支付

3.3.1 物联网的定义

物联网（IoT）是指通过传感器、射频识别技术、全球定位系统、红外感应器、激光扫描器等各种装置与技术，实时采集需要监控、连接、互动的物体或过程，采集其声、光、热、电、力学、化学、生物和位置等各种需要的信息，通过各类可能的网络接入，实现物与物、物与人的广泛连接。

3.3.2 传感器

在物联网的构成中，各类传感器是基础。物联网支付就是基于这些传感器的感知来完成的支付。目前，由传感器发起的购物和支付已经开始。随着物联网在生产和生活中的不断渗透，基于物联网传感器的支付方式也在悄悄地发展壮大。

传感器是一种自动化检测装置，它不仅可以感受到被检测物体的信息，而且可以将感受到的信息转换为电子信号传输到网络供人工智能决策使用。常见的传感器包括压力、视觉、听觉、温度、水流和湿度等多种类型。

传感器通过与家庭 Wi-Fi 联接，可以在探测到某个事件之后，主动发起采购和支付的过程。图 3-20 所示的家用水过滤器自带水量记录传感器，当过滤芯到达使用寿命需要更换的时候，传感器会提前把采购信息传递给供应商的网站，自动完成采购。

亚马逊于 2015 年推出了一款购物按钮（dash button），如图 3-21 所示。这是一款内置无线连接、代表单一商品的物联网购物按钮，用户可以通过按动按钮，从亚马逊网站上一键下单家中快用完的产品，免去传统购物的烦琐流程。当你在亚马逊按下某洗衣粉品牌的购物按钮（每个牌子都会有自己的按钮，譬如汰渍的按钮，你就可以买汰渍旗下的任何产品），并成功将其与家庭无线网络相连，完成按钮激活操作，并贴在洗衣机旁边。某天晚上在洗衣服的时候，如果你突然发现家里的洗衣粉快要用完了，那么不再需要跑去超市或者上网去购买洗衣粉，只需轻轻按下洗衣机上的购物按钮，可能在第二天，你就会收到新的洗衣粉。类似的例子还有其他常见的家用消费品，例如，咖啡、牛奶和鸡蛋。在智

图 3-20　自动订购滤芯的滤水器

图 3-21　购物按钮

能化的电冰箱里，已经设计安装了很多传感器。当这些传感器感受到常用的生活必需品即将告罄的时候，就会主动联系商户购买和补充相应的产品，同时把报警信息发到消费者的

手机上。物联网在家庭生活中的例子越来越多，相信在数字化的未来，物联网支付会成为一个快速成长的领域。

3.3.3　物联网支付的过程

　　本节将以传感器自动支付采购洗衣粉为例来讨论物联网支付的过程，如图 3-22 所示。首先，洗衣粉被固定放置在一个内含压力传感器的平板上，每次使用洗衣粉后，压力传感器都会自动检测剩余洗衣粉的重量，当剩余的洗衣

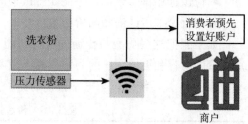

图 3-22　物联网支付的过程

粉重量达到采购预警线的时候，压力传感器就会通过家庭 Wi-Fi 向签有供货协议的供应商提出购买请求，同时通知该家庭的主人。供货商将根据预先签订的协议，在预先设置的支付账户里记录这笔采购交易，并把新的洗衣粉发送给该消费者，完成整个交易过程。可以预见，这种基于传感器的检测结果自主发起采购的物联网支付交易模式将会越来越普及，并逐渐成为数字生活的主流。

3.4　电子钱包支付

3.4.1　电子钱包的定义

　　电子钱包是指整合了支付、积分、打折券和认证功能的智能手机 App，诸如中国的微信支付钱包、支付宝钱包、京东钱包，日本的 PayPay 钱包、乐天钱包，美国的 Square 钱包、Venmo 钱包、PayPal 钱包、亚马逊钱包等。现在世界上几乎每个国家都发展出很多电子钱包来帮助本地人解决支付的问题。电子钱包的出现在一定程度上提高了银行卡支付的便捷性和安全性。因为消费者不再需要携带和出示自己的各种卡券。从另外一个角度看，电子钱包的出现也帮助那些不发达国家或者发展中国家越过普及银行卡的发展阶段，因为可以通过电子钱包的充值来替代绑卡的过程，让那些没有银行卡的人也能用上电子钱包。

　　电子钱包的出现是支付数字化发展进程中的重要一环。电子钱包本身并不具备支付的功能，真正具备支付功能的是电子钱包所承载的各种应用，例如注册和绑卡。另外，电子钱包还具备与市场上商户拥有的各种五花八门的收单方式相对应的支付功能，例如，扫码、刷脸、刷指纹和 NFC 等。

3.4.2　电子钱包与传统钱包的比较

　　与传统的布质、塑料或皮质钱包相比，电子钱包目前的功能尚处在部分替代传统钱包的水平，距离未来数字化世界的数字化生活还有很远的距离。电子钱包除了要电子化现有的各种支付卡、会员卡、身份证、驾驶证和打折券以外，还应该能更好地帮助消费者做出

各种消费和支付决策，很好地回答消费者提出的类似以下的问题：

- 应该选用哪张卡支付才能获得最多的积分和最大的折扣？
- 附近哪些店铺的商品价格最低？

如果能把这些功能与普通的支付功能有机地结合起来，那将给电子钱包的发展带来更加丰富的内容和更加宽广的领域，真正把电子钱包进化成消费者的消费决策中心。

表 3-15 是传统钱包与电子钱包的比较。

表 3-15　传统钱包与电子钱包的比较

	传统钱包	电子钱包
钱包载体	皮革、塑料和布等	智能手机中的 App
现金	纸币和硬币	App 中绑定的余额账户
信用卡	塑料卡	App 中绑定的信用卡账户
借记卡	塑料卡	App 中绑定的借记卡
积分卡	塑料卡	App 中绑定的积分卡
会员卡	塑料卡	App 中绑定的会员卡
预付费卡	塑料卡	App 中绑定的预付费卡
打折券	纸制的打折券	App 中绑定的电子打折券
驾照	塑料卡	App 中绑定的驾照
身份证	塑料卡	电子身份证

3.5　本章小结

本章首先从银行卡的历史开始，详细介绍了银行卡的发展历程，也概括性地讨论了银行卡组织的历史演变情况；然后，以银行卡的国际标准为基础，深入地讨论了磁条卡、IC卡、复合卡等各种类型的银行卡，包括银行卡的国际技术标准、使用方法和不同特点；接着，对各种不同类型的银行卡的优势和劣势分别进行了比较，讨论了常见的银行卡收单方式，并对各种常用收单工具的结构和使用进行了分析；最后，简要地介绍了物联网支付和电子钱包支付。

生物特征支付

支付需要验明收款人和付款人两方的身份，这不仅是为了确保资金交割过程的安全，也是出于行业监管的需要。目前的身份认证主要是以用户名、账户名、短信或者邮件来辅助认证，所以现在的支付可以不必携带银行卡，但是仍然需要用到手机或者电脑。无论用户名、账户名、短信还是邮件，都是身外之物，需要通过绑定关联到人的身份，换句话说是间接性质的认证。实际上，认证一个人的最有效、最准确的手段还是直接使用这个人本身的生物特征。因此，随着技术的发展和业务的进步，基于生物特征的支付会逐步走入我们的生活，实现什么都不用携带，就可以走遍天下的美梦。

4.1 生物特征

4.1.1 生物特征的定义

特征是一个事物异于其他事物的特点。生物特征是人的那些与生俱来的固有的生理特征或者行为特征。不同种类的事物之间的差异点会比较明显，但是相同种类的事物之间的差异就相对较小。所以要识别人和长臂猿会相对简单，但是要识别两个人，有时候会比较困难。本章要讨论的生物特征仅指人类的生物特征，而不包括任何其他生物。

4.1.2 生物特征的分类

生物特征基本上可以分成生理特征和行为特征两大类。生理特征是指人体生理上存在的可以作为识别依据的那些特点，主要包括指纹、虹膜、静脉、皮肤、面孔、掌纹、声纹、皮肤和 DNA 等；行为特征是指在长期的社会生活或者生产实践中，反复动作而养成的习惯，主要包括笔迹、声纹、步态和击键等。生物特征识别就是对这些生理特征或者行为特征的特定样本进行比对，从而做出正确的判断。

4.1.3 生物特征与支付

目前，信用卡和银行账户都是基于一个自然人或者法人的身份建立的。在进行支付交易的时候，仍然需要首先进行身份认证，确保持卡人与卡主人是同一个人，这会涉及身份证或驾照等证件认证。事实上，如果能直接根据自然人的生物特征进行识别，其准确性和可靠性会更高，甚至可以直接利用生物特征完成支付。可以用于支付的生物特征很多，其中有一定实践基础的生物特征包括人脸、指纹、掌纹、静脉、声纹和虹膜。随着人工智能模式识别技术的逐渐成熟，基于生物特征的识别技术也日臻完善，因此市场上先后出现了刷脸支付、指纹支付、掌纹支付、虹膜支付、声纹支付、静脉支付甚至步态支付等。

4.2 刷脸支付

4.2.1 人脸识别的定义

人脸识别是指通过视频设备获取人的面部图像信息，然后由计算机根据存储的人脸图像数据，基于脸部特征信息进行分析和比对，从而完成判断的一系列技术，如图 4-1 所示。

在支付场景下的人脸识别应用，是把采集到的某个特定个体的人脸样本数据与存储在数据库中的相同个体的人脸样本进行比对，主要目的是确认两者是否相同。这种一对一的确认，要比从海量数据中过滤出来相似度高的个体进行对比简单些。后者是 1 对多的搜索和过滤，需要把采集到的个体样本与数据库中的大量样本分别进行比对，需要比较长的计算时间和更加复杂的计算

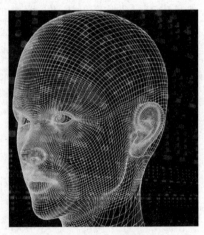

图 4-1　人脸识别

逻辑。本章后续要讨论的各种生物特征识别技术都将以一对一确认为主，而不涉及一对多的过滤辨认。

4.2.2 人脸识别的过程

人脸识别基于计算机视觉（Computer Vision）技术和人工智能算法实现。以机器学习为核心的人工智能，已经随着计算能力的提升和算法的不断创新，在近些年来取得了突破性的进展。我们可以从智能汽车自动驾驶的能力深刻地体验计算机视觉和人工智能的发展水

平。自动驾驶要远比人工驾驶更耐疲劳，且计算机视觉捕捉周边情况变化的能力更强，反应更快。与自动驾驶相比，刷脸支付仅用到基本的技术。本节把人脸识别相关活动更进一步地细分为采集、检测、预处理、特征提取、匹配和识别 6 个步骤，如图 4-2 所示。

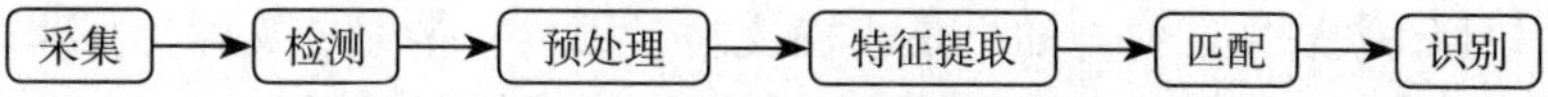

采集 → 检测 → 预处理 → 特征提取 → 匹配 → 识别

图 4-2 人脸识别的基本过程

采集：通过视频设备获得人脸的图像。目前，因为摄像机、智能手机和专业监控器等设备的广泛普及，我们可以完成捕捉光学信息并将其转换为数字化图像信号输出的任务。这些设备都具有电荷耦合器件（Charged-Coupled Device，CCD）摄像头，这是构建在单晶材料上的晶体管光传感器。CMOS（互补金属氧化物半导体）是构建在金属氧化物上的光传感器。CCD 的分辨率比 CMOS 的高，但是能耗也高出 100 倍。目前，CCD 摄像头正在快速地被 CMOS 视觉传感器所取代。

检测：在图像上准确标定人脸的位置和大小，类似在医院手术之前，先做标记和区域划定。主要的检测方法为机器学习的 AdaBoost 算法。该算法由罗伯特·莎普里和尤夫·弗莱德提出，成为那些年及以后最广泛使用的组合方法。2003 年弗莱德和莎普里因为突破性的工作获得了歌德尔大奖，这是授予计算机科学领域最杰出研究成果的大奖。

预处理：对图像进行光线补偿、灰度变换、直方图均衡化、归一化、几何校正、滤波以及锐化等处理，以备特征提取使用。

特征提取：一般而言，对物体轮廓的描述既可以基于曲线进行，也可以基于关键位置的特征点进行，即通过特征点坐标序列描述轮廓位置。人脸轮廓主要包括眉毛、眼睛、鼻子、嘴巴和脸颊 5 个部分。轮廓的曲线描述更为直观，而且可以精确地表述轮廓的各个细节，是较传统的经典轮廓描述方式。几何特征最早是用于描述与识别人脸侧面轮廓的，首先根据侧面轮廓曲线确定若干显著点，并由这些显著点导出一组用于识别的特征度量，例如距离和角度等。提取人脸图像中的特征的方法有很多，既有一维的也有二维的，讨论这些方法的细节属于计算机视觉和人工智能机器学习的领域，这里就不深入讨论了。如果有需要，可以参考塞巴斯蒂安·拉施卡所著的《Python 机器学习》。

匹配：把提取到的人脸图像特征数据与存储在数据库中的特征模板进行匹配，当相似度超过预设的阈值时，则输出匹配到的结果。

识别：根据匹配的结果确定所采集的图像与存储在系统中的图像是否一致，如图 4-3 所示。

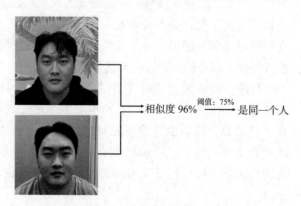

相似度 96% 阈值：75% → 是同一个人

图 4-3 确认是否为同一人

4.2.3 刷脸支付的过程

刷脸支付是指利用人脸识别技术进行支付的方法（以下简称刷脸支付），它既可以用于线下场景，又可以用于线上场景。在线下场景中，当付款人要进行支付的时候，把脸对准摄像头或者其他图像采集设备，如果是小额支付，可以直接完成支付，如果是大额支付，还需要输入预置的密码才能完成支付。图 4-4 展示了刷脸支付的过程。

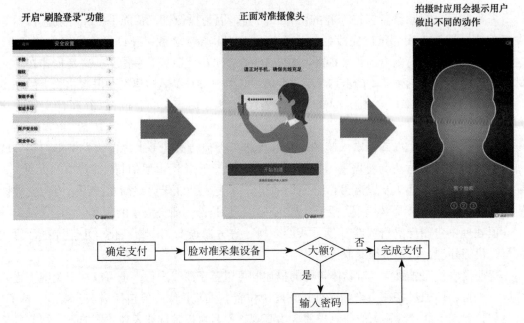

图 4-4　刷脸支付的过程

虽然电子钱包支付很方便，可以让付款人仅凭一部智能手机就可以勇闯天涯。但是，电子支付还是会受到蜂窝网络信号强弱、App 是否流畅和手机电池是否可以充电等因素的制约。然而，刷脸支付却可以让付款人仅凭自己的一张脸和密码就能完成全部的交易过程，不需要智能手机，更不需要充电。在刷脸支付过程中，刷脸相当于输入用户名，对于小额交易甚至不需要密码，对于大额交易则需要提供相应的密码或其他的认证方式。刷脸支付在方便性上又要比电子钱包前进了一步。

目前，商户用于刷脸支付的收单设备，最简单的就是安装了人脸识别软件和支付管理软件的平板电脑（Pad）。当然也可以通过安装在付款结账位置的摄像头，发送信息到消费者的手机，然后由消费者在自己的手机上确认付款。还有一种用于无人值守便利店的收单设备，消费者在自助取到自己所需的商品之后，可以从容离去，无人商店会以捕捉到的消费者视频记录作为凭证，发给消费者账单让他完成支付。图 4-5 是刷脸支付收单示例。

图 4-5 刷脸支付收单示例

4.2.4 刷脸支付所面临的挑战

与其他新兴技术和创新产品一样,刷脸支付在带来方便的同时也带来了新的挑战。付款人需要在刷脸支付系统预先留存人脸信息。如果该信息系统都被黑客入侵,那么所存储的人脸信息就有可能被盗走泄露。而且,消费者每天在公开场合出现,相当于顶着自己的用户信息在街上行走,而人脸信息又很容易被捕捉、收集和利用。

在人脸信息泄露的情况下,付款人无法像改变密码那样简单地重置,而是必须要在生理上改变人脸的特征,也就是要进行类似换脸这样的外科手术,这让普通的消费者难以接受。要解决这个问题,就要在进行刷脸支付的时候,同时使用另外一个因素来认证,也就是双因子认证。这就好比在电脑上登录账户,刷脸只相当于输入了用户名,还必须输入密码才能完成认证。因为存在安全上的挑战,刷脸支付从一开始就广受质疑,消费者的接受程度也不高,其发展速度和应用范围也受到了影响。同时监管机构对人脸识别的个人身份识别信息的安全质疑声也不绝于耳,有些国家甚至直接立法禁止采用人脸作为个人身份识别的认证基础。因此,从短期看,刷脸支付的应用场景和普及机会受限制;从长期看,如果有非常严密可靠的信息安全保护技术出现,或者把刷脸当成整个支付的一个环节,然后与其他认证和授权方法配套使用,那么刷脸支付未来可期。

4.2.5 双因子与多因子认证

双因子认证(Two Factor Authentication, 2FA)是指把人脸或者密码等作为第一个因子,再把诸如信用卡、短信、令牌或指纹等作为第二个因子,靠两种条件对用户进行身份识别和认证的方法。这种方法早已经为企业所采用,特别是在通过网络对系统进行远程访问的时候。但是,这种方法在支付领域的应用还非常有限。最常见的双因子认证是在登录银行系统的时候,银行会给你预留的手机号发一条短信,然后让你把收到的短信中的验证码填写到登录页面。美国不少金融机构采用预留秘密的方式来实现双因子认证,也就是说除了密码以外,你和金融机构之间还有一个别人不知道的秘密。最常见的是让在你第一次注册或者登录金融机构的时候选一个最喜欢的水果，例如你选了蜜桃。当你在后续登录的时候，系统会请你从罗列的水果中选出你最喜欢的水果，如果你选了蜜桃，金融机构的系统就会判断你是本尊，不是黑客。然而，今天还有太多的系统仅仅使用用户名和密码登录，而没有采用双因子认证。双因子认证的推广之所以受阻，主要是因为需要其他的工具或手段来配合使用，这为使用者带来了额外的麻烦。

除了双因子认证，还有多因子认证（Multiple Factor Authentication，MFA），其逻辑和双因子认证没有太大的差异。从用户的角度看，多因子认证更为麻烦。但是，从信息安全的角度看，多因子认证的安全性更高。在信息安全领域，用户使用的方便性永远都与信息的安全性呈对立关系。这个逻辑与战士上战场穿重型铠甲会感到不方便一样，不穿铠甲自然灵活，但是没有任何保护，很可能一枪毙命。未来会有越来越多的支付采用双因子或者多因子认证的手段来加强信息安全。图 4-6 展示了三种双因子认证方法，刷脸加指纹和指纹加短信的方法比较容易理解，第二种刷脸加数字身份证（eID）的方法是近几年才出现的一种双因子认证方法。所谓的数字身份证是指与普通卡片

图 4-6　三种双因子认证方法

式身份证相对应的数字化身份证，这种身份证由公安部门签发，保存在公安部门的数据库中。当在银行或者其他金融机构办卡的时候，可以调用公安部门的人口数字身份证接口来进行认证。

4.3　指纹支付

4.3.1　指纹识别的定义

指纹是人类手指末端指腹上由凹凸的皮肤所形成的纹路，它能增加手在接触物件时的摩擦力，从而更容易发力及抓紧物件，是在人类进化的过程中逐渐自然形成的。指纹实质上是指人的第一节手指皮肤表皮上面凸起的纹路，其下层为真皮，真皮下是皮下组织，如图 4-7 所示。

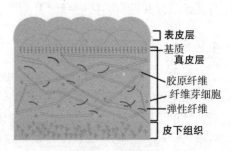

图 4-7　指纹组织

4.3.2　指纹的类型

根据指纹学家的研究，人类的指纹基本上可以分成斗型（whorl）、弓型（arch）和箕型

（loop）三种，具体请参考图 4-8。

斗型　　　　　　　弓型　　　　　　　箕型

图 4-8 指纹的三种类型

人类对指纹到指纹技术的研究过程漫长。指纹技术形成之后，又经过了从人工识别到自动化识别技术的发展转变。随着信息技术的发展，特别是计算机图像处理技术和人工智能机器学习能力的提升，指纹识别技术逐渐与众多信息系统结合在一起，被广泛地应用起来。这里补充两个基本概念。

- 嵴（脊）：脊线是手指突起的花脊线条。
- 峪（谷）：谷线是两条脊线之间低凹下去的部分。

4.3.3 指纹识别的特点

指纹识别有唯一性、遗传性和不变性三个特点。

- 唯一性。每个人的指纹都是独一无二的。目前尚未发现不同的人拥有相同的指纹，所以指纹是每个人独有的特殊的标记。
- 遗传性。人的指纹是在母体内发育三至四个月时形成的，在儿童成长期间会略有改变，直到青春期即 14 岁左右时才会定型。在皮肤的发育过程中，指纹的形成虽然主要受到遗传影响，但是也会有大约 5% 的概率受到环境因素的影响。
- 不变性。指纹的特征纹路不会发生重大变化。真皮位于表皮下层，表皮和真皮交界处凹凸不平，错综复杂。这些凹凸就是"模子"，并最终形成了指纹纹形。即使磨掉了表皮，只要不伤及内部的真皮层，伤愈后仍能长出同样的指纹。指纹的清晰度会随着年龄的增长而逐渐模糊。

4.3.4 指纹获取的方法

指纹的唯一性、遗传性和不变性是指纹识别的理论基础。获取人类指纹的传统方法主要有三种。

- 观察法：直接用肉眼观察指纹。首先是明显纹，如用手沾油漆、墨水等物品转印而成，通常都是印在指纹卡上作为基本资料；其次是成型纹，是指在柔软物质，如手接触压印在蜡烛、黏土上形成的指纹；最后是潜伏纹，是指经身体自然分泌物如汗液转移形成的指纹纹路，目视不易发现。

- 物理法：对于留在金属、塑胶、玻璃、瓷砖等非吸水性物品表面的指纹，通常可以用物理方法使指纹显现。首先是粉末法，就是在物品表面撒上颜色对比大的粉末，从而显现出指纹；其次是磁粉法，以微细的铁粉颗粒，用磁铁作为刷子，来回刷扫，显现指纹；最后是激光法，因为人的手指经常有汗液和脂肪酸等，用激光照射会使汗液和脂肪酸等发出彩色荧光，从而获取指纹。
- 化学法：如果指纹留在纸张、卡片、皮革、木头等吸水性物品的表面，通常需要经过化学处理才能在化验室显形。可以使指纹显形的化学物质有碘、茚三酮、硝酸银和荧光试剂等。

4.3.5 指纹识别技术

与支付相关的指纹识别是付款人主动发起的，可以管理和控制指纹的清晰度和完整性。与支付相关的指纹获取方法，必须要比前述的三种方法都更简单、更快捷和更可靠。对于这样的指纹，主要有下述四种识别技术。

1. 光学识别技术

借助光学技术采集指纹的历史最为久远，使用得也最为广泛。具体做法是将手指放在光学镜片上，在内置光源的照射下，用棱镜将指纹投射到电荷耦合器件上形成黑色的脊线和白色的谷线，从而获得供指纹设备算法处理的多灰度指纹图像，如图 4-9 所示。

2. 温差式识别技术

温差式识别技术是基于温度感应的原理而制成的，每个像素都相当于一个微型化的电荷传感器，用来感应手指与芯片映像区域之间某点的温度差，产生一个代表图像信息的电信号。温差式识别技术的优点是可在 100 ms 内获取指纹图像，而且传感器体积和面积最小，如滑动式指纹识别仪就是采用该技术，如图 4-10 所示。这种技术的缺点是受温度的限制，只要时间一长，手指和芯片之间的温度差就消失了。

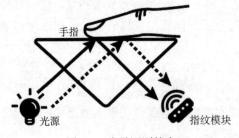

图 4-9　光学识别技术

图 4-10　滑动式指纹识别仪

3. 电容式识别技术

电容式识别技术是根据指纹的峰和峪与半导体电容感应颗粒形成的电容值大小来判断

峤和峪的位置。其工作过程是预先将每个像素点上的电容感应颗粒充电到某一参考电压，

当手指接触到半导体电容的表面时，因为峤是凸起、峪是凹下，那么根据电容值与距离的关系，就会在峤和峪之间形成不同的电容值，然后利用电流进行放电。因为峤和峪对应的电容值不同，所以其放电速度也不同。根据放电率的差异，就可以探测到峤和峪的位置，从而形成指纹图像数据，如图 4-11 所示。

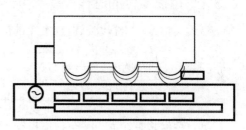

4. 超声波识别技术

超声波识别技术的原理是超声波具有穿透材料且随材料的不同产生大小不同的回波的能力。超声波到达不同材质表面时，被吸收、穿透与反射的程度不同，利用皮肤与空气对于声波阻抗的差异，就可以区分指纹峤与峪所在的位置，如图 4-12 所示。超声波识别技术所使用的超声波频率为 1×104 Hz ～ 1×109 Hz，能量被控制在与医学诊断强度相同的程度，对人体无损。超声波识别技术产品能够达到最好的精度，它对手指和平面的清洁程度要求较低，但是其采集时间会明显变长，而且价格昂贵，所以使用的机会较少。

以上四种指纹识别技术都可以用于支付的过程，特别是光学识别技术。

图 4-11　电容式识别技术

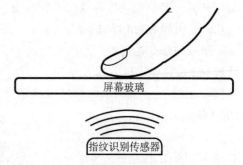

4.3.6　指纹识别的过程

图 4-12　超声波指纹识别仪

本节所讨论的指纹识别是指纹验证，也就是指在一对一的模式下匹配指纹特征值。用采集到的指纹特征模板与事先存在数据库的另外一个指纹特征模板进行匹配，判断其是否相同。同样，本书不涉及从海量指纹库当中搜索和过滤与所采集指纹相似度高的指纹的过程。指纹识别的过程如图 4-13 所示。

图 4-13　指纹识别的过程

- 获取指纹图像：通过指纹读取设备读取到人体指纹的图像。
- 预处理图像：对原始图像进行初步的图像预处理，使之更加清晰。
- 提取特征：根据指纹图像提取特征数据。特征可以分成总体特征和局部特征。总体

特征是指那些用人眼就可以直接观察到的特征，包括基本纹路图案——斗型、弓型和箕型。局部特征是指指纹上的节点。指纹的纹路并非连续、平滑、笔直，而是经常出现中断、分叉或转折。这些断点、分叉点和转折点就称为"节点"。两枚指纹可能会具有相同的总体特征，但是其局部特征却不可能完全相同。指纹识别算法模型综合了指纹的总体特征和局部特征。

- 检索匹配：最后，通过计算机模糊比较的方法，对两个指纹的模板进行比较，并且计算出它们的相似程度，最终得到两个指纹的匹配结果。

4.3.7 指纹支付的过程

指纹支付是基于指纹识别技术而进行支付的过程。图 4-14 简单描述了指纹支付的过程。

图 4-14　指纹支付的过程

第一种模式是在商户平台扫描指纹（Merchant Scan Fingerprint, MSF）：付款人（消费者）预先在指纹支付的平台（线下场景）注册并留下自己的身份和指纹信息。当消费者在超市购买了产品之后，就可以在商户的指纹支付机构通过刷指纹认证身份，完成支付。这个过程与扫码支付的 MPM 模式类似。

第二种模式是在用户侧扫描指纹（Consumer Scanning Fingerprint, CSF）：付款人（消费者）通过智能手机上的 App 完成指纹的注册过程。完成商品的选择之后，进入支付环节，通过在手机 App 上展示的指纹区按压指纹完成认证和支付过程。这个过程与扫码支付的 CPM 模式类似。

上述两种支付过程的主要差别是在哪里做指纹扫描，如图 4-15 所示。

4.3.8 指纹支付的问题

虽然指纹支付的应用开始得很早，但是应用的增长却极为有限，原因是商户如果采用

a) 在商户平台上扫描指纹

b) 在用户侧扫描指纹

图 4-15　指纹支付的两种模式

指纹支付，就需要增加专业的指纹设备。因此，用户规模一直都没有快速增长。与刷脸支付相比，因为指纹的暴露机会要比人脸少很多，所以指纹支付的安全性会比刷脸支付好。但是，随着智能手机的普及以及人工智能模式识别技术的快速发展，让那些摆出剪刀手拍照的人，也面临与刷脸支付一样的指纹信息被获取的风险。同时，保存在支付机构的指纹数据也存在被偷窃和泄露的风险。还有一个比较麻烦的问题是很多老年人的指纹早已被岁

月磨平，没有办法识别。最后，也是最为敏感的问题是指纹支付属于接触性支付，考虑病毒传播的风险，消费者会尽可能避开这种支付方式。总之，在可以看到的未来，指纹支付仍然属于应用范围较小的支付模式。

4.4 虹膜支付

4.4.1 虹膜的定义

虹膜（iris），是人类眼睛内部的膜，呈中空环形圆盘状，周边有辐射状皱褶，如图 4-16 所示。围绕在虹膜四周的白色的膜被称为巩膜。虹膜中有很多色素细胞，色素细胞中含有的色素多少决定了虹膜的颜色。除了颜色之外，虹膜还有错综复杂的斑点、细丝、冠状、条纹等细节特征，这些信息特征会伴随人的一生。

在虹膜的中央，有一个黑色圆形的小孔，称为瞳孔。 人类通过虹膜肌肉的收放来控制瞳孔的大小，以适应周边环境光照度的变化。

人的眼睛颜色是由虹膜的结构着色决定的。控制眼睛颜色的主要是黑色素在虹膜色素上皮细胞中的含量。有着棕色眼睛的亚洲黄色人种的黑色素浓度比较高，所以瞳孔是黑色的，可

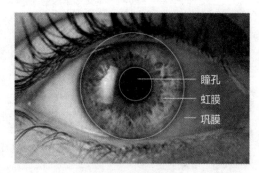

图 4-16 人眼结构

以吸收所有投射进去的光线；而有着欧罗巴蓝色或碧色眼睛的白色人种的瞳孔是蓝色的。目前研究认为，在人体基因中，对眼睛颜色起决定作用的主要是 15 号染色体上的 OCA2 和 HERC2 两个基因。

4.4.2 虹膜识别的特性

虹膜具有以下四个特性。

- 唯一性：每个人的虹膜都具有包括斑点、条纹、细丝、冠状和隐窝在内的丰富的纹理图案，具有极高的唯一性。
- 稳定性：虹膜纹理在人出生八个月后稳定成形，终身不变。
- 非接触性：非接触式采集，甚至有可能远距离获取。
- 安全性：相对指纹和人脸等其他生物特征，虹膜图像难以获取。

4.4.3 虹膜识别的过程

虹膜识别的方法最早是由美国的眼科医生 Leonard Flom 和 Arin Safir 在 1987 年提出来的。而虹膜识别的算法则是由剑桥大学的 John Dargman 博士研究出来的。他提出了对虹膜

进行编码和比较的数学算法。一般来说，虹膜识别的过程分为获取图像、预处理、提取特征和匹配特征四个步骤，如图 4-17 所示。

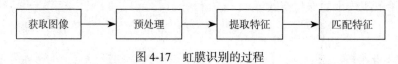

图 4-17　虹膜识别的过程

- 获取图像：通过近似红外线的光线，对整个眼部进行拍摄，从而获取虹膜的图案。
- 预处理：由于图像包括很多多余的信息，并且在清晰度等方面不能满足要求，所以需要进行图像平滑、边缘检测、图像分离等预处理操作。
- 提取特征：通过一定的算法从虹膜图像中提取出特征点，并对其进行编码。
- 匹配特征：根据特征编码与数据库中事先存储的虹膜注册模板进行比对和验证。

4.4.4　虹膜支付的过程

虹膜支付与其他基于生物特征的支付一样，都是通过识别生物特征来验证支付者的身份，从而完成支付的过程。图 4-18 描述了虹膜支付的过程。

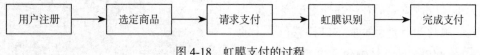

图 4-18　虹膜支付的过程

以虹膜识别为基础的虹膜支付，需要商户或者消费者个人，通过虹膜识别设备获取和识别虹膜来完成支付过程，如图 4-19 所示。商户需要采购虹膜识别收单设备，并将其与POS 机等其他支付收单设备整合集成。消费者也可以通过自己的智能手机完成虹膜采集、识别与支付的过程。但是，目前仅有少量智能手机支持虹膜图像的采集。因此，虹膜支付在市场上的应用寥寥。

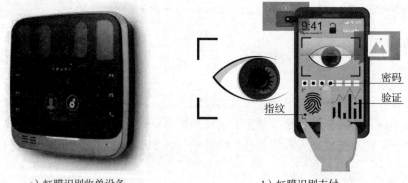

a）虹膜识别收单设备　　　　　b）虹膜识别支付

图 4-19　虹膜支付的设备

4.4.5 虹膜支付的问题

在理论上，虹膜识别的认假率为 1/1500000，而 TouchID 的认假率为 1/50000，这也是目前已知的所有生物特征识别技术中最为精确的。在黑色的瞳孔和白色的巩膜之间，不同人种的虹膜对外部光线的反射情况各不相同。例如大部分中国人的虹膜色素是在近红外线以下才能显示细节特征。白色人种由于虹膜前界膜较薄，基质内色素少，而虹膜内血管又很丰富，相对比较容易反射光线。这就给虹膜支付普及带来一些困难。例如，一般要在虹膜照相机的旁边设置一个近红外线的光源，在拍照的同时主动向虹膜发出近红外光线（IR），光线到达虹膜后再反射到虹膜照相机。如果虹膜近距离（2 厘米）暴露在 IR 中超过 10 秒就会对眼睛造成伤害。当然，智能手机或者普通的虹膜识别设备可以通过控制照射时间来避免或减少这个问题的发生，但是说服消费者克服心理障碍，使用一个新的识别手段并不是一件容易的事。所以，虹膜支付目前仍然是一种理论上很好，但是实际应用很有限的支付方式。

4.5 声纹支付

4.5.1 声纹的定义

人的发声控制器官包括声带、软腭、舌头、牙齿和唇。发声器官在大小、形态及功能上存在差异，导致发声气流的改变，从而产生不同的音质和音色。人的发声共鸣器官包括咽喉、口腔和鼻腔。发声习惯有快慢和高低之分，这就产生了不同的音强和音长。语言学把音高、音强、音长和音色称为语音的"四要素"。这些要素又可以进一步分解成九十多种子特征。这些特征的综合表现，就会形成声音的不同波长、频率、强度和节奏，即所谓的声纹。声纹具有如下两个特征。

- 独特性。因为发声控制器官和发声共鸣器官有差异，所以不同的人会有不同的语音特征。尽管声纹不会像指纹那样具有很强的一致性，但是这种独特性也能确定人的身份。
- 稳定性。每个人的声纹在成年以后可以长期保持相对稳定不变。实验证明，无论讲话者是故意模仿他人声音和语气，还是耳语轻声讲话，即使模仿得惟妙惟肖，他的声纹也是始终不变的。

4.5.2 声纹识别的过程

声纹识别是指利用语图仪等电子设备，采集声音样本，然后分析出声音的波长、频率、强度和节奏这些声纹特征，再与预先注册和采集的声纹模板进行匹配，从而完成识别。图 4-20 展示了声纹识别的过程。

采集声音 → 提取特征 → 匹配判断

图 4-20 声纹识别的过程

- 采集声音：利用录音机的麦克风录制声音样本。
- 提取特征：共振峰的频率值及其走向是最稳定的特征，其次是时长、音强、波形等。
- 匹配判断：针对相同字词声纹中的同类特征，诸如共振峰频率、走向及波形进行分析对比，进而做出判断。

4.5.3 声纹支付的过程

声纹支付的过程与指纹支付的过程类似，差异只是在识别技术所依托的生物特征上。声纹支付的过程如图 4-21 所示。

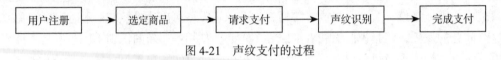

图 4-21 声纹支付的过程

消费者预先在相关的支付机构注册，并录制声纹模板。在选定商品后请求支付，对着支付机构提供的麦克风或者自己的智能手机 App 说出在注册时留下的几个字或词。按下支付按钮后，相关的支付机构会针对获取的字或词，提取特征数据，并与预留的字或词的模板进行比对识别，如果匹配度达到理想的水平，则识别成功，完成支付。

声纹支付与指纹支付一样，分成商户收单和消费者主动支付两种模式。商户收单模式是指商户提供与支付机构声纹识别系统连接的麦克风，获取消费者的声纹，然后进行比对完成支付。消费者主动支付则是指由消费者在自己的智能手机上主动发起支付，利用智能手机的麦克风获取消费者的声音样本，然后与后台预留的声纹模板进行比对，如果能通过，则完成支付。

4.5.4 声纹支付的问题

声纹支付的主要优点是设备简单，容易获得，商户的收单系统改造投入不大，如图 4-22 所示。但是声纹支付也存在一些问题。首先，在线下的超市场景下，消费者在支付的时候需要屏退左右，以确保屏蔽环境噪音。但在现实的生活中，这样的要求很难满足。其次，消费者的声纹有被录制的潜在风险。声纹一旦被录制，犯罪分子可以拿着智能手机在需要输入声纹的时候播放，从而造成消费者的财产损失。

商户声纹支付设备　　　　　　　　　　电子钱包声纹支付

图 4-22 声纹支付的设备

4.6 掌纹支付

4.6.1 掌纹的定义

掌纹也是一种可以用来进行个体识别的生物特征。掌纹，简单地说就是手指末端到手腕部分的手掌上的纹线。手掌上的纹线是由粗的线和细的纹所组成的。线是在母体中先天生成的，它反映身体先天的状况，不易发生改变。而纹多是在出生后，因为物理或者化学因素所造成的，容易改变。掌纹可以分为大鱼际区、小鱼际区和指间区三个区域，如图 4-23 所示。

图 4-23 掌纹特征

- 大鱼际区：上至手掌正面拇指根部，下至掌跟，伸开手掌时明显突起的部位，在医学上被称为大鱼际区。此区无真实花纹嵴线，只是沿着拇指基部微弯曲。

- 小鱼际区：位于手掌的内侧，主要作用于小指，它包括小指展肌、小指屈肌、小指对掌肌以及掌短肌。此区真实花纹出现率约为 13%，以箕形和斗形纹居多。

- 指间区：大拇指和小拇指以外的其他三根手指根部附近的区域，如图 4-23 中的 $I_1 \sim I_4$ 区域。

4.6.2 掌纹的特征

掌纹中有很多特征可以用来进行身份识别，例如主线、皱纹、细小的纹理、脊末梢和分叉点等。掌纹的形态由遗传基因控制，即使由于某种原因表皮剥落，新生的掌纹纹线仍保持与原来相同的结构。图 4-24 展示了掌纹的样例。

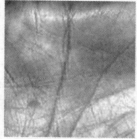

图 4-24 掌纹的样例

掌纹有如下特征。

- 唯一性。每个人的掌纹纹线都不一样，即使是孪生同胞，他们的掌纹也只是比较相似，而不会完全一样。
- 不变性。掌纹的形态由遗传基因控制，即使由于某种原因表皮剥落，新生的掌纹纹线仍保持与原来相同的结构。
- 非侵入性。掌纹的获取简单方便，不必做复杂的侵入性动作即可完成。

掌纹的这些特性让其成为生物特征识别的一个重要技术手段。掌纹的特征可以分为以下几种。

- 纹线特征：掌纹中最为重要的特征，而且其中最清晰的几条纹线基本上一生不发生变化，并且在低分辨率和低质量的图像中仍能够清晰地辨认。
- 点特征：手掌上所具有的与指纹类似的皮肤表面特征，如掌纹乳突纹在局部形成的奇异点及纹形。点特征需要在高分辨率和高质量的图像中获取，因此对图像的质量要求较高。
- 纹理特征：比纹线更短、更细的一些纹线，但其在手掌上的分布是毫无规律的。
- 几何特征：如手掌的宽度、长度和几何形状，以及手掌不同区域的分布。

掌纹中包含的信息远比一枚指纹包含的信息丰富，利用掌纹的纹线特征、点特征、纹理特征、几何特征完全可以确定一个人的身份。因此，从理论上讲，掌纹具有比指纹更好的分辨能力和更高的鉴别能力。

4.6.3 掌纹识别的过程

掌纹识别的过程同其他生物特征的识别过程类似，是由采集掌纹、预处理、提取特征、匹配判断四个过程所组成的，如图 4-25 所示。

图 4-25 掌纹识别的过程

- 采集掌纹。采集掌纹图像的目的就是利用数字设备把掌纹图像转换成可以用计算机处理的矩阵数据，一般采集的都是二维灰度的图像。
- 预处理。对所采集的掌纹图像进行去除噪声等处理，使图像更加清晰，对采集过程中发生的退化现象进行复原，并对图像进行归一化处理。
- 提取特征。经过预处理的数据往往十分庞大，因此需要对数据进行特征提取和选择，即用某种方法把数据从模式空间转换到特征空间，使数据在特征空间中具有良好的区分能力。
- 匹配判断。将样本的特征空间划分为类型空间。对于给定的未知模式，确定其为类型空间的归属，也就是通过匹配的程度判断掌纹样本是否与注册时预存的模板一致。

4.6.4 掌纹支付的过程

掌纹支付的过程如图 4-26 所示 。

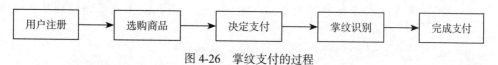

图 4-26 掌纹支付的过程

与指纹、虹膜和声纹支付一样，掌纹支付也需要专用的识别设备，而且掌纹支付的识别设备要比其他生物特征支付的识别设备更大一些。因此，消费者相对比较难在自己的智能手机 App 上获取掌纹图像，也就是说，掌纹支付更适合在商户端收单。图 4-27 展示了掌纹支付的设备。

掌纹识别的好处是特征区域的面积大，纹线也比指纹更加明显，易于辨认。指纹在不经意间可能会留在水杯、桌面、信纸等很多地方。而掌纹因为面积比较大，除非故意留痕，否则很难被遗落，因此安全性比指纹更强一些。另外，在掌纹支付的过程中，消费者的手掌可以不接触掌纹识别机，这对担心病毒传染的消费者来说是一件非常好的事情。

a）商户的掌纹支付收单设备　　　　　b）基于智能手机的掌纹支付

图 4-27 掌纹支付的设备

4.7 静脉支付

4.7.1 静脉的定义

静脉是循环系统中把血液从身体的各部分送回心脏的血管。用于生物特征识别的静脉一般是手指静脉，当然，也有部分人使用手背或者手掌上的静脉。人体静脉中红血球的血红素是氧气的还原血红素，还原血红素会吸收近红外线，因此，当近红外线照射到手指时，只有静脉部分才会有微弱的反射，从而形成静脉纹路图像，如图 4-28 所示。

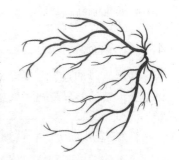

图 4-28 静脉纹路

4.7.2 静脉的特性

静脉具有如下两个特性。

- 唯一性：每个人的手指静脉图像均不相同，同一个人的不同手指的静脉图像也不相同。
- 稳定性：健康成年人的静脉形状不会再发生变化。

4.7.3 静脉识别的过程

静脉识别的原理如图 4-29 所示。人类手指中流动的血液可吸收特定波长的光线，当使用特定波长的光线对手指进行照射时就可以得到手指静脉的清晰图像。把获取的图像与预先存在系统里的图像进行比对就能判断出两个图像是否属于同一个主体。静脉识别的过程可总结为图 4-30 所示。

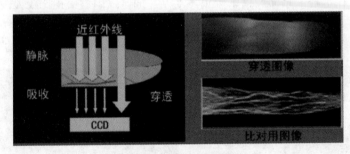

图 4-29 静脉识别的原理

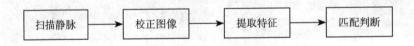

图 4-30 静脉识别的过程

- 扫描静脉：以近红外线照射手指，照相机在手指另一边拍摄静脉图像。
- 校正图像：调整图像的位置和角度，使其符合规格。
- 提取特征：从以上获得的图像中提取静脉分布特征图。
- 匹配判断：比较得到的特征图和数据库中的模板，匹配则验证通过。

4.7.4 静脉支付的过程

静脉支付的过程就是依托静脉识别技术完成支付的过程，与其他的生物特征支付方式类似，主要的差异就在于采集的样本为静脉。静脉支付的过程如图 4-31 所示。

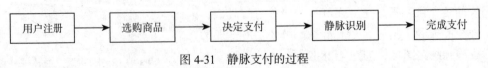

图 4-31 静脉支付的过程

因为静脉识别需要专用的扫描仪，所以目前看到的静脉支付都是在商户提供的收单设备上完成的，如图 4-32 所示。可以预见未来会出现通过有线或者无线的方式连接智能手机进行手指静脉扫描的设备。这样的话，消费者也可以自己扫描静脉完成支付。

图 4-32　静脉支付设备

4.7.5　静脉支付的问题

与其他生物特征相比，静脉属于内藏的生物特征，相对比较安全。富士通公司 2017 年的统计数据显示，静脉支付识别错误率仅为 0.00008%，识别失败率为 0.01%。另外，静脉识别可以检验活体，这也是比人脸、指纹和掌纹要好的地方。但是静脉识别需要手指贴近设备，这对消费者避免病毒传染的心理而言可能是个障碍。

4.8　生物特征支付比较

综合比较上述六种生物特征支付方法，可以看出，刷脸支付优于其他五种支付，如表 4-1 所示。主要原因在于刷脸支付是最贴近人类的自然方式。另外，它不需要接触扫描设备，比较卫生和便捷。但是人脸识别的安全性是一大挑战，需要双因子或者多因子认证等手段来提升安全性。紧随其后的是掌纹支付。这种支付方式只是在接受度和便利性上比刷脸支付略逊一筹。消费者对于什么是掌纹支付，以及如何做掌纹支付需要一个学习和接受的过程。指纹支付是六种支付方式中总分最低的，其最致命的问题就是消费者需要物理接触指纹识别仪。另外，人们每天都会通过手指接触很多地方，有信息泄露的风险。

表 4-1　生物特征支付比较

	便利性	卫生性	安全性	准确性	接受度	总分
刷脸支付	10	10	6	7	10	43
指纹支付	8	0	6	8	6	28
虹膜支付	6	4	10	10	4	34
掌纹支付	8	10	8	7	8	41
静脉支付	8	8	8	8	6	38
声纹支付	6	8	6	6	4	30

4.9　相关统计术语和参数

　　生物特征识别领域有一些特定的统计术语和参数，包括误识率（False Acceptance Rate，FAR）、拒识率（False Rejection Rate，FRR）、相等错误率（Equal Error Rate，EER）、真阳率（True Positive Rate，TPR）、假阳率（False Positive Rate，FPR）和 ROC 曲线等。在实际工作中，我们将会不断地用到这些参数来对生物特征识别的性能进行评估。下面将给出关于这些术语及参数的简单解释，如果想对这些评估参数做更加深入的了解，可以参考统计学相关教科书。

4.9.1　FAR

　　FAR 可以理解为在生物特征识别的过程中，把本应失败的结果误判为成功的概率。从统计学角度看，FAR 属于统计学中的错误匹配率（False Match Rate，FMR），其计算公式为：

$$FAR = \frac{NFA}{NIRA} \times 100\%$$

　　NFA 为匹配测试中，把本应失败的结果误判为成功的次数，NIRA 为类内匹配的总次数。

　　以指纹识别为例，假定指纹样本库中将保存 100 个不同个体右手食指指纹的样本，分别对每个个体的右手食指指纹采集 3 次，则该指纹样本库中共有 100 个个体的 300 枚指纹。假定 P1 表示第 1 个人，则其三次录入的右手食指指纹分别表示为 P1-F1、P1-F2 和 P1-F3。

　　因为同一个个体的手指的 3 个指纹图像不可能完全一样，存在着匹配相似度的问题，假定我们把匹配相似度的成功阈值设为 90%，也就是说，当两个指纹样本的相似度大于 90% 的时候，判定该次匹配成功。

　　如果把指纹样本库中的每个指纹与除它本身之外的所有其他指纹进行匹配，那么匹配的总次数为 300 ×（300-1）= 89700 次。现在把指纹样本库中相同手指三次采样的指纹样本做两两对比，即 P1-F1 与 P1-F2 匹配，P1-F1 与 P1-F3 匹配，P1-F2 与 P1-F3 匹配，P1-F2 与 P1-F1 匹配，P1-F3 与 P1-F1 匹配，P1-F3 与 P1-F2 匹配，那么共计 6 种匹配组合方式。理论上，匹配成功的次数应该为 6 × 100=600 次，匹配失败的次数应该为 89700-600=89100 次。

　　如果因为指纹算法性能的原因，在指纹匹配实验中把本应失败的结果误判为成功的次数为 100 次，则 FAR 为 100/89100=0.11%。显然，FAR 反映的是测试的可信度，FAR 越大，我们对判定结果就越不放心。

4.9.2　FRR

　　FRR 是指在生物特征识别的过程中，把本应成功的结果误判为失败的概率。从统计学角度看，FRR 属于错误不匹配率（False Non-Match Rate，FNMR），其计算公式为：

$$FRR = \frac{NFR}{NGRA} \times 100\%$$

NFR 为匹配测试中，把本应成功的结果误判为失败的次数，NGRA 为类内匹配的总次数。

在指纹匹配实验中，因为指纹算法性能的原因，如果在 600 次匹配当中，把本应成功的结果误判为失败的次数是 30 次，则 FRR 为 30/600=5%。显然，FRR 要表达的是测试的误判水平，FRR 越高，说明误判的概率越大。

4.9.3 EER

EER 是指把衡量生物特征识别性能的两个不同参数——FAR 和 FRR 统一为一个参数，以衡量算法的整体性能，同时把特征匹配水平的阈值变化也包括在里面。换句话说，如果把衡量生物特征识别性能的参数放在同一个坐标系里，FAR 将随阈值增大而减小，FRR 会随阈值增大而增大，因此它们一定有交点，且在这个阈值下 FAR 与 FRR 等值。习惯上我们用这一点的值来衡量算法的综合性能，这个值即相等错误率。对于一个优良的生物特征识别算法，我们希望在相同阈值水平，FAR 和 FRR 都越小越好。把 FAR 和 FRR 曲线都向下平移，同时相交点也向下平移，EER 值越小，表示算法的整体性能越高。

4.9.4 ROC 曲线

ROC 曲线（Receiver Operator characteristic Curve）是一种已经被广泛接受的匹配算法测试指标，它包含了 FAR 及 FRR。ROC 曲线反映了识别算法在不同匹配阈值水平时误识率和拒识率的平衡关系。图 4-33 给出了一条 ROC 曲线，其中横坐标是 FRR，纵坐标是 FAR，EER 是两者的平衡点，EER 的值越低，表示算法的性能越好。

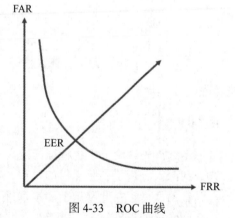

图 4-33 ROC 曲线

在生物特征识别的检测过程中会遇到测试结果的准确性问题。实际的测试结果一般会呈现出下列几种可能的情况：

- TP（真阳）：实为阳性，且检验结果报告为阳性。例如患者有病，且检验结果证实有病。
- TN（真阴）：实为阴性，且检验结果报告为阴性。例如患者无病，且检验结果证实无病。
- FP（假阳）：实为阴性，但检测结果报告为阳性。例如患者无病，但检验结果却说有病。
- FN（假阴）：实为阳性，但检测结果报告为阴性。例如患者有病，但检验结果却说无病。

可以把上面的四种结果简单地归纳出来，如表 4-2 所示。

表 4-2　真假对比

	Positive（阳）	Negative（阴）
True（真）	TP（真阳）	TN（真阴）
False（假）	FP（假阳）	FN（假阴）

真阳（TP）代表的是发现真正问题的情形，假阳（FP）代表的是错误拉响警报的情况。我们当然希望测试结果能反映真实情况，不要漏掉也不要错判。

4.9.5　TPR

TPR 用于判断检测的敏感性，也就是说有多大的把握能发现问题。它是检测出来的真阳性样本数占所有真阳性样本数的比例，计算公式如下：

$$TPR = \frac{TP}{TP + FN} \times 100\%$$

从医生和患者的角度看，有病查不出（FN）会害死人，没病报有病（FP）会吓死人。TPR 报告的就是检测的敏感性或者说有效性。

4.9.6　FPR

FPR 用于判断错拉警报的概率，也就是检测结果出现误报阴性为阳性的可能性，即检测出来的假阳性样本数占所有真阴性样本数的比例。

$$FPR = \frac{FP}{TN + FP} \times 100\%$$

从医生和患者的角度看，FPR 反映的是误诊的情况，把没有病说成有病，会给患者带来很大的精神负担。在生物特征识别上，例如指纹比对中出现 FPR，就意味着错怪好人。

4.10　本章小结

本章首先讨论了生物特征的定义和生物特征的范围，然后讨论了人脸识别的定义和原理，并深入分析了刷脸支付的过程、案例和所面临的挑战，随后介绍了双因子认证和多因子认证的概念。在此基础上，本章进一步讨论了人脸、指纹、虹膜、声纹、掌纹、静脉六种生物特征的识别技术，以及与这些生物特征识别相对应的支付手段，最后对所涉及的几种生物特征支付方式进行了横向比较。本章在结尾部分讨论了与这几个与生物特征识别技术密切相关的统计学概念，包括拒识率、误识率、真阳率、假阳率、相等错误率和 ROC曲线。

第二部分 *Part 2*

第 5 章

支付的技术架构

支付的技术架构是为了保障能够顺利处理支付请求而设计的结构体系。从系统的角度看，它包括计算机系统的软件、硬件、网络和数据等。从参与的主体角度看，它涉及交易的付款人、收款人、支付机构、银行、银行卡组织和金融监管机构等。要想成功地设计和构建支付的技术架构，需要深入地理解支付的业务生态体系，弄清楚并且照顾好支付业务生态体系中各利益相关方的诉求。

本章将讨论支付业务生态体系中利益相关方的作用和特点，分析各利益相关方的核心诉求，总结出为满足利益相关方的需求而提供的各种功能，并且进一步把相关联的功能聚合成子系统，然后在此基础之上，通过引入参考架构和分层架构设计的方法，讨论支付的技术架构，并描述支付机构的总体技术架构。

5.1 支付业务生态的利益相关方

5.1.1 收款人与付款人

1. 收款人

一般来说，在支付过程中，发起支付活动的首先是收款人（卖方）。卖方为了能卖出自己的产品或者服务，需要展示商品并游说买家付款去购买。而且，当双方的交易意向达成之后，收款人需要向付款人提供发货清单和付款请求。对收款人而言，其核心的利益诉求就是能在合约规定的时间内收到买方支付的约定数额的资金。收款人需要履行的义务是按时、按质、按量发货，并且提供发票和发货信息。

2. 付款人

付款人一般是交易中的买方，他的核心诉求是能够按照合约，在规定的时间收到卖方发出的约定数量和质量的货物，或者接受约定数量和质量的服务。付款人需要履行的义务是按时、按量完成与货物或服务相对应的资金支付。

对付款人而言，购买商品或者服务是偶尔发生的事情，需要有办法在短期内查询物流和支付情况。对收款人来说，卖东西是他的生意，需要不断地查询是否有新订单，已经收到的订单是否已完成支付，以及完成支付的订单是否已经发货等情况。

5.1.2　银行

除了与交易直接相关的付款人与收款人之外，银行也是支付活动的积极参与方。因为在通常的情形下，付款人和收款人的资金都存放在银行里。支付将会涉及从付款人银行账户把资金转移到收款人银行账户的过程。银行的核心诉求是能够按照客户的支付指令，按时按量完成资金的转移，从而赚取服务费用。银行要在约定的时间与支付机构进行对账，确保双方所处理的支付请求可以匹配，还要帮助支付机构完成结算后的出款活动。图 5-1 展示了银行在支付生态体系中的作用。

有些银行对支付的参与度更深，因为他们为了服务好在本银行开户的商户，需要帮助商户完成收单，或者委托第三方支付公司帮忙服务好商户。也就是说，银行可以直接或者间接地参与支付活动。在某些复杂的情况下，银行还会给买方提供买方信贷，或者为卖方提供应收账款的融资便利，例如应收账款的保理业务。

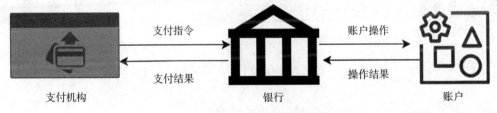

图 5-1　银行在支付生态体系中的作用

5.1.3　银行卡组织

如果支付涉及银行卡，那么银行卡组织将是银行之外的另一个参与者。通常，从银行卡组织的角度看，付款人就是持卡人，银行卡组织透过发卡行为持卡人提供底层的基础网络和授权认证服务。收款人，也就是商户，有自己签约的收单行，收单行透过银行卡组织与开户行间接完成支付信息的交换和资金的结算。银行卡组织的核心诉求是高效且安全地提供银行卡服务，从而赚取银行卡支付处理费。图 5-2 展示了银行卡组织在支付生态体系中的作用。

图 5-2　银行卡组织在支付生态体系中的作用

5.1.4　支付机构

支付机构可以在买卖双方之间充当中间人的角色，或者接受卖方的委托，代理收取买方支付的与货物或者服务相对应的资金。支付机构的核心诉求是准确、准时和安全地帮助买卖双方完成交易资金的交割。在交易的过程中，支付机构帮助卖方向买方银行发出支付扣款的指令。支付机构有责任管理好交易过程中存在的信用卡风险，配合金融监管机构调查潜在的洗钱和恐怖融资活动。图 5-3 展示了支付机构在支付生态体系中的作用。

图 5-3　支付机构在支付生态体系中的作用

5.1.5　监管机构

根据支付请求的具体情况，支付交易还有可能涉及政府或者行业监管机构，例如各地的人民银行，国际、国家和地区的反洗钱中心。金融监管机构的核心诉求是确保支付活动符合国家的法律和规范，例如外汇管制法规和信贷管理规范，要求支付机构定期上报所处理的支付请求，以核查可疑的交易。图 5-4 展示了支付活动中的利益相关方。

表 5-1 概括总结了支付相关主体的作用和诉求。

总之，支付机构不仅需要拥有强大的技术架构和健全的业务管控体系，以保障高效、安全、顺畅地处理支付请求，让付款人和收款人满意，而且需要考虑和照顾到其他利益相关方的各种诉求。全面透彻地理解这些诉求和作用，并且归纳和提炼出相关的功能是成功构建支付的技术架构和业务管控体系的关键。

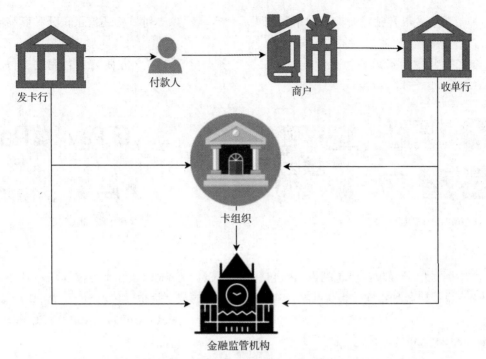

图 5-4　支付活动中的利益相关方

表 5-1　支付相关主体的作用和诉求

	作　用	诉　求
付款人	付款	能按时按质按量付款
收款人	收款	能按时按质按量收款
发卡银行	为付款人提供银行账户	赚取银行服务费用
收单银行	为收款人提供银行账户	赚取银行服务费用
银行卡组织	为卡支付提供基础网络和服务	收取基础网络和服务费用
支付机构	为付款人和收款人提供中间服务	收取支付处理费用
监管机构	调查反洗钱和打击恐怖主义融资活动	确保支付活动合规合法

5.2　支付机构的功能

本节将以利益相关方为主轴，从业务功能的角度，对支付机构应该具备的业务功能和相应的技术保障体系进行讨论。一个典型的支付机构要想满足各个利益相关方的核心诉求，就必须要系统地分析并掌握各个利益相关方在支付过程中的功能需求。具体分析如下。

5.2.1　为付款人提供的功能

为付款人提供的功能，主要体现在银行提供的借记卡，六大银行卡组织通过银行发行的各种信用卡，以及预付费卡、白条和先买后付卡。不少支付机构还提供积分和商品券等功能。

除了这些支付卡以外，支付机构还研发了各类电子钱包来方便消费者完成支付，如图 5-5 所示。

　a）中国的电子钱包　　　　　b）日本的电子钱包　　　　c）美国的电子钱包

图 5-5　中日美三国的电子钱包

在中国，电子钱包主要包括微信钱包、京东钱包、百度钱包和支付宝钱包，另外各家商业银行也提供各种银联钱包，甚至还有很多最新式的数字货币钱包。

在日本，电子钱包主要包括 PayPay、LINEPay、DoCoMoPay、AuPAY、QuoPay 和 RakutenPay 等 20 多种钱包。

在美国，电子钱包主要包括 PayPal、Square、Vemo、ApplePay、GooglePay 和 AmazonPay 钱包，以及各商业银行的钱包。

这些钱包在形式上大同小异，主要功能基本上都包括在线支付、扫码支付和余额支付。在中国，现在还有不少的钱包开通了数字货币支付的功能。

5.2.2　为收款人提供的功能

支付机构需要为收款人，即卖方或者商户，提供收单以及收单完成后的资金处理功能。这些功能听起来简单，实际做起来却会面临很多挑战。例如这些功能的易用性和安全性会影响到海量消费者，系统的可用性和可扩展性影响到商户日常营业的开展。支付机构为收款人提供的功能如下。

1. 收单功能

处于业务前端的收单功能。这些功能通常是以诸如 POS 机、扫码和生物特征识别设备这样的硬件方式出现，也可能是以软件系统集成的方式出现。例如，传统收银综合机和云端 POS 机等。这些硬件或者软件都是为了帮助商户能顺利达成交易，接收和处理消费者的支付请求。

2. 查询统计功能

处于业务后端的查询统计功能。这些功能通常是商户常用的查询功能，例如支付请求详细查询、支付请求汇总查询、每日交易对账、周期性结算、支付数据分析报告等，是商户在经营过程中必不可少的功能。从本质上讲，这些功能属于商户的后台业务运营系统。

3. 接入功能

除了收单和查询统计功能之外，支付机构也会帮助商户快速接入支付请求处理系统。这部分接入功能需要易用性好、安全度高，且尽量不要让商户花费太多的时间和精力接入。因为该部分接口是用来接收来自商户端的支付请求的，同时向商户回传支付成功或者失败的状态信息，所以它的功能好坏会直接影响商户对支付机构的信心。

4. 数据分析功能

根据收单请求，支付机构帮助商户完成各维度的数据分析。例如，支付请求的时间序列分析，即支付请求在每分、每小时、每天、每周、每月、每年等不同颗粒度的数据聚合。这些数据可以帮助商户深入了解自己的业务发展趋势和走向。再如，按照支付资金的来源情况分析用户的支付行为，哪些钱包受消费者欢迎，哪些积分比较受欢迎，这些结论对商户在未来获客引流都有一定的启发。

5.2.3 支付机构的功能

除了要满足支付业务生态体系中各利益相关方的诉求之外，支付机构还要拥有一整套用来处理支付请求及其相关业务的系统功能。这部分是支付机构的核心。下面按照业务发展的顺序介绍这些功能。

1. 支付前的功能

支付前的功能也称为 KYC（Know Your Customer，了解你的用户）。所谓 KYC 是指在支付请求发生之前，支付机构了解和掌握商户真实身份的过程。KYC 的主要目的是保证业务的合规性，对支付业务而言就是要保证所提供的支付业务不会被用来洗钱和资助恐怖主义活动等违法活动。通常 KYC 所涉及的真实性检查可以通过线下物理访问商户，或者根据客户提交的申请材料，通过政府权威机构数据库来查询，最终确保商户的真实性与合规性。具体地说，这些功能包括合约、申请、审核、批准、接入和开通六部分。

2. 支付中的功能

支付中的功能主要发生在商户的支付业务开通之后。商户首先要与支付机构对接，以便把支付请求传送给支付请求处理系统进行处理。其次，这些功能还包括支付机构接收支付请求、解析支付请求、风险管理、形成指令、发送指令、结果通知、分账计费、账户账务和客户服务等。这是整个支付活动的核心，既包含商户与支付相互作用的体系，也包含支付机构与银行及其他金融机构相互作用的体系。支付机构的系统会把商户的支付请求转换为银行或者其他金融机构可以理解和操作的支付指令，完成资金的交割工作。

3. 支付后的功能

在处理完支付请求后，还需要继续完成后续的环节。支付机构要准确地处理好商户委托收取的交易款项，以便能在规定的时间把累积的资金转移给商户。支付后的功能主要包括账务、账户、对账、结算、出款和报告。支付中所完成的资金交割是在银行或者其他金融机构之间完成的，真正把消费者支付的资金转移给商户是在支付后才完成的。所以，支付后的活动主要包括检查和确定支付中发生的支付处理活动及其相应的状态，计算出支付机构代收的备付金数额，然后按照约定的时间和方式把备付金转移给商户。

5.2.4 与银行相关的功能

银行是当前消费者开立账户放置和存储资金的金融机构，银行的账户具有金融属性。支付机构属于非金融机构，并不能直接操作银行或者其他金融机构的账户。为了能有效地处理支付请求，支付机构必须接入银行、银行卡组织和其他的金融机构。这种接入是支付机构主动发起的 API 对接工作，有些支付机构把这部分功能抽象成可以反复使用的机构接入服务。如果能把机构接入部分做得灵活，不仅可以提高接入的效率，还能减少接入占用的资源。与银行相关的功能主要包括金融机构支付接口的参数解析和转译等。支付机构与银行之间通常采用专线连接并使用硬件的加密机。除了接入之外，支付机构还会构建与银行的对账子系统，以及为了出款自动化而完成的企业网银对接系统。

5.2.5 为监管机构提供的功能

支付机构有义务定期或不定期地向监管机构提供支付请求活动的信息，甚至接入监管机构的系统，以配合完成反洗钱和打击恐怖主义融资的调查工作。为监管机构提供的功能主要是反洗钱系统，一般由专业的反洗钱机构提供，然后集成到支付机构的技术体系中。中国的支付机构还要依法完成与中国人民银行备付金管理系统相关联的备付金报告和集中功能。除了央行的备付金报备之外，中国的支付机构还需要对接公安部门、外汇管理局、人民银行的反洗钱中心，人民银行的支付结算部门，以及人民银行在各地的营业管理部。

综上所述，支付机构要能够为支付生态体系中的各利益相关方提供各种必需的业务功能，这些功能构成了支付的业务体系，进而决定了支付技术体系应该如何搭建。图 5-6 汇总展示了支付机构所需要具备的核心功能。

5.3 对支付技术架构的要求

不同于游戏、短信、直播、广告和电商平台，支付业务涉及资金处理，范围广而且功能复杂。支付的技术体系需要满足高可用性、高安全性、高效率和可扩展性四个方面的要求。

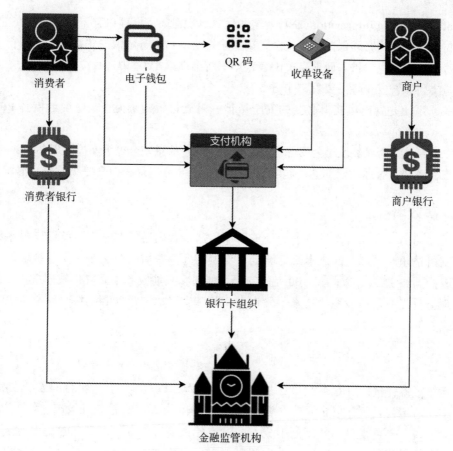

图 5-6 支付机构的功能概览

5.3.1 高可用性

支付的技术架构必须要能够做到全年不间断地提供服务，核心系统的可用性至少要达到 99.99%，最好能达到 99.999%。如果支付技术架构设计得合理，运维得当，那么它的可用性甚至可以与 IBM 主机系统的 99.999% 相媲美。这是一项非常具有挑战性的工作，也是非常高的标准。毕竟它在资源的冗余度和高可靠性设计方面无法与 IBM 的主机系统相提并论。高可用性不仅仅是一个技术架构的设计问题，更需要技术管理最佳实践的有力配合。本书将在后文中专门对此进行分析和讨论。

5.3.2 高安全性

支付涉及的是银行账户或者银行卡相关的信息，即银行卡行业（Payment Card Industry，PCI）信息。信息与应用及资金相关，所以价值极高，对于外界很有吸引力，很容易受到黑客的关注。同时，支付过程还会涉及商户的法人信息，以及消费者的个人身份识别信息

（Personal Identifiable Information，PII）。这些信息出现泄露，同样也会带来很多潜在的问题。所以支付的技术架构必须保证信息安全，高安全性是支付业务成败的关键。关于银行卡信息和个人身份识别信息保护方面的有关内容，本书将会在第 12 章中进行详细的讨论。

衡量支付系统安全性主要看三个方面：

第一，系统是否已经获得必要的安全认证，对支付机构来说，最重要的就是 PCI-DSS 认证。

第二，系统是否已经取得公安部等四部委印发的《信息安全等级保护管理办法》的认证。

第三，系统是否通过定期性的脆弱性安全检查，并且不存在中高等级的安全漏洞。

5.3.3　高效率

支付公司的收入来自支付请求的处理费用，这个费用通常非常少，所以支付系统在处理每笔支付请求时，涉及的成本要足够低。支付的处理费用一般会按照交易金额的某个比例来收取，例如 1%，也就是说 100 元的交易可能最多只能收到 1 元支付处理费用。如果不能形成规模且以非常高效率的技术手段自动化处理支付，则很难赚到钱。计算单笔交易成本的公式如下：

$$单笔支付的技术运维成本 = \frac{支付系统的技术运维成本}{支付系统处理的支付总笔数}$$

- 运维成本：包括 IDC 或云服务基础设施的成本，以及维护技术平台的人员成本。
- 支付总笔数：所有在支付系统发生的支付请求的个数，含退款和取消。

一般来说，单笔支付的技术运维成本并没有什么绝对的意义，更多的是支付技术体系内部以时间为轴线的自我对比，目的在于确保支付的技术体系可以不断地得到优化，从而提高效率，降低成本。图 5-7 展示了某支付机构的交易笔数与单笔交易成本的变化情况。

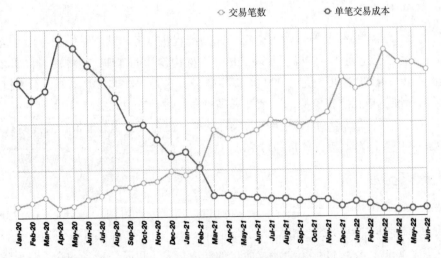

图 5-7　交易笔数与单笔交易成本

5.3.4 可扩展性

所谓的可扩展性是一个架构术语，是指支付系统的架构在外部支付请求不断增加的情况下，不必修改应用程序，而是通过增加系统的资源来满足外部的请求。

在现实生活中，支付机构所支持的各种商业活动经常会有促销、爆款、打折等带来的海量高并发请求。这种海量的高并发请求会在瞬间对支付系统的计算、网络和存储资源带来巨大的冲击，甚至导致支付系统的服务中断。

我曾经经历过几次支付系统的严重失败情况。2015 年，某电商平台联合了一家智能手机制造商举行打折促销活动。活动上午 10 点准时在网上开始，刚开始没有几分钟，监控部门（Network Operations Center，NOC）就发现支付系统的响应非常迟缓，而且越来越慢，出现了请求排队和阻塞现象。与此同时，电商平台上骂声不断，客户服务电话被打爆。很快，技术运维团队发现有上万笔支付请求在不到 10 秒钟的时间内蜂拥而来。因为每笔支付请求都需要应用系统中的数据进行锁表以更新商户的账户，结果造成数据库无法及时响应，最后导致系统完全瘫痪，活动当然也以失败告终了。

由此可见，支付系统的技术架构只有具有良好的水平可扩展性，才能经得起大风大浪的考验。所谓良好的水平可扩展性，是指当外部的请求增加的时候，可以通过不断增加设备来实现容量的扩展，而且这种扩展不存在任何障碍。那么，如何才能设计和研发出具有高可用性、高安全性、高效率和可扩展性的支付技术架构呢？

5.4 支付的技术架构设计

架构即未来，只有建立在技术架构设计良好的体系上，支付机构才能有美好的未来。如果支付的技术架构存在问题，那么就没有办法实现高可用性、高安全性、高效率和水平可扩展性。

总结多年来在海内外支付机构主持和参与过的技术架构设计经验，我发现基于参考架构的分层架构设计方法，是一种行之有效的支付技术架构设计方法。本节将介绍如何利用分层架构设计的思想来构建支付的技术架构。

5.4.1 参考架构

所谓参考架构是为集成产品和服务形成解决方案而提供的参考性和建议性的架构。参考架构通过分层次，让不同的团队和架构师分别聚焦自己负责层次的功能抽象和架构设计。

如果认真观察一下就可以发现，互联网技术行业一直采用的就是这种分层次的架构设计思路。例如，大家熟悉的互联网网络协议 TCP/IP，就是以 ISO OSI 的分层次模型为基础发展起来的，如图 5-8 所示。大型的集成电路设计其实也是一层一层地分别进行设计，然后集成起来提供计算或者存储的能力。参考架构体现了行业通用的最佳实践，在最佳实践的基础上发展架构设计，可以最大程度地吸收成熟的经验和经过验证的模式。

今天的互联网已经遍布世界，但是在 20 世纪 80 年代，不同的计算机网络之间还无法互联。国际电信联盟和国际标准化组织为了能推动世界范围内的计算机网络开放互联，于 1984 年公布了 ISO/IEC 7498-1 标准，这个 ISO OSI 标准为后来的互联网发展奠定了基础。

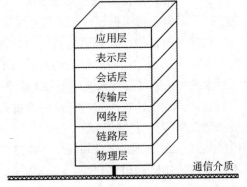

OSI 的七层模型是一种框架性的设计方法。建立七层模型的主要目的是解决异构网络互联时遇到的兼容性问题，其最主要的功能就是帮助不同类型的主机实现数据传输。它的最大优点是将服务、接口和协议这三个概念明确地区分开，通过七个层次化的结构模型使不同系统、不同网络之间实现可靠的通信。从最高层的分

图 5-8 参考架构的案例——ISO OSI 参考模型

布式应用程序到跨越通信介质传输数据的物理实现，共分为七层，且从上到下逐层依赖。

- 第七层为应用层：为了实现不同应用软件之间相互通信而设计的接口，例如 HTTP、HTTPS、FTP、SSH、Telnet、SMTP、POP3 等。
- 第六层为表示层：对接收的数据进行加密、解密、解析等活动。表示层处理流经该节点的数据编码的表示方式问题，以保证一个系统的应用层发出的信息可以被另外一个系统的应用层读出。简而言之，表示层的作用是把存在于计算机系统的不同格式的数据转化成网络通用的标准表示方式。
- 第五层为会话层：通过传输层，即端口，建立数据传输的通路。会话层的主要功能是管理和协调不同主机上各种进程之间的通信或会话，及建立、管理和终止应用程序之间的会话。
- 第四层为传输层：为上层协议提供端到端的、可靠的、透明的数据传输服务，包括处理差错控制和流量控制等问题。
- 第三层为网络层：解决如何使数据包通过各节点传送的问题。
- 第二层为链路层：负责数据链路的建立、维护、拆除，指定拓扑结构并提供硬件寻址。
- 第一层为物理层：提供传输数据的物理通路，传输数据。

这个开放网络互联的协议实际上就是定义了一个参考架构，让所有试图连接网络的计算机有一个参考的标准。参考架构分层让每一层都能够聚焦解决一部分问题，实际上也降低了整个体系的复杂性。层和层之间的明确接口定义，也有效地避免了相互之间非必要的干扰。支付的技术架构设计也可以做类似的参考性架构，以此为基础做更详细的分层设计。

5.4.2 支付的参考架构

与上面讨论的 ISO OSI 开放互联参考架构类似，支付的参考架构把复杂的支付应用分解成支付的前端应用层、接入网关层、核心业务层、通用服务层和基础设施层五个层次。

每个层次分别聚焦在某个特定的方向上，针对相关的功能集合进行思考和设计，最终通过层次之间的调用集成，形成统一的支付技术架构体系。

这么做的好处主要在于每个层次可以聚焦本层次的核心功能，把一些复杂的其他操作交给其他层次来分别完成。另外，相同的功能可以归纳为通用服务，这不但可以确保整个系统服务的标准化和行为一致性，也可以提高对支付技术架构的整体治理能力。支付的参考架构如图 5-9 所示。

对图 5-9 所示的支付技术体系的参考架构的各层次作用和组成描述如下。

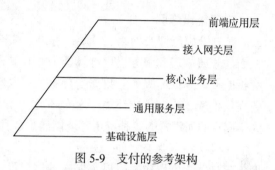

图 5-9　支付的参考架构

1. 前端应用层

前端应用层包括 iOS 和 Android 系统上的 App 和 Web 应用。这部分主要是对各种网络应用和移动 App 的开发，包括为支持商户支付业务而开发的收银台，为便于消费者支付而开发的各种电子钱包，以及为便于商户收单而在 Android 或者 iOS 系统上面开发的 POS 机 App 等。

2. 接入网关层

接入网关层包括 API 网关、金融系统和银行网关、商户接入网关等。对于支付机构而言，最为重要的接入网关是商户的应用接入网关，也就是商户为了完成支付而与支付机构进行的对接，用于传递商户向支付机构发送的各种支付请求，以及商户用来接收支付机构返回的支付成功或者失败的结果通知。银行或者其他金融机构的网关接入是另外一个重要的组成部分。这部分主要负责对接银行或者其他金融机构，确保支付机构可以把收到的支付请求翻译成支付指令，然后转发给银行或者其他金融机构，也包括接收银行或者其他金融机构返回的支付指令执行结果。

3. 核心业务层

核心业务层涉及客户信息、业务管理、支付费率、支付请求、分账计费、账户账务、对账结算、出款报告等内容。这部分是整个支付系统最为核心的部分，主要包括支付机构从商户接收支付请求，把支付请求转译为银行或者金融机构可以使用的支付指令，获取银行或者其他金融机构的支付结果，并把支付处理的结果返回给商户，当然也包括支付请求完成后的分账计费，还有支付机构与银行或者其他金融机构的对账，以及在此基础上进行的结算和出款活动。

4. 通用服务层

通用服务层涉及日志、数据、通知、鉴权、认证、GUID 和风控等通用的基础服务。通用服务层，顾名思义就是包含支付系统的通用功能的应用或者服务，这些功能或者服务是其他应用的基础，它广泛地用在其他的应用中。例如，日志服务就是负责处理所有应用中各种日志信息的服务。首先，把形形色色的应用日志信息按照规定的格式组合并输出；其次，对日志信息进行包括集合、统计和分析在内的各种处理；再次，根据统计分析的结果向前端提供流量控制和监控信息。

5. 基础设施层

基础设施层涉及网络、计算、存储、安全、域名和时间等基础服务。这部分主要是为上面的几层应用和服务提供计算能力、存储能力和网络能力，也包含网络时间服务、域名解析服务、数据库服务、数据备份服务以及灾难与恢复服务。基础设施层负责为上层的服务提供生产环境、集成环境、发布环境、性能测试环境、功能测试环境和演示环境，确保为不同目的而设置的各种应用环境能满足各种不同的需求。

在根据参考架构划分了支付技术架构的各个层次之后，就可以安排不同的架构师分别聚焦各自负责的层次，完成本层的架构设计工作。在各个层次设计的结果上，通过集体讨论，确定各层次的设计目标、原则、接口和功能集合。然后进行进一步的高层设计和详细设计，直到最终实现所有的层。层和层之间的服务应该通过内部的服务水平协议来约束。

5.4.3 分层架构设计案例

根据前面的参考架构，负责通用服务层的架构师给出了通用服务层所包含的通用基础服务，如图 5-10 所示。图中抽象出的五个服务分别如下。

- CDS（Common Data Service，通用数据服务）：把物理层的数据和逻辑层的数据隔离。
- CKS（Common Key Service，通用密钥服务）：负责管理各种安全密钥。
- CNS（Common Notification Service，通用通知服务）：发送邮件、SMS 等各种通知。
- CUS（Common gUid Service，通用 GUID 服务）：负责发放具有全局唯一性的 ID。
- CAS（Common Applications logging Service，通用日志服务）：负责处理日志信息。

架构师可以再进一步对每个通用服务做出更为具体的设计。这里以 CAS 为例，给出 CAS 的架构设计方案。CAS 是所有应用都要使用的日志处理服务，因此具有足够的通用性。下面描述 CAS 的主要功能。

- 标准化日志信息结构。按照预先定义好的格式接收应用日志，确保所有的应用日志都遵循日志输出标准。避免不同应用产生各种不同格式的日志信息，为后续日志处理带来麻烦。

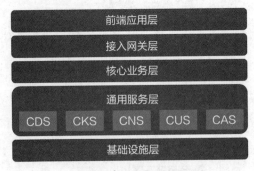

图 5-10 通用服务层

- 生产者送日志信息入消息队列。定义生产者，把格式化好的数据放入消息队列，实现日志的异步化处理。避免应用日志海量输出造成局部 I/O 或者网络阻塞的问题。

- 消费者处理消息队列里的日志。从消息队列中取出日志，并按照处理规则进行深度处理，提升日志数据的价值。例如，根据一个应用发出的 SQL 语句，进行数据库相关的操作。从按照时间顺序线性产生的日志中可以看到 SQL 语句执行的提交时间、返回时间、返回的数据以及执行结果的状态。消费者可以把提出 SQL 语句的时间和返回数据的时间进行比对和计算，从而得到 SQL 语句执行的时长。同时，可以根据历史上相同 SQL 语句执行的情况进行分析，从而得出该 SQL 语句在本次调用过程中的执行时长，按 90 百分位计算处在什么水平，让研发人员能够更直观地了解所调用服务的执行状况与结果。
- 对每个日志信息进行事件处理。对日志中输出的各种信息进行甄别，例如，对 Information 级别的日志信息进行计数，然后存储，对 Critical 级别的日志信息做具体分析和判别，对 Exception 级别的日志信息进行更深入的分析或者发出警报。
- 动态近实时统计数据。根据应用 ID 等关键词和标志对日志信息进行流式处理，利用类似 Stream 等工具做实时统计分析。这样做可以为前端的熔断提供流量参考，也可以为支付关键业务的事实数据统计提供数据。

综上，CAS 是一个非常有价值的通用服务，构建得好，不仅可以标准化所有日志信息的格式，而且可以大幅度地提升应用日志的分析水平，加强对日志中各类应用和系统事件的管控，先于商户发出预警和处理，避免后患。因此，负责该层次的架构师需要能够认真思考，抽象、归纳和分析出有价值的设计关键点。图 5-11 展示了 CAS 架构设计方案。

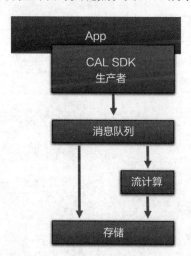

图 5-11　CAS 架构设计方案

在 CAS 架构设计的基础之上，研发工程师们可以进一步完善和细化 CAS 的设计，进而得到 CAS 详细设计方案，见图 5-12，然后把该设计交给具体的研发人员，从而完成整个 CAS 的详细设计和代码实现。总结多年的技术架构设计与实施经验，很多支付机构的研发技术人员缺乏对所处理业务的总体认识和详细分析。本书将在第 6 章中以与 CAS 类似的方式讨论支付核心业务层的架构设计。

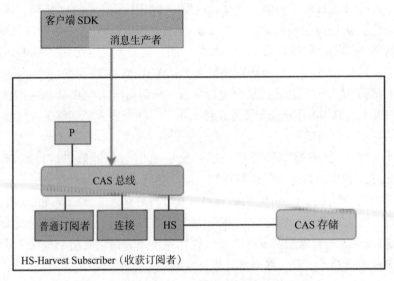

图 5-12　CAS 详细设计方案

5.5　支付的整体架构设计

图 5-13 展示了支付的整体架构。不同的支付机构的架构可能会因为所聚焦业务的不同而有所差异，但是大体上应该差不多，基本可以分成前面提到的五个层次。在具体设计上，该整体架构增加了左侧的接入部分和右侧的运营管理平台两个部分。本节将基于这个支付系统的架构设计做稍微详细的介绍。

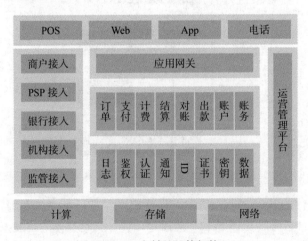

图 5-13　支付的整体架构

首先，前端部分包括 Web、App、POS 和电话接入等各种不同形式的业务接入。可以根据业务发展的具体需要，通过标准化 API 和 SDK，把这些应用接入支付的主体系统。

其次，这个架构的左侧增加了商户接入、PSP 接入、银行接入、机构接入和监管接入。这部分可以通过建立标准化的接入服务来实现。接入服务设计得好，不但可以提高接入的效率，还可以标准化支付请求处理的过程。

再次，右边增加了运营管理平台。这个平台主要是供支付机构内部的业务运营人员管理各项业务的，例如签约、申请、审核、批准、接入、开通、费率、对账、结算、出款等具体的操作和审核使用，也包括供商户查询支付请求的结果和结算报告的商户后台。

最后是中央部分的订单、支付、计费、结算、对账、出款、账户、账务等核心应用功能，以及最下层的日志、鉴权、认证、通知、ID、证书、密钥和数据等的处理服务。

其他的几个部分基本上与前面提出的参考架构所描述的层次相同，这里不再赘述。

5.5.1 按照利益相关方划分的子系统

从上面对支付功能的分析与归纳可以看到，在支付的生态体系里，不同的利益相关方需要有不同的功能组合来对应。在现实的支付行业实践中，我们往往把这些功能按照所服务的对象以及该对象要管理的业务组织并归纳为 11 个子系统，如图 5-14 所示。这些子系统就构成了支付的总体系统。

（1）针对商户
- 商户收单子系统（店员收单用）：支付中，App 或 POS 机。
- 商户后台子系统（店主管理用）：支付后，商户用 BOSS。

（2）针对消费者

电子钱包子系统（付款者支付用）：支付中，电子钱包 App。

（3）针对监管机构

支付报告子系统（监管机构用）：支付后，反洗钱和打击恐怖主义融资。

（4）针对支付机构

- 入网开通子系统（业务管理用）：支付前。
- 支付处理子系统（核心）：支付中。
- 银行接入子系统（技术支持用）：支付前。

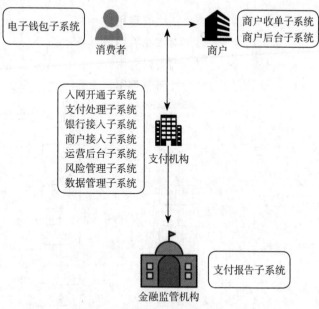

图 5-14 按照利益相关方划分的子系统

- 商户接入子系统（技术支持用）：支付前。
- 运营后台子系统（对账结算用）：支付后。
- 风险管理子系统（风控管理用）：支付中。
- 数据管理子系统（经营管理用）：支付后。

5.5.2 按照支付流程划分的子系统

根据支付前、支付中和支付后阶段划分的子系统如图 5-15 所示，具体分析如下。
（1）支付前
- 入网开通子系统（业务管理用）
- 银行接入子系统（技术支持用）
- 商户接入子系统（技术支持用）

（2）支付中
- 支付处理子系统（核心）
- 商户收单子系统（店员收单用）
- 电子钱包子系统（付款者支付用）
- 风险管理子系统（风控管理用）

（3）支付后
- 商户后台子系统（店主管理用）
- 运营后台子系统（对账结算用）
- 支付报告子系统（监管机构用）
- 数据管理子系统（经营管理用）

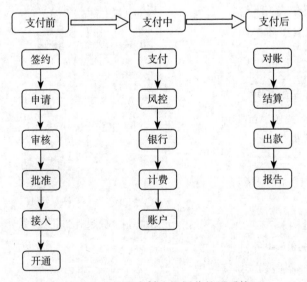

图 5-15　按照支付流程划分的子系统

对支付技术体系的各子系统按照利益相关方和在支付处理流程中的位置进行归纳，结果如表 5-2 所示 。

表 5-2　支付系统的子系统划分

	支付前	支付中	支付后
商户		商户收单子系统	商户后台子系统
消费者		电子钱包子系统	
支付机构	入网开通子系统 商户接入子系统 银行接入子系统	支付处理子系统 风险管理子系统	运营后台子系统 数据管理子系统
监管机构			支付报告子系统

5.6　本章小结

本章先描述了支付的生态体系，定义了该生态体系中参与支付活动的各个利益相关主体，并分析了各利益相关方在支付活动中的不同作用和诉求。在此基础上，以各利益相关方为主，分类定义了与各个主体相对应的功能集合。接着，阐述并讨论了支付的技术架构所必须要具备的四大技术要求——高可用性、高安全性、高效率和可扩展性。然后，推荐并讨论了用来指导和定义支付技术架构设计的参考架构设计方法，并结合具体的实践，深入介绍了如何利用参考架构的思维方法来定义支付架构。随后，以通用服务层中的通用日志服务（CAS）为例，介绍了构建支付技术架构的思考方法。最后，对支付的整体架构进行了定义，并且归纳罗列了支付技术架构应当配备的 11 个子系统。

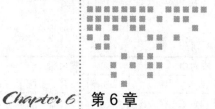

第6章

支付前的应用设计

在支付的技术体系整体架构定义清楚的前提下，本章将继续讨论支付系统的应用设计问题。支付业务的中心环节是把付款人的资金转移给收款人，所以支付技术体系的核心应用也是围绕着如何帮助付款人把资金转移到收款人这个环节展开的，我们把这个环节称为支付中环节，参见图 6-1。在这个环节之前发生的所有事情和进行的所有活动称之为支付前环节，在其后发生的所有活动称为支付后环节。接下来，我们将按照支付前、支付中和支付后三个阶段，分三章分别讨论支付的应用设计。

本章将从支付机构最外围和最早接触客户的部分，也就是支付前的应用设计开始讨论，为后续支付中与支付后的应用设计打好基础。

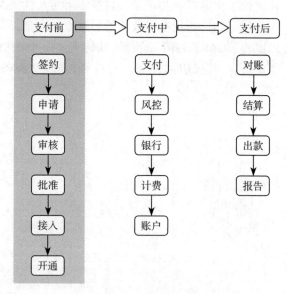

图 6-1 支付的环节

6.1 支付前的业务活动

以付款人提交支付请求为分界，提交之前的所有活动属于支付前，提交之后的所有活动属于支付中或者支付后。在支付交易发生之前还有哪些环节需要做好准备呢？商户首先要经过签约、申请、审核、批准、接入和开通流程，然后才能成为支付机构的客户，如图 6-2 所示。

图 6-2　支付前的活动

6.1.1　签约

即商户与支付机构签订合约，委托支付机构帮忙收取交易的款项，同时承诺给支付机构一定比例的支付处理费。这里有两个要点：

- 商户与支付机构之间是委托关系，支付机构代理商户处理交易中的款项；
- 支付机构给商户提供备付金的收单和结算服务，并收取一定比例的支付处理费。

签订的合约要清楚地说明支付机构在什么场景下帮助商户收单，收单完成之后，需要经过多长的周期才能把备付金结算给商户，支付机构在这个过程中要按照什么比例收取支付处理费，以及如何扣除这些支付处理费。

这些业务活动如果发生得不频繁，合同契约没有多少，那么支付机构可以手工应对。但是，如果这些活动发生得非常频繁，那就会有很多合同需要管理，需要搭建特定的合同管理系统进行处理。另外，合约的审查和批准也需要一定的业务流程管控，以确保信息的准确性、一致性和安全性。签约的流程如图 6-3 所示。

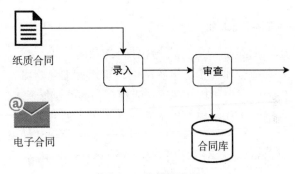

图 6-3　签约的流程

6.1.2　申请

申请是指商户完成签约后，开始从业务和技术两个方面申请对接支付机构。在业务方面的活动主要是由商户提供法人信息、业务资质、银行账户和对支付业务的具体要求，即完成 KYC 的过程。KYC 的目的有两个：

- 确保支付机构真正了解商户服务的真实性和合规性；
- 确保入网商户确实符合监管机构和下游合作方的要求。

为了配合 KYC，支付机构在技术方面也要做相应的应用系统开发工作。没有这些应用的辅助，KYC 所积累的信息就会随着时间的推移而被逐渐淡忘，甚至最后遗失在茫茫的故纸堆里无法追踪。另外，没有相应的应用系统，缺乏系统化的业务管理流程，也会给支付机构与合作伙伴及监管机构之间的高效率协作带来障碍。

这个环节的应用设计主要是通过各种灵活的方式，把商户的信息收集到系统里。在智能手机非常普及的今天，可以请商户利用智能手机的 OCR 扫描技术方便、快捷、准确地完成数据的录入任务。申请的流程如图 6-4 所示。

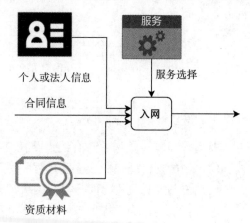

图 6-4　申请的流程

6.1.3　审核

审核是指 KYC 的实质或者关键部分。入网是在 KYC 的过程中取得商户信息的一个环节，而审核是在形式上和实质上审查商户各方面的信息。审核人员既要认真阅读商户申请提交的各个方面的材料，更要动手上网查询商户的网站或者其他机构的网站来核实信息，甚至实地考察，亲自搜集第一手商户资料，以确保支付机构能够真正地了解自己所服务的商户。审核的流程如图 6-5 所示。

6.1.4　批准

批准是指支付机构根据 KYC 的结果，以及其他合作机构的审核结论，正式批准商户可以通过支付机构开展支付活动，如图 6-6 所示。这部分工作一般会以纸质通知和电子通知的方式同时发送给商户，并且会在通知中详细注明支付可以开始的具体时间、需要注意的事情、与支付机构进行对接的业务和技术细节、相关收单设备的配置信息、商户管理后台的链接、登录用户的 ID 与密码，以及客户服务和技术支持的具体联络方式。这部分的活动同样涉及业务流的管控，这里不仅有效率的问题，更有案件审查的过程审计问题。

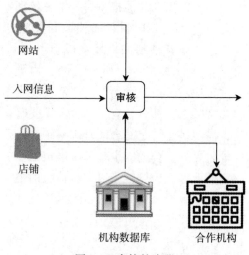

图 6-5　审核的流程

6.1.5　接入

接入是指商户按照支付机构提供的业务和技术接口文档，对接支付机构的系统和网络，为开展后续的支付业务奠定基础，如图 6-7 所示。支付机构为商户接入所提供的技术文档包含支付系统的网络地址、应用交互的具体指

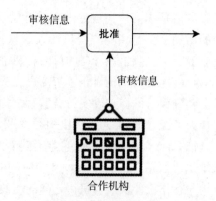

图 6-6　批准的流程

令、支付数据的具体格式、系统之间的安全约定和交易结果通知的具体安排等信息。考虑到支付数据的安全，商户往往会要求支付机构以专线、虚拟私有网络（VPN）或者公网的形式联结。公网或者虚拟私有网络的网络联结通常会以数字证书进行加密以确保信息安全。商户接入主要包含两个方面。一方面是商户传递支付请求，即商户需要支付机构帮助完成的具体的支付交易细节，例如支付请求号、支付金额、支付方式等。另一方面是支付机构在执行完支付指令之后返回给商户的支付状态通知。如果商户有自己的支付应用，那么还需要支付机构提供相应的移动应用 SDK，以完成客户端移动应用 App 的集成。

图 6-7　接入的流程

6.1.6　开通

开通是指支付机构的业务管理人员按照合约的规定，为商户开放相应的支付服务的具体管道，这样商户就可以正式开始进行收单活动。这部分的活动涉及支付机构为商户开设账户、设置支付处理费率、确定正式可以进行支付的具体时间、设置结算周期等。开通对于业务管理来说非常重要，因为这是商户第一次体验支付机构所提供的服务，因此会给支付机构留下深刻的印象，甚至会影响到未来的合作。这部分的应用设计是所有支付机构必须具备的基本功能。针对不同的支付机构，KYC 的管理和控制过程可能会有差异，但在应用系统的总体框架上大同小异。图 6-8 展示了开通的主要流程。

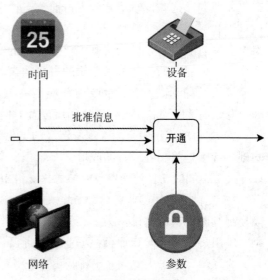

图 6-8　开通的流程

综上所述，支付前的业务活动涉及签约、申请、审核、批准、接入和开通六大环节，这些环节基本上构成了 KYC 的主体。支付机构要对这些活动有深刻的了解，有针对性地做好应用系统的设计来提高效率和完善管控。

6.2 支付前应用设计需要注意的 7 个问题

很多支付机构对支撑支付应用设计的重视不够，投入不足，特别是在技术架构设计和应用研发方面体现得尤为明显。这部分工作如果做不好，会给下游的业务管理带来麻烦。例如费率设置错误，会造成计费入账存在困难。要做好这部分的应用设计工作，必须要注意以下 7 个问题。

6.2.1 要深入理解 KYC 的过程

支付前应用是整个支付体系中不可分割的重要部分，要通过对整体架构的定义来加强指导和规范，确保信息流和控制流的合理顺畅。另外，在信息安全的管控上也要做好相关数据的保护。

KYC 的效率不高，会造成入网成本居高不下；KYC 不落地，会导致支付机构出现业务风险；KYC 数据不准确，会给后续的计费和出款造成麻烦；KYC 不谨慎，会造成数据泄露，给支付公司带来生存危机。所以做好 KYC 需要专人深入地理解整个过程，同时需要长期支持和优化 KYC 的流程与系统。

6.2.2 架构上要有全局性考虑

尽管本章把支付活动分成支付前、支付中和支付后三个阶段，但是整个支付过程中的信息流和资金流是前后呼应、相互关联的。在架构的设计过程中要有全局的视角，统筹考虑。支付前应用所管理的信息主要是客户的法人与店铺信息、商户与支付机构的契约，以及为了管理商户的支付请求所做的必要约束和控制。注意，业务管理信息是支付中和支付后业务活动的基础。在设计支付前应用系统时，要充分考虑在支付中和支付后的过程中，如何有效地关联和利用支付前应用所设置的信息。这些信息的关联性主要体现在以下方面。

1）支付前应用的合同管理所定义的支付处理费率，是支付中应用计费分账计算处理的基础。特别是关于处理费的收取，有金额、笔数、时间范围、梯级以及活动五种不同的收取方式。不同的支付处理费收取模式，支付中的计费与分账逻辑将完全不同。

2）支付前应用的业务管理所定义的支付限额、业务属性和地域范围，是支付中应用风险控制判断逻辑的基础。为了有效地控制支付中的伪造、盗用、冒用账户等欺诈行为，支付中应用过程的风险管理会根据业务管理所设定的商户属性来配置风控的参数，判断支付请求的真伪。例如从事自动饮料贩卖机业务的商户，不太可能有单笔交易 1 万日元的情况，也不太可能有连续购买 20 笔饮料的行为特征。

3）支付前应用的合同管理所约定的商户结算周期，是支付后应用发起结算和对外打款的时间。商户与支付机构协议商定的备付金结算周期，可以是 T+1，也可以是 T+N，N 可以是 30 天、60 天，甚至更长的时间范围。支付后应用的结算与打款管理是以此为基础的。

4）支付前应用的合同管理所协议的商户银行账户，是支付后应用中结算与打款管理中商户银行的信息。如果支付前应用的合同管理所录入的银行账户信息有错误，那么将会导致支付机构在结算后的出款过程中把商户的备付金打入错误的银行账户。

5）支付前应用的合同管理所提供的商户联系信息，是支付中应用客户服务联络商户的基础。支付机构的客户服务部门，有的时候需要利用商户的联系信息来发出邮件或者打电话，通知商户某些计划中应用的系统维护或者支付机构在某些运营环节上政策的改变。

6）支付前应用的业务管理所协商定义的 POS 机具信息，指支付中应用的支付处理部分，需要用 POS 机的数据进行认证和 POS 机软件更新等各种必要的活动，也包括在支付系统与 POS 机之间建立安全网络通道的过程。

6.2.3　需求分析要掌握需求的实质

支付前活动的分工比较细，操作者所提出的需求往往是在某个点上，或者仅仅是操作习惯，可以用自动化的手段来实现或者通过流程的调整来实现。不要一味地设计应用引入功能，这么做的结果只会造成系统庞大繁杂，最终失去控制。支付前系统主要是供支付机构内部使用的业务管理系统，有些步骤如果靠人为实现可以更有效或者成本更低，可以不通过技术手段去实现。

例如在双方签约之后，业务管理人员需要把支付服务的合同信息录入计算机系统，这个任务可以有两种办法来实现。第一种方法比较传统，纯粹依靠业务运营人员手工录入；第二种方法则是利用计算机视觉技术来自动扫描识别并录入合同信息。一般情况下，支付机构都会单独设置一个或者多个岗位来负责合同的录入与管理，即使通过研发人员的努力，实现了计算机视觉文档扫描识别的录入自动化，这个合同管理的岗位也不会裁撤。假如每天有 10 份合同需要录入，而每位合同管理人员每天可以轻松地录入 20 份合同，在这种情况下，选择投入研发并实现计算机系统自动化录入的意义就不是很急迫，因为即使实现了完全的自动化，这个工作岗位仍然还是需要安排至少一个人，不但无法提升效率，而且无法降低成本。另外，要实现扫描和识别的自动化，就需要采购相应的硬件和软件，反而进一步增加了成本。因此在这种情况下，更好的决策是从实际需求出发，综合分析各种业务发展需求的优先级，继续保持人工录入暂缓实现自动化，并把节省下来的产品技术资源投入到更加需要的地方去。

还有一个例子，在审核商户的申请信息的时候，运营人员提出了一个要求："我审查到这里，发现这个地方的这条信息不对，我要修改一下，请你保留历史版本，我将来还能回溯。"其实，如果你对审核业务有真实和深入的了解，就会发现这个需求是不成立的。因为按照审核的规定，对于所有商户录入的信息，审核人员只能读，不能改，如果要改动任何已经录入的申请信息，需要得到商户书面或电子方式同意。如此看来，所有涉及信息修改的部分都应该作为合同的修正部分，存在纸质文档或者电子文档中，不可能直接在上面修改。即使修改，历史记录留存也应该是和双方的合约修订有关。所以，这是一个不成立的虚假需求。

6.2.4　系统实现要注意复杂流程解耦

支付前的业务流程比较长，参与的角色比较多，数据的状态比较乱，涉及的形式也比较杂。因此要注意隔离和切割复杂的流程，最好是每个环节都可以相对独立，不同环节的相互调用采用异步或者数据级别关联。要避免出现一套系统完全线性紧密耦合的状态控制，避免出现"火烧战船"的情况。

从签约、申请、审核、批准、接入到开通，至少要经过六个角色，如果考虑双人相互校验，可能还要更多的步骤。每个步骤都会有状态的存在，比如第一步传到第二步的时候，要记住第一步是谁、什么时间、留下了什么样的评价、是否同意。如果这个案子在各个岗位或者角色中间流转起来，那么会不断增加新的状态，还会有不确定的路径变化，比如回到第一个角色那里。记过十几步，甚至几十步的流转之后，这个案件的状态会变得异常复杂。

如果系统存在各种约束，比如某一步必须要满足什么条件才能流转，那就会出现不停地篡改数据库记录修理状态的神奇现象。所以，这类流程系统的设计一定要做好解耦，避免陷入越改越乱的死循环。

6.2.5　设计中要定义好角色和权限

支付前的 KYC 过程，可以分成签约、申请、审核、批准、接入和开通六个子服务分别设计与实现，如图 6-9 所示。通过业务流程管理把这些子服务有机地关联起来，通过定义角色和权限把上下游之间的业务控制关系串联起来。特别要注意的是以下几个方面。

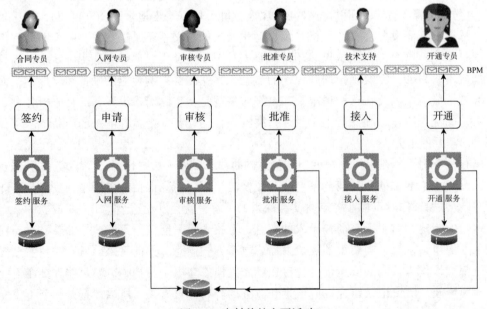

图 6-9　支付前的主要活动

- 角色：清楚地划分每个环节操作人员的角色。
- 权限：根据工作的需要为每个角色定义权限。
- 接口：从后向前定义调用接口的参数及格式。
- 分离：前端聚焦展现，后端聚焦逻辑和数据。
- 标志：预先分别定义好全程标志和局部标志。

　　另外，在支付前、支付中和支付后的应用设计过程中，还可以善用领域模型的概念和工具来辅助应用设计。特别是针对支付前这种角色多、关联多、耦合多的应用，通过领域模型可以有效地分析和归纳不同表现形式但是相同类型的主体，简化业务的复杂程度，减少不必要的关联。

6.2.6　业务流程管理

　　业务流程管理（Business Process Management，BPM）对支付前的 KYC 过程的实现非常有帮助，不但能够把孤立的业务处理服务连接起来，还能够实现流程的全面管理。特别是对 KYC 过程中每个处理动作的记录与审计有很大的作用，而且能够通过分析不同服务处理的时长发现业务处理过程中的瓶颈点，随后通过自动化提高效率或者增加人手来解决相关问题。

　　业务流程是一系列用来实现企业目标的活动，例如增加公司的利润。BPM 是一种通过改善业务流程组织，以确保业务相关的任务能够有效地完成，从而服务客户产生价值的结构化方法。BPM 采用各种方法来改善业务流程，包括统计和分析活动的情况、比较不同的流程配置、实施新的处理过程和持续监控改善流程等。

　　随着企业的发展，业务流程会越来越臃肿，越来越复杂。如果没有持续的流程管理和优化，效率会越来越低，最后影响到企业目标的达成。我曾经见过一家支付公司的合同审批流程经过几年的自然增长（称为污染更合适），出现了高达 60 多个审批节点或者步骤的神奇现象。如果不是亲眼所见，我绝对不会相信一家企业的合同审批能这么复杂。

　　审批节点不断增长和越来越复杂的原因是责任部门的变化和关联关系的增加。例如，刚开始建立这个合同审批的流程时需要经过的审批点是销售管理、业务管理、律师审查、技术支持、风险控制。后来因为反洗钱小组想了解合同的具体情况，增加了反洗钱审查；财务人员要了解对方的开户行和账户，增加了财务审查；人事要了解合同的价值以确定销售奖金的数额，增加了人力审查；内审要了解是否有关联性的内部交易，增加了内审审查；市场部想知道是否可以合作推广业务，增加了市场部审查。类似种种感兴趣的人不断出现，使得最后的流程图成了一团"乱麻"，如图 6-10 所示。合同审查周期从 1 周内，变成 43 天（顺

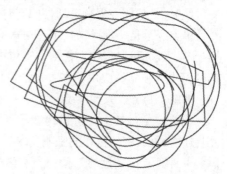

图 6-10　乱麻一样的流程

利的话），大大降低了商户入网的效率，直接影响到企业的盈利和客户的满意度。

现代的 BPM 软件一般都集成了人工智能核查机制，可以帮助管理者发现、度量、优化甚至自动化部分节点，这也是企业的传统作业方式向数字化时代演进，从而降低成本、提高效率的一项重要举措。另外，BPM 软件也可以在企业改变作业流程或者调整部分节点功能的时候，快速应对，避免复杂的应用变更和更复杂的数据迁移操作。

目前，市场上有很多成熟的 BPM 软件，也有不少开源的系统可以使用。无论哪种 BPM 系统，基本上都要做以下几件事，如图 6-11 所示。

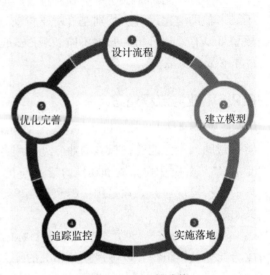

- 设计流程：分析现有的业务流程，予以标准化和自动化。
- 建立模型：研究如何重新设计现有的业务流程，使其更有效。
- 实施落地：具体实施落地标准化和自动化的业务流程。
- 追踪监控：追踪落地后的流程，观察和评估改善的情况。
- 优化完善：持续优化和改善落地的业务流程。

图 6-11　BPM 的功能

总之，BPM 是支付前入网和业务管理，也包括支付后对账、结算和出款这些活动组织与流程化的不二选择。掌握并做好 BPM 是做好业务流程管控的基础。

6.2.7　单点登录

单点登录（Single Sign On，SSO）对支付前的人员登录和角色管理也很有帮助。不同用户被赋予不同的权限，而不同的权限又被关联到不同的功能组。这样的管理方式可以确保支付前 KYC 应用在保持灵活性的同时保障安全性。

单点登录是一种登录技术，通常应用于企业的各种各样的应用系统，供内外用户使用。第 5 章已经分析过，在支付前、支付中和支付后三大步骤中共有 11 个子系统。每个子系统都可以作为独立的应用存在，每个应用都要有自己的登录功能，再加上办公需要使用的邮件、电脑、财务、人力系统，每个人有 10～20 个用户名和密码需要保存。

我曾经见过某个支付机构就是这样每天在不同的系统之间来回切换登录，烦不胜烦，而且还有 90 天密码更新的强制要求，更让人崩溃。因此，记忆应用系统登录的用户名和密码是一件具有挑战性的工作，当然你也可以把所有的用户名和密码都设置成相同的，但这存在一定的风险，尤其是对敏感的与 PCI 和 PII 相关的应用系统来说。

单点登录是解决这个问题的一种有效方法。所谓的单点登录是一种身份验证的方法，即让用户在一个系统（单点）登录一次（登录），利用系统之间的信任关系，获取所有其他相关系统的访问权限，而不必在不同的系统依次登录。这种方法通常是通过轻型目录访问协议（LDAP）来实现的，也就是在服务器上将用户信息存储到 LDAP 数据库中。

单点登录比较典型的做法是基于 CAS（Central Authentication Service，中央认证服务）实现。也就是说，有一个中央认证服务专门提供登录认证和授权服务，当用户从应用系统 A 登录的时候，系统会看他是否已经有了认证后的令牌（token）：如果有，就看下令牌然后放行；如果没有，就把他送到统一认证平台去做认证。提供了用户名和密码之后，CAS 还会发一个有时效的令牌给他。认证后的用户可以凭借存在浏览器里的令牌在不同的应用系统之间行走自如。这就是单点登录背后的实现机制，如图 6-12 所示。

很明显，单点登录给用户带来了福音，因为他们再也不用不停地登录各种系统，记录那么多枯燥的用户名和密码，不但能提高效率，还能让所有的子系统共享登录功能。实际上单点登录也在一定程度上提高了登录模块的安全性，避免不靠谱的登录功能。

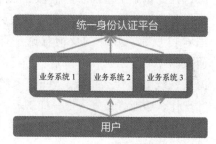

图 6-12　SSO 示意图

6.3　支付前系统设计案例

某公司业务大量增加，销售宣称将会有大量的商户入网，于是就提出了要尽快设计和开发一个管理入网的系统的需求。在系统没有完成开发之前，公司单独租下了办公室，并且聘请 70 多人作为应对入网的人力资源。

公司的入网部门使用了一款基于互联网的 BPM 系统，内部称之为海星系统。该系统本身是为 OA（Office Automation，办公自动化）准备的，可以处理办公事务流程，例如财会报销和员工申请资源等。起初在海星系统上处理生产流程没有什么问题，只不过还需要很多手工处理，比如发送数据给外部的合作伙伴。没多久，入网团队发现海星系统只能管理有限的目标文档和数据，也缺乏可以进行二次开发的 API 来对接其他的系统。

6.3.1　Venus 系统的提出

为了能快速应对入网系统的设计与开发需求，公司单独成立了项目组，包括 1 名架构师，4～6 名研发工程师和一名产品经理。项目内部命名为 Venus。入网项目组的人基本上都是非计算机专业的业务运营人员，可以忠实地执行既定的入网审核批准流程，但是，基本上没有太多的深入思考和提高效率的意识。当有大量的业务合作需求进来的时候，唯一的应对手段就是招人，招临时工来进行人工运营。

6.3.2 Venus 系统的弯路

Venus 项目组开始工作后，研发和产品人员走访了业务运营人员，希望能获得真实的业务需求。业务运营人员就把现在海星系统 BPM 上的具体实践过程告诉了产品经理。Venus 项目组的产品经理和架构师非常敬业，他们认真了解现有海星系统 BPM 的流程，准确地记录现有工作过程和各种案件的具体状态，然后架构师率领众码农开始干活。

这个项目基本是在微软的 .NET 平台上研发的，把用户在海星系统上的功能不打折扣地复制到了新系统。先实现了商户信息的录入，在此基础上增加了审核和批准部分，没出个把月就把系统交付给业务运营人员使用，如图 6-13 所示。用户的反馈意见一直是在拿新研发的 Venus 系统和海星系统进行对比，希望海星系统上有什么功能，Venus 系统上面就能实现什么功能，最好一模一样。

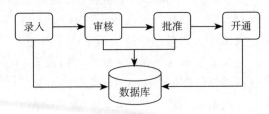

图 6-13 Venus 系统的同步架构案例

走到这一步，几乎可以宣布项目失败了。因为无论再怎么做，Venus 永远不会是海星。在这一阶段，研发失败的最关键点是产品需求并不是真正的入网业务需求，而是模拟海星。这就像走路，你走得再好，也永远学不会鸭子那样大摇大摆。项目的方向和逻辑错了，应该做的是根据目前的入网流程，提炼出业务需求，例如有几个过程？每个控制点想要控制什么风险？如何能控制这些风险？哪些是需要机器做的？哪些是需要人工协助完成的？哪些是需要人机配合完成的？这些东西没有思考和提炼，只是倾全力在模仿海星。

结果是系统上线后，成百上千个数据项在录入、审核和批准各个阶段都有各自不同的状态。最要命的是系统会检查这些状态，有一个不对，系统就不会往下走，结果就是需要数据库管理员（DBA）每天去人工修改数据项的状态，卡在哪里就修到哪里，百折不挠，永无休止！

6.3.3 Venus 系统的架构调整

经过一年多的研发，在入网产品效果不彰的情况下，公司决定介入该项目：花大量的时间了解现状，发现了数据状态和系统约束的矛盾，也发现了产品的真实需求无法得到提炼的问题。于是我们决定进行如下调查。

- 把系统按照签约、录入、审核、批准和开通五个阶段的功能彻底解耦，即签约、审核、批准和开通各自都是一个独立的服务。无论其他相关流程的服务有任何变化，每个部分的代码都相对独立。
- 引入消息队列，把不同服务之间的数据交换以异步方式实现。各个领域的服务独立存在，上下游之间的通信仅仅通过消息队列或者数据库表做必要的关联。这样可以有效地避免一个服务出问题而殃及池鱼的情况。

- 增强每个独立服务内部的聚合力，降低相互间的耦合度，从而使研发人员能相对聚焦自己的领域，需要同时关注的目标数量大幅度减少，进而降低 KYC 系统的整体复杂度，只有关联数据需要做必要的跨域或服务的交换。

- 根据产品需求的真实需要，而不是运营人员怎么说，独立思考和抽象出各个服务的内在逻辑与外在关联。大幅度减少一些不必要的虚假功能。从满足 KYC 业务真实需要出发，设计系统和功能，引导用户适应新系统。

改造后的架构如图 6-14 所示。

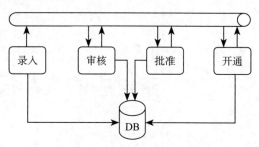

图 6-14　入网系统的异步架构改造案例

6.3.4　Venus 系统的效果

架构调整后的 Venus 系统，虽然与海星系统在使用方法和习惯上有差异，但是，新的系统在满足 KYC 这个大方向上更加贴近实际的业务需求。系统不再是一荣皆荣、一损俱损、火烧战船的情况。直接修改数据状态适应流程的事情也大幅减少，直到最后彻底消失。

另外，为了改善系统的易用性，我们适时提出了录入移动化、审核智能化和批准自动化的方针。事实证明，系统经受住了多次重大活动的验证，也开始提供给其他机构使用。目前该系统已经成为该支付机构一个稳定可靠且不可或缺的关键的业务支撑系统。

6.4　本章小结

本章聚焦支付前的应用设计，讨论了签约、申请、审核、批准、接入和开通六个环节的定义和作用，指出了在设计这些流程的过程中需要特别注意的各种问题并针对流程迁移过程中所涉及的角色、权限、接口、前后分离和数据状态标志等做了讨论，特别讨论了支撑业务流程管控的 BPM，以及涉及多系统鉴权与授权的单点登录这两种常用的技术框架，最后介绍了一个支付前系统设计案例，讨论了如何把濒临崩溃的问题系统转变为可靠有力的支撑平台。

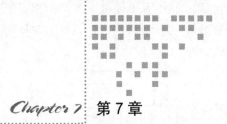

支付中的应用设计

支付中是整个支付过程中最为关键的环节，体现了支付系统的并发处理能力、安全水平和水平扩张能力，如图 7-1 所示。本章将通过实例来讨论支付中的应用是如何处理支付请求的。

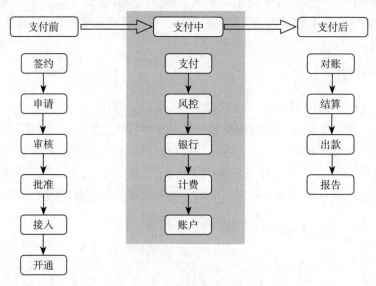

图 7-1　支付中的环节

7.1　支付中的业务活动

支付中的活动是指从收到商户传来的支付请求开始，到商户账户更新完毕为止的活动。其中包括接收支付请求、存储支付请求、执行支付指令、获得支付结果、返回商户结果、计算各种费用、追加账户记录和更新账户余额八个环节，如图 7-2 所示。支付中是支付技术体系中最核心、最重要的部分，也是支付技术架构与应用设计中考虑最多、最容易出问题的部分。

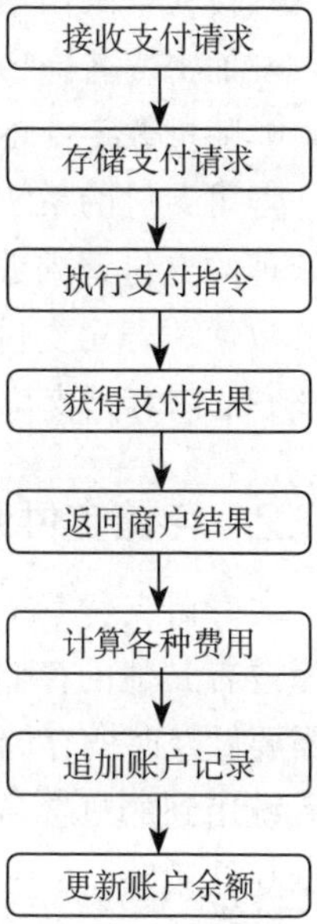

为了让读者能够更容易地理解和掌握支付中的八个环节，本章将以现实生活中的实际支付案例为基础，来描述每个环节的具体活动。为了描述方便，也为了避免误伤案例中的支付机构与其他金融机构，本章将把案例中的支付机构虚拟为寿司支付（SushiPay），把案例中的电子钱包虚拟为刺身钱包（eSashimi），把案例中的商户虚拟为海老居酒屋（Shrimp Bar）。它们的角色分别分析如下。

接收支付请求
↓
存储支付请求
↓
执行支付指令
↓
获得支付结果
↓
返回商户结果
↓
计算各种费用
↓
追加账户记录
↓
更新账户余额

图 7-2　支付中的八个环节

- 寿司支付：一家聚合支付公司，也就是本章用作案例的支付机构。
- 刺身钱包：一家电子钱包公司，为消费者提供电子支付钱包 App。
- 海老居酒屋：一家专门提供各种海鲜刺身的居酒屋。
- 从来没醉：一位喜欢每天去居酒屋的年轻人，他每天坚持使用刺身钱包来支付。

下面将分别描述支付中涉及的八个环节。

7.1.1　接收支付请求

商户（海老居酒屋）按照支付机构（寿司支付）提供的 API 协议，把需要支付的数据形成一个支付请求，然后通过寿司支付的 API 网关提交给支付系统。在本章的案例中，海老居酒屋的老板娘阿菊使用专用的 QR 码 POS 机扫客人（从来没醉）的刺身钱包来完成最后的结账，支付请求通过 POS 机生成并发送。以下是在寿司支付的系统上所看到的支付请求的详情。

```
{"DeviceId":"Shrimp-0000011-0002","TradeNo":"P20220622171944","Detail":"","
    TradeType":"","OrderAmount":2415,"AuthCode":"900081818891354623236503",
    "Sign":"0B34E8ADD45EF693FAF4F5ADFE709CEF","Nonce":"9ea0a95f4b5647de971353697
        998830e"}
```

现在，我们来看看寿司支付接收到的支付请求。
- 设备 ID："DeviceId":"Shrimp-0000011-0002"。
- 订单 ID："TradeNo":"P20220622171944"。
- 订单描述："Detail":""。
- 订单类型："TradeType":""。

- 订单金额："OrderAmount":2415。
- 授权号码："AuthCode":"900081818891352323236503"。
- 加密签名："Sign":"0B34E8ADD45EF693FAF4F5ADFE709CEF"。
- 随机数字："Nonce":"9ea0a95f4b5647de971353697998830e"。

寿司支付的系统会接收这个支付请求，然后针对这个支付请求做加密的验签，以确保所处理的支付请求数据是真正来自签约商户海老居酒屋。这个过程的主要目的是保证数据的一致性。寿司支付也会检查随机数字，以防止海老居酒屋重复发送支付请求。本环节真正核心的内容是支付请求中的授权号码，也就是从来没醉同意从账户上扣款的指示。

7.1.2 存储支付请求

在寿司支付系统接收了海老居酒屋的支付请求之后，需要把涉及的支付请求保存到数据库或者其他的存储设备，以备后续处理和查询。后续的支付指令和支付通知等重要信息也需要做及时的存储。通常支付公司会长期保存这种数据，因为越靠近现在时间点的数据，被系统用到的机会越大，其价值也相对较高，这就是数据的近因性。本书建议采用分级的数据存储策略，0～6个月的短期数据存储在当前的生产数据库中，7～24个月的数据存储在归档数据库中，2年以上的数据经过压缩后离线存储，如图7-3所示。

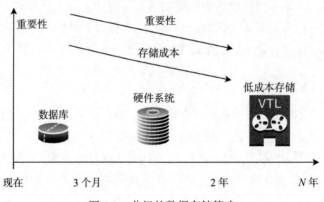

图7-3 分级的数据存储策略

7.1.3 执行支付指令

寿司支付的系统根据支付请求，遵循支付请求中指定的金融机构的API协议要求和格式，向刺身电子钱包公司发出了一条支付指令：

```
{"amount":2415,"code":"900081818891352323236503","created_at":"2022-06-
    22T17:19:45+09:00","merchant_id":"375933677718073216","merchant_order_id":
    "00YV097G0003P20220622171944","pos_id":"3","products":[{"price":2415,"produ
    ct_id":"1","product_name":"9000001255X00000084","quantity":1}],"store_
    id":"9000001255X00000084"}
```

寿司支付发给刺身钱包的支付指令解析如下。

- 扣款金额："amount":2415。
- 授权号码："code":"900081818891352323236503"。
- 发出时间："created_at":"2022-06-22T17:19:45+09:00"。
- 商户 ID ："merchant_id":"37593367718073216"。
- 商户订单："merchant_order_id":"00YV097G0003P20220622171944"。
- 设备 ID ："pos_id":"3"。
- 商品描述：

```
products":
{
    price:2415
    product_id:1
    product_name:"9000001255X00000084"
    quantity":1
}
```

- 店铺 ID ："store_id":"9000001255X00000084"。

7.1.4　获得支付结果

刺身钱包在执行了支付机构提交的支付指令之后，返回指令执行的结果确认信息，该结果可以作为支付成功或者失败的凭证。以下为寿司支付系统收到的刺身钱包在执行了前面的支付指令之后返回的结果状态信息。

{"result_code":"01600000","message":"SUCCESS","acquiring_order_id":
    "03923370032750878723","amount":2415,"paid_at":"2022-06-22T17:19:45+09:00"}

刺身钱包返回给寿司支付的信息解析如下：

- 结果代码："result_code":"01600000"。
- 结果消息："message":"SUCCESS"。
- 指令 ID ："acquiring_order_id":"03923370032750878723"。
- 指令金额："amount":2415。
- 发生时间："paid_at":"2022-06-22T17:19:45+09:00"。

7.1.5　返回商户结果

在支付系统获得了支付指令执行的结果之后，支付公司需要进一步接力，把获得的支付指令执行结果，按照支付机构与商户之间约定的协议格式和顺序返回给商户，以便让商户了解支付请求是否已经顺利完成。以下案例是寿司支付公司根据从刺身钱包所获得的支付指令执行结果，按照寿司支付与海老居酒屋事先约定的返回信息格式要求，把支付请求的执行结果返回给海老居酒屋，以便于海老居酒屋的老板娘阿菊知道支付是否成功。

```
{"Result":"SUCCESS","ResultDesc":"Payment completed","TradeType":"Sashimi-Pay","
    OutTradeNo":"00YV097G0003P20220622171944","TradeNo":"P20220622171944",
    "TradeTime":"20220622171945","BankType":"eWallet","OrderAmount":2415,"Curren-
        cy":"JPY",
    "Sign":"92798E51D282770B30FFC66F281159C3","Nonce":"WVcTSHKQBx7lACTu"}
```

寿司支付返回给海老居酒屋的信息解析如下。

- 返回结果："Result":"SUCCESS"。
- 返回信息："ResultDesc":"Payment completed"。
- 支付类型："TradeType":"Sashimi-Pay"。
- 外送订单："OutTradeNo":"00YV097G0003P20220622171944"。
- 订单号码：","TradeNo":"P20220622171944"。
- 支付时间："TradeTime":"20220622171945"。
- 机构类型："BankType":"eWallet"。
- 支付金额："OrderAmount":2415。
- 货币种类："Currency":"JPY"。
- 电子签名："Sign":"92798E51D282770B30FFC66F281159C3"。
- 随机数字："Nonce":"WVcTSHKQBx7lACTu"。

到这个时候，海老居酒屋的老板娘阿菊就已经在自己的扫码 POS 机上看到了支付成功的消息。与此同时，消费者从来没醉也在自己的苹果手机上收到支付成功的通知。

7.1.6 计算各种费用

支付是一种有偿服务，一般会有多种不同的计费方式。常见的计费方式有以下六种。

- 按支付金额计费：按照一定的比例从每笔交易金额中扣除支付处理费。
- 按支付笔数计费：按照每笔交易固定处理费的方式计算并扣除支付处理费。
- 按金额梯级计费：根据发生的交易金额的范围，按照不同的比例收费。举例如下：
    - 0 ～ 100 万元，按 2.0% 收支付处理费。
    - 100 万元～ 1000 万元，按 1.6% 收支付处理费。
    - 1000 万元～ 9999 万元，按 1.2% 收支付处理费。
- 按笔数梯级计费：与按金额梯级计费的逻辑一样，只不过计费依据是笔数。
- 按时间范围收费：这种收费方式比较特殊，例如，包月或者包年。也就是说，一个月无论发生多少笔交易或者多大金额的交易，只收取一个固定的费用。
- 按特定活动收费：这种收费方式比较罕见。支付机构支撑某个特定活动，例如，奥运会、马拉松或者某个啤酒节等，直接收取固定的活动服务费用。

表 7-1 描述了常见的六种支付处理费计费方式。

表 7-1 常见的支付处理费计费方式

计费方式	描 述	举 例
按支付金额	按照每笔交易的支付金额收取一定比例的处理费	3.25%
按支付笔数	按照每笔固定的费率收取交易处理费	1 元 / 笔
按金额梯级	按照累计支付金额的范围收取相应比例的处理费	100 万元以下 3.25% 100 万元以上 2.50%
按笔数梯级	按照累计支付笔数的范围收取相应比例的处理费	1 万笔以下 1 元 / 笔 1 万笔以上 0.8 元 / 笔
按时间范围	按照一定的时间范围收费，不考虑笔数和金额	每月 1 万元 每年 10 万元
按特定活动	对某个特定活动收取固定的支付服务费用	每个活动 100 万元

在收取支付处理费时通常会涉及两种不同的扣除方法。

- 内扣：在商户的备付金内，直接扣除交易处理费和出款费用。
- 外扣：保持商户的备付金，额外收取交易处理费和出款费用。

支付机构和商户一般会在签约时约定支付处理费的扣除方式。支付机构除了要计算商户应付的支付处理费之外，还经常要计算支付机构需要支付给代理商和下游金融机构或者银行卡组织的费用。这部分的计费方式与前面表 7-1 中给出的方式相近，此处不再赘述。图 7-4 描述了支付请求的计费逻辑框架。

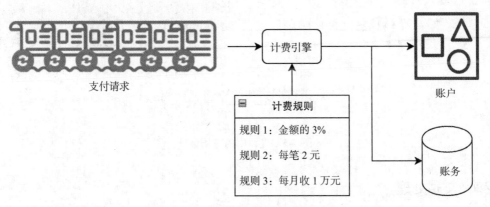

图 7-4 支付请求的计费逻辑框架

7.1.7 追加账务记录

在计费之后、更新账户之前，把计算的结果作为入账的凭证记录到支付机构的账务数据表里，并做好电子签章，避免后续有人篡改。简单地说，账务的记录是账户更新的基础信息，也是未来审计的根据。账务系统在平时极少使用，但在需要调查账户差异或者进行审计的时候就会派上用场。

7.1.8 更新账户余额

有了账务作为财务凭证之后，就可以更新相关的账户余额，如增加或者减少余额。账户余额可以实时地反映出支付机构的商户、代理商、下游的金融机构和支付机构本身在某个时间点的账户余额。只有具备了完善的账户系统，才有可能为商户、代理商、金融机构提供及时和准确的结算服务。另外，如果支付机构的账户账务系统是按照会计准则和最佳实践做出的设计，那么在对接支付机构或者其他利益相关方的财务系统时，就会如行云流水般顺畅。

7.2 支付中的应用设计

在掌握了支付中的业务流程之后，我们就可以提炼出支付中的应用的需求本质，然后做出相应的应用设计。支付中的应用设计主要有支付处理、风控服务、计费服务、账户服务和银行接入五个方向，这也是支付中应用的五个子系统，如图 7-5 所示。

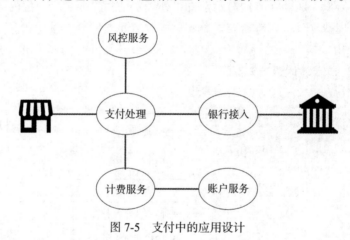

图 7-5　支付中的应用设计

7.2.1 支付处理

支付处理包括 7.1 节讨论过的处理支付请求、存储支付请求、执行支付指令、获得支付结果和返回商户通知五个环节。这部分是整个支付中的核心，也是特别复杂的部分，其应用设计的好坏将直接关系到整个支付系统的成败。支付处理的复杂性表现在几个方面。

1. 要处理好两套交互

第一套是商户与支付系统之间的交互。商户与支付系统之间存在着以支付系统为核心的一套支付请求处理逻辑，包括请求、操作、结果和通知。这套语言反映在支付系统自己定义的 API 里面。

第二套是支付系统与银行之间的交互。支付系统与银行之间存在着以银行或者金融系统为核心的一套支付指令处理逻辑，一般通过专线和加密机完成，包括指令、操作、结果和通知。这套语言反映在银行或者金融系统所定义的接口文档里面。

　　支付系统既要清楚地处理好与商户一侧的交互逻辑，也要处理好与银行或者金融机构之间的交互逻辑，而且要在两者之间做好翻译工作。也就是说，把商户的请求变成银行听得懂的指令，把各种不同银行和金融机构的千差万别的接口和处理逻辑翻译成商户听得懂的简单语言，如图7-6所示。

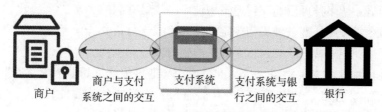

图 7-6　支付系统要处理两套不同的交互

2. 支付请求的状态

　　支付请求涉及从接收到完成，以及退款或撤销等其他后续操作，支付系统需要掌握支付请求操作状态的迁移情况，以便妥善处理，保证能忠实、准确地执行商户的支付请求，还需要认真地考虑幂等性。所谓的幂等是指在计算机编程的过程中，对一个操作执行任意多次所产生的影响，均与执行一次的影响相同。对于支付请求的处理来说，支付机构必须要确保支付通知的幂等性，也就是说，同样的支付请求，无论客户发过来多少次，应用都只执行一次。

3. 支付指令的状态

　　根据不同的支付业务模式，不同的金融机构会有不同的支付指令，诸如认证、扣款、冻结、退款、转款、解冻、查询。这些状态都是可以用来完成前面支付请求的独立操作。有时候这些操作之间有关联，后续的操作必须要考虑前序操作的情况。此时可以考虑采用事件驱动或者有限状态机来管理支付指令的各种状态迁移。状态机（Finite-State Machine）的全称是有限状态自动机，它是一个数学模型，可以清楚地表示出状态转换或者迁移的情况。对于一个状态机而言，给定当前的状态以及参数输入，可以明确地计算出其输出状态。

　　图7-7展示了支付系统处理支付请求服务的应用基本框架。简单解释如下。

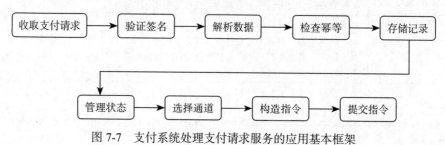

图 7-7　支付系统处理支付请求服务的应用基本框架

- 收取支付请求：从网关获得商户一侧发过来的支付请求信息。
- 验证签名：检验支付请求的电子签名，确保请求的真实性。
- 解析数据：从支付请求解析出每个具体的支付数据元素。
- 检查幂等：检查请求是否反复发送，如果是，无论发送几个，只留第一个。
- 存储记录：保存支付请求和支付指令为后续处理做准备。
- 管理状态：创建、检查或者更新请求在状态机上的状态。
- 选择通道：从多种可用的支付通道中选择一个最有利的。
- 构造指令：按照外部金融机构规定的格式形成支付指令。
- 提交指令：把准备好的支付指令发送给银行或金融机构。

在向金融机构发出支付指令之后，支付系统会通过安全通道收到金融机构执行支付指令之后发出的结果通知。支付系统经过存储通知、验证签名、解析数据、转换指令之后，会更新该支付请求及其状态，然后通知商户该支付请求已经完成，如图 7-8 所示。

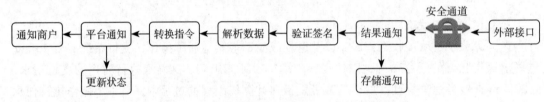

图 7-8　支付系统获得金融机构通知并转发给商户

7.2.2　风控服务

支付机构的风险范围非常大，包括交易风险、信息安全风险、资金风险、汇率风险、技术风险、品牌风险、监管风险、操作风险和信用风险。本节聚焦在支付中涉及的交易风险。交易风险主要是指在支付过程中可能发生的各种欺诈所带来的风险，例如恶意伪造或利用被窃取的信用卡信息、账户证书信息等。表 7-2 列举了支付相关的各种欺诈风险[⊖]。

表 7-2　支付相关的各种欺诈风险

序号	欺诈类型	描　　述
1	失窃卡欺诈	冒用或盗用持卡人的银行卡进行欺骗交易，盗取账户内资金，包括丢失卡与被盗卡两种情形
2	未达卡欺诈	截取发行、交付过程中的银行卡进行的欺诈交易
3	虚假申请欺诈	使用虚假身份或冒用他人身份获取银行卡（或开立账户）进行的欺诈交易
4	伪卡欺诈	非法使用银行卡磁条信息伪造真实有效的银行卡，或通过改造丢失卡、被盗卡、未达卡、过期卡的表明凸印（含全息防伪标识）信息或重新写磁后进行的欺诈交易。伪卡欺诈包括伪造卡、变造卡、白卡欺诈

⊖　https://cn.unionpay.com/upowhtml/cn/templates/material/a5817a4b821640e5a850c5b9da5687c7/1608729295304.pdf

（续）

序号	欺诈类型	描　述
5	账户盗用	假冒真实持卡人身份或盗用银行卡账户信息后进行的欺诈交易。账户盗用方式包括通过变更持卡人地址、要求换发卡等方式盗用银行卡，假冒真实持卡人身份申请开通手机闪付、二维码支付等，盗用支付应用信息后接管应用服务方账户等
6	非面对面欺诈	窃取或骗取卡片主账号、PIN、有效期、支付短信验证码及其他关键身份验证信息后，通过邮购、电购、互联网、手机等非面对面渠道发起的欺诈交易
7	营销欺诈	借助机构推出的优惠活动进行恶意资源套取和倒卖，以达到获利目的，并导致实际优惠无法触达营销目标用户的欺诈交易

风控服务是根据各种预定的风险规则来发现有风险的支付请求，然后终止、暂停、限制、关注相关的支付活动，或者把具有潜在风险的支付请求发送给风险运营人员进行人工干预的应用系统。图 7-9 展示了风控服务的基本流程。

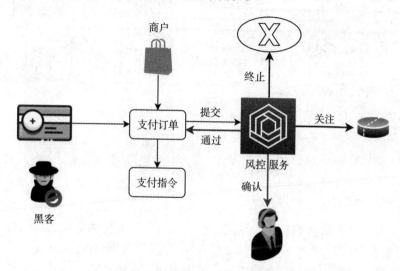

图 7-9　风控服务的基本流程

风控服务的应用设计有下述几个特点。

1. 判断

风控服务需要判断的是某个支付请求是否存在风险，此时支付应用的主流程会停下来等待风控的判断结果。判断的结果有以下几种。

- 通过：没有风险，例如在白名单上。
- 停止：发现风险，例如在黑名单上。
- 关注：不确定风险，但是需要予以关注。
- 人工：无法判断，需要人工介入。

因此，如果风控服务耗费太多的时间，就会造成超时。一般情况下，支付相关的风险服务要在 20 ～ 30 ms 给出判断结果。如果超时，将以通过作为判断的结果。

2. 名单

为了能以最快的速度、最短的路径取得对风险的判断结果，在比对各种不同风险、判断黑名单和白名单的时候，要首先比较白名单。一旦发现符合白名单的条件，即可终止检查。如果在与白名单对比的时候没有结论，那就要进入黑名单的检测。如果发现相关的支付请求在黑名单上，可以做出停止、关注或转人工处理的决定。如果在某个白名单上没有发现，则需要继续对比其他的白名单。如图 7-10 所示。

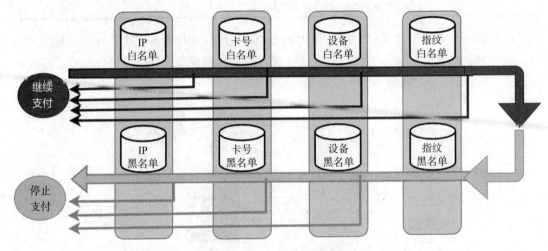

图 7-10　风控服务的基本逻辑

3. 金额

除了比对黑名单和白名单以外，风控服务还可以根据支付请求上的其他特征来进行比对。例如检测交易金额，如果非常小的交易金额反复出现，则有理由怀疑有人在做某些试探，寻找交易系统的漏洞。对于这种情况，可以做出关注的决定。另外，如果反复出现固定金额的支付，例如每次的交易金额都紧靠支付限额，如反复发生 4999 元的交易，那么有理由怀疑交易存在风险。

4. 时间

如果支付请求的发生时间是在非正常的交易时段，而且交易金额异常高，那么很有可能是持有盗卡或者伪卡的人在进行交易。这个时候，可能需要暂时把这笔支付挂起，然后转发给风险运营人员，通过电话或者其他方式来确定支付的真实性。

7.2.3　计费服务

根据商户与支付机构约定的计费规则，在支付请求的基础上计算出各利益相关方应该获得的利益，其中包括商户售卖商品或者服务后的应收账款、支付机构的支付服务处理费、代理商的代理费以及归属银行卡组织或者金融机构的其他费用。

图 7-11 给出了计费服务的基本框架。这里有几点需要注意。

1. 规则库

存储计费规则的数据库。计费规则已经在表 7-1 中做了详细的描述，这里不再赘述。

2. 账务

计费服务是指依据计费规则来对每笔支付请求进行处理，得到商户的备付金和各利益相关方应该获得的利益，并将这些计算结果作为账务计入账务库。

3. 账户

账户是按照会计准则设定的用来存储利益相关方资金的数据库。计入账务库的记录，也就是账务，会被作为记账的凭证，更新相关账户的余额。

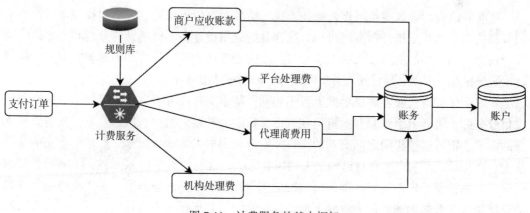

图 7-11　计费服务的基本框架

从图 7-11 可以看到，在计费完成之后，计算出的各项结果会分门别类地计入与不同主体相对应的账户，以及用来记载过程的账务里。

7.2.4　账户服务

账户服务是指按照会计准则设定的账户和账务系统，如图 7-12 所示。正如上文描述过的，账户系统用于存储利益相关方的资金余额，账务系统用于存储更新账户的各种财务凭证。为了确保账户更新的效率，减少账户系统的锁表机会，通常会在账户账务系统的应用设计过程中引入异步批量处理账务来更新账户的机制。

根据计费服务计算出的结果，形成商户、支付机构、代理商和金融机构的账务记录，然后异步批量处理这些账务记录，不断地更新商户、支付机构、代理商和金融机构的账户系统。

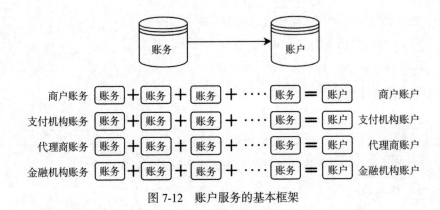

图 7-12　账户服务的基本框架

7.2.5　银行接入

　　更准确地说，应该叫银行接入服务。接入服务主要用于快速、灵活和高效地对接各个利益相关方，尤其是银行和金融机构。这部分的应用设计需要以透彻的分析和高度的归纳作为前提。因为外部机构接入的系统接口，在实现方法、参数传递和加密解密等方面有各种不同的标准，所以必须要深入分析和提炼，归纳总结出共性。

　　实际上尽管格式或者展现形式上各不相同，从事支付或者可以执行支付指令的不同的支付服务商、银行卡组织和金融机构在调用参数上会有很多共性。所以要基于支付机构本身的需求，把与这些机构之间交互的接口或服务调用的参数抽象出来，形成标准化的参数集合。换句话说，制订平台自己的语言逻辑和语法，这就是图 7-13 展示的参数转换框架的逻辑。如果抽象工作做得好，那么后续的应用设计就能以不变应万变，实现支付系统参数与外部接入参数的隔离，最大程度上保持支付系统核心操作的不变性。也可以通过参数的配置与转换，大幅度减少接入工作的复杂性和重复性，提高接入效率。有以下几个方面的问题要思考。

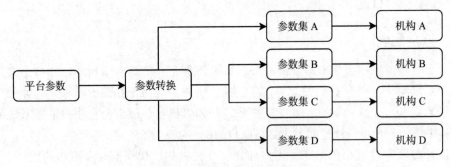

图 7-13　参数转换框架的逻辑

1. 处理时效的管理

金融机构在处理支付指令的时候，大部分是同步接收请求，异步进行处理，所有支付相关的资金操作都有各自不同的超时限制（Time-Out）。因此，支付机构在发出支付指令之后，要在线等待金融机构返回的支付指令执行状态。如果超过了预定的处理时效，会出现一些复杂的情况，例如，支付机构向银行发出扣款指令，银行收到指令并完成了自己一侧的扣款动作，即资金已经完成转移，但因为银行与支付机构之间的网络传输问题，支付机构无法收到扣款完成的消息，一直处于等待状态，直到超过了预定的超时限制，这就出现了所谓的掉单现象。所以，发出支付指令之后应该等多久，这不是一个技术问题，而是一个经验问题。

2. 数据的信息安全

接入服务的另外一个重大挑战是数据的信息安全。首先是支付指令传输的安全问题，从支付机构给金融机构传递支付指令，需要通过加密的通信管道。专线最安全，当然成本也最高，而且实施和维护起来最麻烦；VPN 相对好些，但也会涉及硬件设备的引入与维护；还有一种比较少见的方法是通过公共网络进行加密传输。

其次是关于支付指令的数据一致性问题，也就是如何防止原始的支付指令被人篡改的情况。例如，银行卡支付一般通过公共网络传输，为防止报文被篡改，通常会采用通用或国密等加密算法来加密报文，然后传给支付机构。

实际上接入服务是双向的，既能处理从外部机构到支付机构的服务接入，也能处理从支付机构到外部机构的指令发送。图 7-14 展示了支付机构发出支付指令的框架。

图 7-14　支付机构发出支付指令的框架

从图 7-14 可以看出，对外发出支付指令需要经过以下环节。

- 转换指令：把支付指令转换成各个金融机构的特定支付指令。
- 签名加密：为了保证数据的一致性，为形成的支付指令添加电子签名。
- 发出指令：支付机构通过安全通道向金融机构发出支付指令。

7.3　支付系统常用的研发方法

工欲善其事，必先利其器。支付系统的研发要做得好，必须注意掌握方法。除了前面提到的参考架构设计方法之外，这里再介绍两种方法——状态机和领域驱动设计。

7.3.1　有限状态机

状态是指事物在时间和空间中的状况和形态。现实世界中的事物都有着不同的状态。例如一个人有生、老、病、死四种状态，月亮有满、半满和全亏等多种状态，扑克牌有 52 种状态，灯有开、关两种状态。状态机是把现实世界的事物的运行规则抽象出来形成的一个数学模型，如图 7-15 所示。有了状态机，你可以模拟事物的运行，可以根据参数的变化预测即将出现的结果。

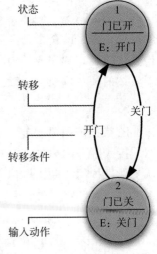

本节主要介绍有限状态自动机（Finite State Machine，FSM，下文简称状态机），用来表示有限个状态以及在这些状态之间的转移、动作等。状态存储关于过去的信息，它反映从系统开始到当前时刻的输入变化。转移指示状态变更，并且必须用满足确定会让转移发生的条件来描述它。动作是对给定时刻要进行活动的描述。状态机涉及多个概念，分析如下。

- 现态：当前所处的状态。
- 条件：又称为事件。条件被满足，将会触发一个动作或执行一次状态的迁移。
- 动作：条件满足后执行的动作。动作执行完毕后，可以迁移到新的状态，也可以仍旧保持原状态。动作不是必需的，当条件满足后，也可以不执行任何动作，直接迁移到新状态。

图 7-15　状态机图示

- 次态：条件满足后要迁往的新状态。次态是相对现态而言的，次态一旦被激活，就转变成新的现态了。

我们可以用状态表来表示整个过程，如表 7-3 所示。

表 7-3　自动探测门的状态迁移表

现在的状态		门已开	门已关
现在的状态	门已开	触发条件：无 执行动作：无	触发条件：摄像头发现 5 秒内无人 执行动作：关门
现在的状态	门已关	触发条件：摄像头发现有人 执行动作：开门	触发条件：无 执行动作：无

状态机可以对支付的过程建模，用来描述一个支付请求在整个生命周期内所经历的状态序列，以及如何响应来自环境的各种事件。

7.3.2　领域驱动设计

领域驱动设计[⊖]（Doman-Driven Design，DDD）是一种软件架构研发方法，围绕着领域模型研发代码，领域模型包含了该领域经过高度抽象和概括的过程和规则。这种研发方法特别适合那些拥有大量复杂逻辑的领域。支付就属于这样的领域，既有商户与支付机构之间交互的各种状态，又有支付机构与银行或者金融机构之间的多种状态需要追踪。所以领域驱动设计特别适合支付核心系统应用的研发。

⊖ https://martmfowler.com/bliki/DomanDrivenDesign.html。

领域驱动设计的三大支柱包括场景分解、通用语言和场景地图，具体分析如下。

1. 场景分解

领域驱动的策略设定主要是为了限定领域的场景边界，如图7-16所示。因为当你面对一个范围很大且关系复杂的领域的时候，往往会不知所措，困难重重。但是，如果沿着活动场景的边界，从大领域的定义中细分出多个细小的，更加明确、简单的子领域，那么在理解、梳理和掌握这些细小且简单的子领域时会相对容易一些。所以定义活动场景边界的各种约束将有助于厘清领域内、外部的逻辑关系。

2. 通用语言

为了研发复杂领域的软件，需要在软件研发人员与用户之间定义通用语言，将各个业务领域的术语纳入要开发的软件系统。定义每个领域的通用语言，可以让团队更加深入地理解和掌握该领域的内在逻辑。例如，当研发人员和业务人员讨论业务模型的时候，双方更多是从自身的角度看问题、表达意见，如果用专用语言，往往不明就里，雾里看花。通过定义通用语言，把业务人员和技术人员相互之间要讨论和交互的焦点用共同的名词和术语梳理出来，可以帮助双方更好地了解对方的需求，解决问题。如图7-17所示。

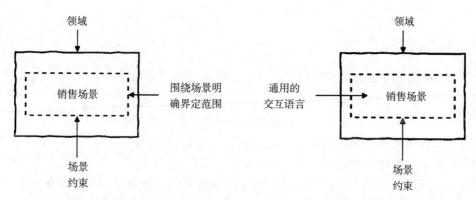

图 7-16 领域驱动设计的策略设定　　　　图 7-17 领域驱动设计的通用语言

3. 场景地图

确定领域驱动设计的场景地图（如图7-18所示）有助于理解整个项目，能够显示不同场景之间的关系，让研发团队总揽全局。了解场景之间的关系非常重要，只有这样做才能正确建模。也就是说，在完成了每个场景边界和通用语言的定义之后，就要从总体出发，确保定义每个场景，并了解和掌握场景之间的相互关系。

另外，领域驱动设计强调在软件中执行，并在软件研发的生命周期中对其不断进行优化和改进，因此领域驱动设计也是极限编程方法的自然组成部分。领域驱动设计引入了将对象分类为实体、值对象和服务对象的概念，这些为软件的成功研发提供了非常有价值的思路和工具。

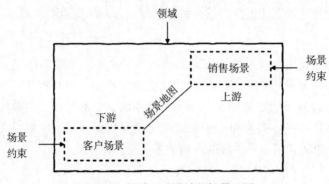

图 7-18　领域驱动设计的场景地图

　　支付系统的研发涉及商户、用户、银行和支付机构等多个领域，这就需要支付系统的架构师在总揽全局的基础上，能够与一线的业务人员密切配合，深入而且清晰地了解与掌握各个不同的领域，并针对不同的领域分别抽象和建立不同的业务模型。在目标明确、关系清楚的基础上，围绕着抽象出的业务模型进行设计并形成各种服务，这样设计出的支付应用系统才能更好地适应目前流行的微服务架构，拥有更好的业务适应性。

7.4　本章小结

　　本章聚焦支付中过程的应用设计，以一个模拟的支付应用场景为例，介绍包括接收支付请求、存储支付请求、执行支付指令、获得支付结果、返回商户结果、计算各种费用、追加账户记录和更新账户余额八个环节的具体处理步骤。在此基础上，从应用设计的角度出发，本章分别对接入服务、计费服务、账户服务和风控服务进行了讨论，给出了各个服务的设计框架。支付机构是商户和银行或者金融机构之间的桥梁，负责对商户与支付机构、支付机构与银行之间两个不同圈子进行指令交互和转化，涉及两套不同体系的状态管控。最后，本章特别介绍了状态机和领域驱动设计两种方法在支付应用开发中的潜在应用。

支付后的应用设计

支付后是根据支付中的处理结果，按照与商户的事先约定进行对账、结算、出款和报告的过程，如图 8-1 所示。结算是支付后最重要的环节。

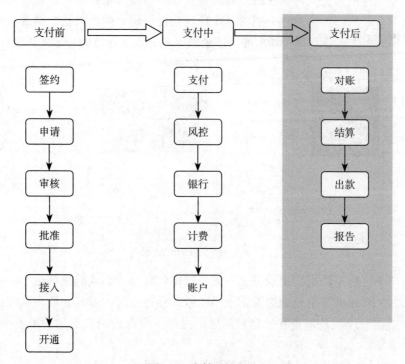

图 8-1　支付后的环节

8.1 支付后的业务活动

支付后的活动从支付对账开始，到完成向商户出款为止。这部分的活动主要聚焦在对账、结算、出款和报告四个方面，如图 8-2 所示。这些活动在支付的技术体系方面体现为支付机构本身的业务运营支持系统（BOSS）和商户业务运营支持系统（MBOSS）。本章将详细讨论这五个环节。

图 8-2　支付后的主要活动

8.1.1　对账

商户在支付系统上完成支付后，支付系统会保留支付请求的详细记录。这些支付请求到了金融机构一侧之后，银行或者金融机构也会产生支付的信息明细。对账就是在支付请求处理完毕后，参与支付活动的各方进行信息比对的过程。

首先，商户会发起商户一侧的对账，就是商户把自己记录的发给支付机构的信息明细与支付机构所记载和提供的支付处理记录进行比对。其次，由支付机构发起支付机构一侧的对账，就是支付机构把支付系统所记载的支付处理明细与来自银行或者金融机构的支付明细进行比对。最后，无论商户一侧的对账还是支付机构一侧的对账，都是要确保两侧对支付请求处理的案件数量和每个请求的具体金额保持一致，为后续的结算和出款奠定基础，如图 8-3 所示。

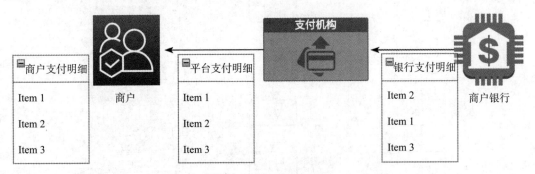

图 8-3　三方对账的过程

对账的结果可能是两边的记录完全一致，这样就可以放心地继续进行下一步，也就是结算环节。如果对账的结果是两边的记录不一致，存在一定的差异，那么就要进行所谓的差错处理。差错处理就是调查和处理在对账的过程中发现的两方支付明细不一致的过程。差错有几种情况。

- 单边账：两方对账后，发现一方的交易笔数比另外一方的要少。例如，在支付机构上存在 1000 笔交易，而银行或者金融机构返回的对账明细中却只有 999 笔，这种现象就是单边账。出现单边账的原因有很多，其中最常见的是掉单，也就是支付机构发给银行或者金融机构的支付指令，因为银行或者金融机构的网络或者系统资源的问题，没有及时收到或者收到后没有及时处理。解决单边账的方法就是向少了支付处理记录的那一方发出查询指令，看是否有滞后的记录存在。

- 金额差错：两边所记录的支付请求虽然在支付笔数上一样，但是在支付的总金额上出现了差异。这种情况需要双方一起联手调查。在查清楚到底是哪一笔支付存在差异之后，运营人员详细分析存在差异的支付请求，解决存在的差异。双方在金额上存在的差异，通常是因为系统存在逻辑或者技术缺陷。例如，没有表明支付请求上的货币币种，或者双方使用不同的货币兑换率。也有可能是因为系统本身没做好类似幂等处理，出现了一次支付多次扣款的情况。

支付后的对账有的时候会出现差错无法通过平台之间信息查遗补漏的方式解决的情况，这个时候就需要进行账务调整工作，简称调账。调账是在原做账的基础之上，调整账务以达到账户平衡的会计操作。调账是一个很严肃的会计操作，需要说明原委，经过严格的审批之后方可授权操作。而且相关人员要对调账操作的前因后果、审批过程、操作过程和调整方案做详细的记录，以备日后审计。

8.1.2　结算

结算是指在完成对账，不存在差异，或者有差异但是通过调账弥补之后，支付系统根据商户与支付机构双方事前的协议和支付记录，在结算周期到来后，对支付活动中所涉及的商户应收账款、代理商代理费用、支付机构支付处理费和其他的有关款项进行综合计算并形成周期性和总结性计算报告的过程。一般情况下，以支付请求在支付机构上发生的时间（T）为参照，可进一步将结算详细分成以下几类。

- $T+N$ 结算：支付完成之后 N 天进行结算。
- 固定日期结算：结算日期设在每周或者每月的某一天，例如每月的 28 日。
- 固定金额结算：当商户累计的备付金达到或者超过某个金额时启动结算。
- 固定周期结算：以签约后第一个支付交易发生的日期为起点，每 N 天结算一次。

结算的结果是结算报告书，上面列明商户的必要信息，包括商户名称、商户 ID、商户的银行账户、结算周期、事先约定的处理费费率、本期结算的支付笔数、本期结算的总金额以及需要扣除的必要的支付处理费等。结算报告书出来后，还要经过进一步的审核和批准，确保没有人工处理错误，然后提交给出款岗位去做进一步的出款动作。

8.1.3　出款

出款是指结算完成后，支付机构向商户在合约中指定的银行账户划拨结算款项的过程。目前大部分的资金划拨可以通过银行的企业网银完成。当然也有不少市场还存在部分手工操作，例如通过发送支票的方式完成出款。

不同的国家的出款还有差异，主要反映在税费的问题上。如果税费是由支付机构负担，那么结算的结果不会改变。但是如果税费是由商户负担，那就要进一步进行相关的扣除计算，并反映在发给商户的结算报告书和出款通知书上。

8.1.4 报告

指支付机构汇集支付请求数据，为商户提供相关的分析和汇总报告的过程。支付数据分析报告，可以通过电子邮件发送给商户，也可以上传到商户业务运营系统，待商户登录之后使用。

上述的功能构成了 BOSS 和 MBOSS。二者的主要差别在于服务的对象。BOSS 以支付机构的业务运营人员为主要用户，能看到和处理的是所有与支付机构签约的商户支付信息和分析报告。而 MBOSS 主要服务商户的业务运营和经营管理人员，仅能看到和处理与其业务相关联的支付信息和分析报告。另外，MBOSS 还可以用来管理商户与支付机构之间的业务联系，例如，变更商户的地址、银行账户和结算周期等。

MBOSS 也可以把功能扩大到为商户提供一些更有价值的服务方面。例如，展示与商户相关的广告，为商户提供招聘服务，为商户提供应收账款的保理服务，帮助商户进行经营数据的分析等。

8.2 支付后的应用设计

本节将在掌握了支付后业务活动的基础上，进一步讨论如何设计和构建支付后的应用系统，如图 8-4 所示。如前所述，支付后的应用主要包括服务支付机构的 BOSS 和服务商户的 MBOSS。设计和实施好 BOSS 会大幅度地提升支付机构的业务运营效率，降低成本并提高服务的质量。为商户提供有特色的 MBOSS，不仅能提高商户的满意度，而且能加强支付机构与商户之间的互动，甚至为支付机构带来新的业务机会。

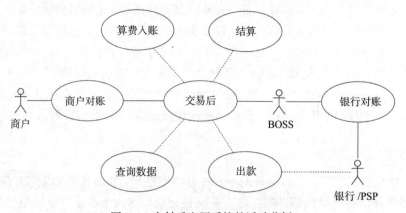

图 8-4 支付后应用系统的活动分析

8.2.1 对账系统

正如上一节中所讨论的那样，对账是结算的前提条件，如果对不平账，也就无法进行结算。因此，支付机构要设计出一个可以可靠地完成对账任务的对账系统。对账系统需要满足以下几个条件。

- 准确性。对账的结果要可靠，所以无论是支付机构本身的支付请求数据还是来自银行或者金融机构的支付请求处理详细信息，都要全面而且准确。特别是当涉及系统日切的时候更要小心，不要因为不同系统日切时间的差异而出现问题。通常情况下对账是以支付机构的支付请求数据为基础，然后比对来自银行或者金融机构的详细信息，从而确定是否存在差错或者不一致的地方，如图 8-5 所示。

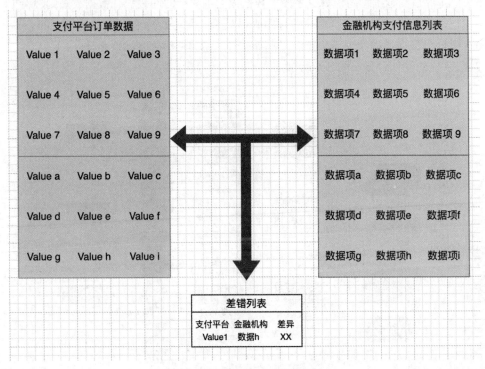

图 8-5　支付对账示意图

- 及时性。对账要在系统日切之后发生，而且让在支付机构的业务运营人员开始工作的时候能看到。通常支付机构的业务运营人员会聚焦在差错处理上，所以，需要与银行或者金融机构的相关人员取得联系，及时通报情况和协助调查。不能过了几个星期才进行对账。另外，为便于商户对账，支付机构应该在约定的时间按照预定的格式为商户提供完整的支付机构一侧的对账数据，最好能在支付机构完成了与银行或者金融机构对账的基础上再提供这部分数据。

- 扩展性。因为支付是规模性经济，每天都要处理很多支付请求，所以支付机构需要对账系统有良好的水平可扩展能力，即有足够空间和能力来支撑业务的发展。例如，当系统每天处理 10 万笔支付请求的时候，对账系统需要 10 分钟完成对账；当每天处理的支付笔数增加到 20 万笔的时候，对账系统处理对账的时间应该是在 10 ～ 20 分钟，甚至仅仅需要 12 分钟。换句话说，对账系统要具备水平可扩展能力，确保可以长期支撑支付机构业务的快速发展。

要设计出具有水平可扩展能力的对账系统，可考虑采取分布式处理的策略，具体步骤分析如下。

1）把支付处理数据按照银行或者金融机构分类，因为不同机构的对账文件不同。

2）把分类后的数据按照时间或者支付请求 ID 排序，按 ID 或时间排序区别不大。

3）把排序后的数据均匀地分成多段，数据太大则执行时间较长，数据太短则浪费 I/O。

4）把每个数据段分别交给不同的程序去做处理，每个程序有独立的运行空间。

5）把每个数据段的处理结果整合到差错表里，按差错类别或 ID 排序。

对账系统的设计思路如图 8-6 所示。

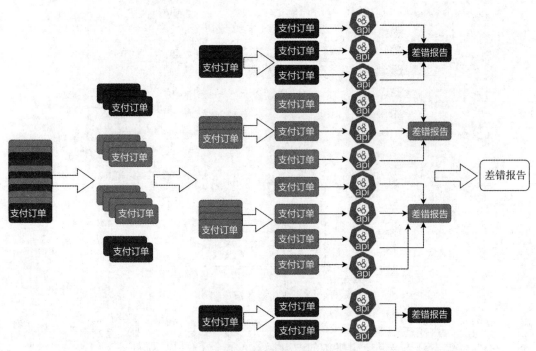

图 8-6　对账系统的设计思路

支付机构除了要和金融机构对账之外，也要为商户整理并出具支付请求的详细信息，供商户自己对账使用。同时需要按照与商户约定的格式、时间、地址和方式，诸如 SFTP、电子邮件、云端存储和网络应用读取等，把数据提交给商户。这部分应用远比支付机构自己进行的对账活动要简单，复杂性也低很多，而且数据规模也相差甚远。

8.2.2　结算方法

结算是支付机构在支付后活动的核心，结算的前提是对账完成。结算通常有两种方法。

第一种方法是在某个商户的结算周期到来的时候，首先把该商户要结算的所有支付请求记录和支付机构与该商户协议的支付处理费率检索出来，对支付请求求和之后再进行计算，得出应该付给商户的备付金和支付机构的处理费，再把结算结果记录到数据库并做成支付结算书提交给出款环节，如图 8-7 所示。

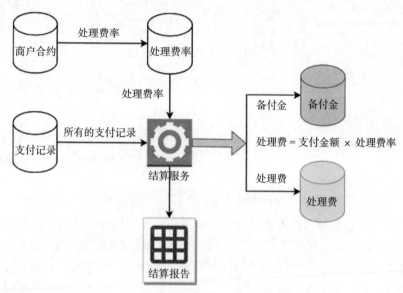

图 8-7　结算服务的第一种方法的设计逻辑

第二种方法是在每个支付请求完成之后，即进行处理费和备付金的计算。计算的逻辑与第一种方法相同，只是计算的基础是每个支付请求的金额。计算完毕之后，把得出的备付金和处理费分别计入账务系统，再由账务系统更新账户系统。当结算周期来临的时候，只需要在账户系统查询相应商户的备付金余额就可以得到当期的结算结果，如图 8-8 所示。

两种方法都可以完成结算，各有千秋。第一种方法是现用现算，如果赶到月底且商户的结算期相同，那么这种方法会对系统带来不小的结算压力。另外，这种方法没有考虑会计系统的概念，没有办法通过不同账户的平衡验证计算的结果。第二种方法是当支付请求完成时即可进行计费处理，然后把计算结果通过账务更新账户。这种方法遵循财务系统的原则和方法，可以通过不同账户的逻辑关系进行一定程度的平衡验证。还有一个好处是通过这种方法可以随时知道商户备付金的动态信息，对 $T+1$ 甚至 $T+0$ 结算有直接的帮助。综上，第一种方法要比第二种方法简单很多，不必引进账务和账户的概念。第二种方法比第一种方法更加靠谱，可以通过利益相关方之间的账户关系来做一定程度的正确性验证。

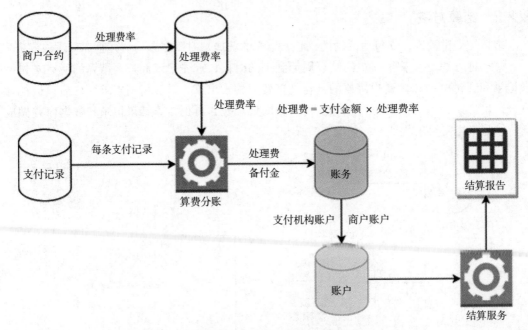

图 8-8　结算服务的第二种方法的设计逻辑

　　无论第一种方法还是第二种方法，结算的结果都是生成结算报告书。结算报告书记载了某商户在某结算周期总共完成了多少个支付请求，总的支付金额是多少，产生了多少处理费，应该结算多少备付金。结算报告书完成后将被提交给负责打款的运营岗位，完成打款。

　　以商户为例，商户结算结果就是生成一张商户结算报告，报告会明确应该划拨给商户的资金数量和支付机构应该收取的处理费等。图 8-9 是一张商户结算报告的样例。

图 8-9　商户结算报告样例

8.2.3　出款

　　出款应用系统接收到结算应用系统生成的结算报告书，然后通过 BPM 通知负责划拨款项的出款运营人员。出款运营人员利用出款应用系统，把归属于商户的资金，即备付金，根据结算报告生成出款报告，通过 BPM 提交给出款审批人员批准。经过批准的出款请求通过 BPM 发给负责出款的操作人员执行。出款操作人员在合同约定的时间内把资金划拨到合同约定的银行账户上去，然后通过出款系统把出款通知发给商户。

通过这些操作，可以看到 BPM 的重要性，同时也可以观察到资金账户操作的逻辑。以商户出款为例，在出款的过程中出款系统会把商户结算账户上的资金划拨到支付机构出款的账户上，这样商户的结算账户上就会被调减相应的数额，然后由支付机构通知银行执行划拨款项的操作。与此同时，支付机构的出款账户会做相应金额的调降。

8.2.4 报告

报告的对象通常是支付机构的经营管理人员或者业务运营人员。大家重点关心的是支付业务发展的趋势如何。在分析的时候主要是按照年、月、日三个维度来展示数据。当然，偶尔也会有人关注 24 小时以内分、秒甚至毫秒级别的支付数据，这些一般都是操作层面的需求。为了能高效、方便地做好数据分析和报告，要尽最大可能通过数据聚合的方式，在保持数据元素维度不变的前提下，通过汇总来缩小数据的规模。所以，在每天日切之后，数据库管理员会按年、月、日、小时级别来聚合支付请求数据，然后把聚合后的数据存入在线分析平台、数据仓库或者其他智能分析平台，供支付机构的运营、经营管理人员或者商户使用。

支付活动是经济的脉搏，通过对支付数据的分析，我们可以了解地区性经济的活跃程度。例如，通过单笔支付金额的统计分析，我们可以大概了解不同地区商品的价格水平、地区之间的经济差异。另外，通过对支付行为的分析，例如使用智能手机支付、POS 机支付、信用卡刷卡支付的统计数字，我们可以看到某些行业或者某些地区的用户的使用习惯、年龄分段和发展水平的差异。

8.3 本章小结

本章以支付技术体系的整体架构为指引，聚焦讨论了支付后阶段的活动。支付后的活动主要包括对账、结算、出款和报告四个环节。本章分别对每个环节的活动做了具体的描述和讨论，并对每个环节的应用设计给出了具体的思考方向和注意事项。

第 9 章

支付的技术实现

前面几章针对支付的架构设计和应用设计做了讨论，本章将要进一步讨论在支付的实现过程中应该思考和注意的一些技术问题，并通过作者自身经历过的技术案例，讨论一些技术陷阱、相关的技术概念和方法。

9.1 同步与异步

回顾我所接触过的支付机构的研发人员，很少有人会主动地把应用设计成异步调用的方式。在应用设计当中，几乎清一色都是同步调用。这不但会造成应用逻辑复杂、难以维护，而且会因为调用链路上个别应用的迟缓，导致应用的整体性能不佳和资源浪费，还会为应用系统的可扩展设置障碍，导致很多应用需要反复重构。

9.1.1 同步与异步的定义

1. 同步

应用按照特定的逻辑顺序执行操作，每一步的执行都要依赖上一步互动应答的状态，如图 9-1 所示。例如，打电话就是一种同步的通信方式。发起电话通信的人，一定要在说完一句话并等到对方有应答后，才开始说下一句话，否则就会出现沟通错乱的情况。

图 9-1　同步

2. 异步

当某个应用调用另外一个应用时，应用本身并不直接在线等待，而是让被调用的应用在方便的时候给予应答，如图 9-2 所示。例如发微信就是一种异步通信方式，发送者发送了一条信息后，接收者不是马上回复，而是会在方便的时候读取和回复。这样做可以避免打扰对方。

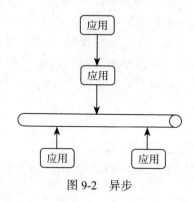

图 9-2　异步

9.1.2　支付系统的异步场景

在支付系统的应用设计中，经常会看到不少必须按照预定的逻辑顺序执行的例子。处理这些需要按照顺序执行的业务时，并不要求应用必须同步，有的时候异步调用反而能更好地解决问题。在现实生活中，有些研发人员却经常忽略异步调用方式，原因主要有两个。

1）研发人员认为异步意味着交易会因此变慢，所以不用。实际上，这是一种未经深入思考的表面化想法。同步与异步只是在调用方法上不同，好像打仗时不直接冲锋，而采取迂回的战术，让不同方向不同兵种的士兵协同作战；在适当的情况下，这么做要比直接冲锋更容易解决战斗。另外，异步调用往往可以解耦复杂的应用系统。因此，单独审视每个环节上的服务，有目标、定向地给繁忙的环节调优或者增加资源，远比不分青红皂白统一增加资源来提高整个应用的吞吐量和并发度更为有效。

2）研发人员因为不常用异步方式所以不熟悉，不去使用。因为在简单的开发应用场景下一般不需要异步方式，而且同步只需要自己写代码，不需要去考虑和协调消息队列的配合，所以研发人员习惯了同步方式，不想也不习惯使用异步方式。其实，这也暴露了一个普遍的问题，就是一些研发人员没有架构思维和架构能力，没有经历过大规模系统研发和设计的过程，同时没有得到靠谱的架构师的指导。这些人只能在低水平上反复写代码，没有提高实质性的技术能力。

在支付系统的应用开发中，有些场景特别适合以异步方式来实现，其中特别明显的就是支付请求处理和异步批量入账处理的两个场景。下面我们来研究这两个关键环节的同步与异步问题。

9.1.3 异步场景 1：同步调用异步处理

商户向支付机构发送支付请求的过程，有的时候可能会因为商户开展市场营销活动而出现短期大量高并发的情况，给支付系统带来处理压力。因此在处理这部分支付请求的时候可以采用同步调用异步处理的方法。为了更好地理解同步调用异步处理的好处，我们下面对同步调用同步处理和同步调用异步处理两种方法做一个对比。

我们先来看一下同步调用同步处理的实现方式。这种方式是商户一侧的应用通过调用支付系统的应用把支付请求传过来，支付系统收到商户的支付请求后，就开始进行后面的解析数据、验证签名、检测幂等、记录请求等其他后续步骤，如图 9-3 所示。显然，同步调用同步处理会占用支付处理的线程，而且很有可能持续较长的时间，造成外部对支付请求服务调用管道的阻塞。

图 9-3　支付请求的同步调用同步处理

很不幸的是大多数的支付系统都采用了这种调用方式。这也就不难理解为什么会出现外部调用请求增加后支付系统紧张并崩塌的情况。应用研发人员感受不到这种压力的一个主要原因是在应用的前端一般会配备负载均衡器，把外部的压力平衡地分配给内部的支付请求处理应用。当外部压力加大的时候，内部会通过增加处理服务应用的节点数量来缓解。但是，这种做法是以牺牲支付处理服务器的大量资源为前提的，试想一下，在系统不繁忙的寂静深夜，是不是常有大量的服务器在寂寞地狂吼呢？

我们再来看看同步调用异步处理的实现方式。这种方式是商户一侧的应用通过调用支付系统的应用把支付请求传过来，支付系统的请求接收服务，再以生产者的身份把支付请求发布到消息队列上。后面的解析数据、验证签名、检测幂等、记录请求等步骤就可以由一个或者多个支付请求处理的消费者来完成，如图 9-4 所示。显然，同步调用异步处理的好处是，支付请求处理应用在收到支付请求之后，可以放手把具体的处理操作交给消息队列来完成，从而大幅度地减少支付处理的资源使用量。同时，这种方式可以通过增加某个后续处理任务的资源，来有针对性地改善阻塞的环节，从而进一步提升应用整体的水平可扩展性。这也是支付行业经过多少年的技术实践所总结出来的最佳实践。

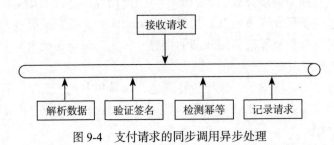

图 9-4　支付请求的同步调用异步处理

显然，如果能调整支付请求处理的架构，保持同步调用，将同步处理改为异步处理，那么支付处理的吞吐量就会大增，而且系统资源的使用效率也会得到大幅度提升。更为重要的是，把之前紧密耦合的逻辑拆分成消息队列的消费者，可以减少研发人员需要关注的目标数量，聚焦所要解决的核心问题，提升代码的质量。因此这种方式还会带来额外的效果，即需要频繁修改的故障点减少了，或者说被孤立了，在解决系统故障问题时，查找问题的根源变得更加简单了。

9.1.4 异步场景 2：异步批量入账处理

在本书的第 5 章和第 6 章中提过，利益相关方在支付机构都有各自的账户，而账户的更新是通过账务实现的。在支付请求处理的场景下，每笔交易都会被分成至少四个账户记录，如果考虑到支付通道等维度，这个数字还要加好多倍。如此频繁地更新账户会让数据库不胜其烦，不但浪费宝贵的数据库读写资源，而且效果也不好。在这种场景下，我们可以通过引入异步批量入账处理来解决问题。这里有两个重点。

1. 批量

把经过分账计费步骤完成的很多账务记录发布到消息队列。订阅该主题的消费者会在收到足够多的账务记录后，或者在等待了某个时间段之后，开始批量处理这些账务记录。这么做的好处在于，减少了调用数据库的次数，因为可以一次插入多个账务的数据，同时缓解了前端支付中各服务的处理压力。

2. 异步

在批量处理的基础上，消费者根据数据库的繁忙情况灵活决定是否启动更新数据库的过程。这样不但可以让数据库的负载更加均衡，而且增加了对数据库写入或者更新失败的容忍度。因为消息队列存储的持久性，即使数据库出现了问题，无法及时提供数据处理服务，我们也可以使用消息队列暂时存放数据，直至数据库服务恢复正常。

9.2 正确使用缓存

9.2.1 缓存的定义

缓存是一个高速数据存储层，其中存储了数据子集，而且通常是短暂性存储，这样当应用再次请求该数据的时侯，其响应速度要比直接访问数据的主存储更快。通过缓存，应用可以高效地复用之前检索或计算过的数据。另外，缓存也在一定程度上减少了对目标数据的非必要性访问，有利于降低成本。从前端到后端，从后端到数据库，缓存几乎无处不在，如图 9-5 所示。

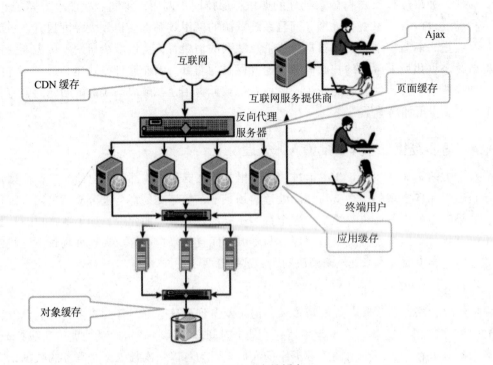

图 9-5　无处不在的缓存

9.2.2　缓存的层次

从宏观来看，缓存呈梯次配置，以应对不同层次访问的需要，如图 9-6 所示。

- 域名层。DNS 缓存又进一步细分为 DNS 服务器缓存、访问者 ISP 缓存、访问者本地 OS 缓存、访问者本地浏览器缓存几个方面。DNS 缓存的目的是让使用域名解析的人能以最快的速度获得正确的结果。这部分缓存是非常微妙

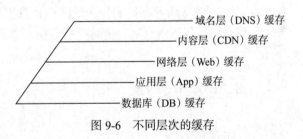

图 9-6　不同层次的缓存

的，因为涉及的不可控制的环节太多，例如 ISP 层的缓存有效期无法控制，浏览器和操作系统在用户使用的背后设置了不同的缓存有效期。如果支付系统发生问题，改变 DNS 无法马上影响到 POS 机或者其他商户收单设备的域名指向。所以在设计解决方案的时候要充分考虑这些因素。

- 内容层。CDN 缓存是为了解决网络访问者下载目标服务网站的内容的问题而出现的。简单地说，CDN 把用户需要下载的内容从目标网站预先存储到靠近用户的网络边缘。

这样不但缩短了网络距离，而且分散了集中访问目标网站所带来的压力。CDN 不适合核心支付应用场景，但对于某些与支付相关联的外围服务，比如商户信息介绍、支付前应用和商户后台系统，则可以减少其下载文档或者图片的时间，改善用户的体验。当然，如果 CDN 可以提供类似智能路由的功能，那么对支付核心业务也有很大的帮助，特别是在像中国这样地域广大、存在几个网络服务商的环境中。

- 网络层。Web 缓存，即网络服务器上的缓存。现在的各种网络应用服务都会把访问者常用的网站信息放在缓存上（热数据），以避免频繁访问磁盘上的数据（冷数据），目的同样是提高网络服务的反应速度和吞吐量。网络层的缓存对于以内容为核心的网络应用作用比较大，但是对于以支付请求处理为核心的支付应用，基本上没有太大的用处。

- 应用层。App 缓存，即在应用服务器上的缓存。支付机构的各种应用会把经常调用的数据通过缓存策略放在缓存上面。有专门为应用提供缓存的服务，例如目前常用到的 Redis 服务。应用层缓存对于支付应用的一些场景非常合适，例如应用要频繁检索支付处理费率、风险控制用的黑名单和白名单，以及类似日终支付报告这样的静态信息。

- 数据库。DB 缓存，即数据库服务本身所带有的缓存。几乎所有的数据库都有自己的缓存空间来存放经常访问的查询结果。但是数据库的缓存访问也要先访问数据库，所以只能在一定程度上缓解数据访问的压力。这部分缓存主要是针对那些不断需要查询的数据库记录而进行的缓存，是数据库系统自带的缓存区域所提供的功能。

9.2.3 缓存的误区

前面已经讨论过，缓存仅仅是把历史上用过的数据暂时保存在高速存储区域或者专业缓存服务上，以便快速响应可能的查询。缓存的本质是从持久数据集复制过来临时应对查询的一个数据子集。缓存不是持久化存储，它只是持久化存储的一个子集的副本。如果缓存因为某种原因，例如硬件失效而无法提供服务，那么应用只会在个别数据的访问速度上受到一定程度的影响。

研发人员在支付应用的技术实现时经常会犯的一个错误就是把缓存服务当成持久化存储来使用。这样做的后果是，当缓存服务出现问题的时候，存放在缓存服务上面的数据会丢失。

例如，某支付机构的支付请求处理应用把收到的商户支付请求存放在缓存服务 Redis 上面，然后进行解析数据、验证签名、检测幂等、构造指令和提交指令等后续操作，如图 9-7 所示。该应用设计的主要问题点在于提交支付指令之后，如果缓存服务 Redis 发生了问题，那么这笔支付请求就会丢失，无法恢复。

所以，最佳实践是在支付机构收到商户的支付请求之后，马上把该支付请求的信息发布到消息队列，在缓存服务 Redis 中存放一个副本待后续处理使用。发布到消息队列的支付请求还可以做批量入库的安排，如图 9-8 所示。

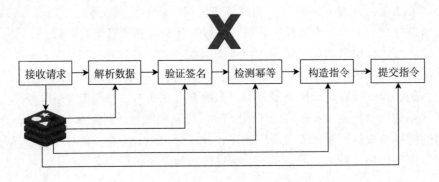

图 9-7　把缓存当成持久化存储使用

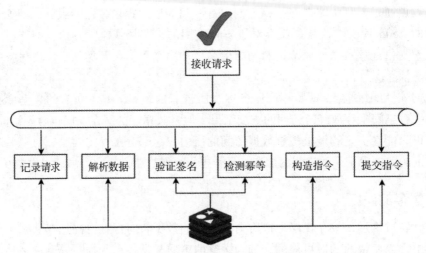

图 9-8　支付处理中缓存的正确使用

9.2.4　正确使用缓存的案例

下面介绍一个让我印象深刻的正确使用缓存解决问题的案例。通常，百货公司、商业机构和金融机构都会有日终操作。所谓日终操作，就是在结束了一天的营业后，商户要对当天发生的所有交易的情况做汇总和盘点。对于某支付机构而言，它需要能够在每天下午5:00 同时应对上万个邮政分局的日终操作。这个日终操作包括打印出每个 POS 机当天完成的所有支付处理的记录以及按照不同金融机构汇总的结果。

支付机构为了应对瞬间海量的数据读出和计算请求，在设计应用方案的时候，引入了缓存服务。具体地说，就是在 Redis 上建一个表，记录每个 POS 机的 ID、支付请求 ID、支付金额、金融机构以及支付指令处理的结果。这些数据本身已经存储在数据库中，Redis 的数据表只是数据库中某几张表的映射子集。每天在邮局日初操作时，应用会把这张表清零。

在处理邮局的每笔交易的时候，应用会先后更新数据库表和 Redis 表，使两者保持完全一致。这样邮局的每个 POS 机在日终的时候就可以随时从 Redis 缓存中读取当前的记录，如图 9-9 所示。如果没有 Redis 缓存服务，邮局日终所产生的海量请求就会变成海量的数据库读操作，不但会在瞬间给数据库的资源带来巨大的压力，而且会给其他商户正常的支付请求带来非常严重的冲击。

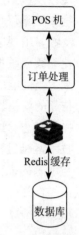

图 9-9 正确使用缓存服务处理邮局的日终海量请求

9.3 合理处理日志

对于支付机构而言，日志仅仅是支付前、支付中和支付后三大过程中众多应用运行所产生的副产品。从所记录的信息维度上看，日志包括网络日志、安全日志、应用日志、系统日志、数据库日志和操作日志。小小的日志，大大的乾坤，设计不当还会导致应用服务宕机。

9.3.1 日志的种类

下面介绍日志的种类。

- 网络日志。主要是外部访问的请求记录，例如 IP 地址、时间、请求 URL、访问者终端设备类型、访问的目标、结果代码或者返回代码。这些信息的来源也很多，可以是负载均衡器、DNS 服务器、网络服务器等。网络日志对于了解外部访问支付系统，甚至网络上扫码和试探攻击支付系统的情况会很有帮助。
- 安全日志。来自防火墙、网络应用防火墙（Web Application Firewall,WAF）、VPN 和其他防攻击信息安全设备或者应用的记录。安全日志对于了解外部攻击或者试探攻击支付系统的情况会很有帮助。
- 应用日志。来自各种 App、API、批处理、消息队列和网关的有关数据处理过程中发生的各种事件的详细记录，应用日志是最有价值也是最核心的部分。从应用日志中我们可以了解各种 API 和可请求的数据数量和响应速度，也可以知道前段应用的密度和压力情况。通过日志的采集、分析和统计这些近实时的数据，可以更好地控制对特定应用的请求情况。如果前端涌进来太多应用请求，可以通过流量的管控，避免系统被突如其来的流量压倒甚至崩盘。另外，可以根据不同的应用主题对应用日志信息进行数据聚合，从而形成近实时的应用情况统计和展示。
- 系统日志。来自计算、存储和网络节点或设备的有关资源使用、硬件或者软件的状况的信息。系统日志能够让我们快速发现在基础设施上出现的各种事件，通过聚类分析和关联分析，及早发现并解决问题。忽略这部分日志的捕捉和分析会带来大问题。

- 数据库日志。来自数据库服务器的有关数据库的增、删、改、查操作,资源使用情况以及数据库内部各种事件的消息。数据库日志也是特别关键的,在很多时候,数据库都是压力的最终承载点,也就是说最后发现很多应用崩盘的原因是数据库无法支撑。出现这种情况,并不是说数据库脆弱,而是因为应用没有正确地使用数据库。比如某条数据库语句长期占用数据库的大量资源,结果其他的应用无法从数据库得到适当的响应,出现失败。所以,能捕捉到这条语句并能采取有力的措施及时处理,依靠的就是数据库系统的日志。
- 操作日志。这里的操作主要指业务运营支持系统、商户业务运营支持系统以及系统技术运维过程中的登录、授权、变更和其他操作。支付业务与资金的操作有关,也与敏感的银行卡信息及个人身份识别信息有关系。在这种情况下,所有的技术和业务操作都必须要有操作日志供未来的审计使用,包括应用系统、VPN、SSO、审核、审批、结算、打款等操作日志。

9.3.2 日志的价值

日志是支付机构上用户、安全、网络、业务和应用处理活动的综合表现,如果得到妥善处理和使用,可以发挥巨大的作用,主要表现在六个方面。

- 应用监控。可以用分钟为颗粒度聚合支付机构的日志信息,获取每分钟的累积支付金额、累积交易额和累积出错次数,然后与上周同一天的同一分钟的相同测量值进行比较。在逻辑上两者应该基本重合,如果发生重大的偏离,例如减少了5%或10%,则可以启动系统应急。
- 攻击预警。可以按照外部网络的请求来源和请求方式进行统计,持续观察到底有哪些地区的IP使用哪些方法在试探或者攻击支付机构。如果来源IP的所属地区不存在支付机构的商户,那么其很可能是潜在的攻击来源,可以考虑加入IP黑名单。
- 运营审计。可以通过日志所记载的应用使用情况来调查是否有不符合运营管理规范的活动。例如是否有未经审批授权人工篡改运营数据的活动,是否有人未经授权或者批准下载支付机构客户的联络信息。
- 流量控制。可以根据日志统计某类前端应用在单位时间的请求量,如果统计到的请求量超过了系统预先设定的阈值,则通知前端应用采取熔断或者降级的措施。熔断和降级将在第10章中讨论。
- 调查问题。可以按照GUID(Global Unique ID,全球唯一标识)从日志数据中筛选出相同GUID的所有日志信息,然后按照时间顺序排列出该应用针对该支付的所有活动,从中发现应用的错误信息或者关联点,迅速定位发生故障的应用。
- 优化产品。可以根据日志所记载的商户使用支付应用的过程进行统计,例如共收到多少支付请求,后续每一步处理成功的请求数还剩下多少。还可以利用日志系统中每种应用服务或者数据库的调用查询统计来分析每个调用的性能,如图9-10所示。

> 2022-07-12 10:15:30.201 G0001 QRAPI 10.1.5.199 "Select QR_Payment_ID,Merchant_ID,TX_Status, TX_Amount," from TX_Table where QR_Payment_ID=" QR20220712101530"，50 rows，Success, 12ms, ▁▂▃█▅

图 9-10　处理得体的日志案例

上面的案例有两个地方值得讨论。

第一，该日志把数据库查询的调用信息和返回信息统一在一条日志信息里，这样不但有利于看明白调用的往返用时（12 ms）、结果的状态（Success）和返回结果统计（50 rows），而且可以大幅度减少日志的数量。

第二，该日志可以通过提供统计图表展示 90 百分位的查询性能情况，由此可以用这次的耗时（12 ms）来进行对比，得知这次调用是快还是慢，与统计数据比如何，如图 9-11 所示。

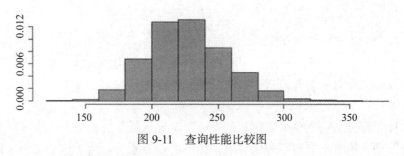

图 9-11　查询性能比较图

总而言之，日志所包含的信息非常丰富，如果能善用可以大幅度提升支付机构的技术、产品和业务管理水平。

9.3.3　日志的架构问题

尽管日志信息的价值巨大，但是在支付机构日志系统的技术实现过程中，却经常会看到一些架构问题。在设计日志系统的时候，不应从业务应用的实际出发，为了设计日志系统而设计日志系统，因为这样设计出的日志系统架构庞大，维护困难。例如某支付机构的应用架构师为了能快速查询商户通知的状态，设计了如图 9-12 所示的系统。

这个系统的后端是 MySQL 数据库，前端是 Java 应用。当支付指令完成之后，银行会把支付指令的执行结果发给支付机构，由支付机构转发给电商平台，同时在数据库里插入一条记录。这个架构初看上去没什么不妥，但是上线一星期后就出现了问题。当时正是支付处理的高峰期，突然电商平台打来电话说支付之后用户无法收到银行返回的支付结果。电商平台无法判断支付成败，当然也无法给其用户发通知和协调物流公司发货。

启动应急处理方案之后，很快就定位了问题。原来用于存储日志信息的 MySQL 数据库因为所在服务器的磁盘阵列发生了故障，所以无法顺利写入日志信息。而日志应用在写入日志失败后停止工作，所以就没有办法给电商平台发出支付指令执行的结果。最后，换了磁盘阵列上的磁盘，重新启动数据库和日志应用，使问题得到了解决。

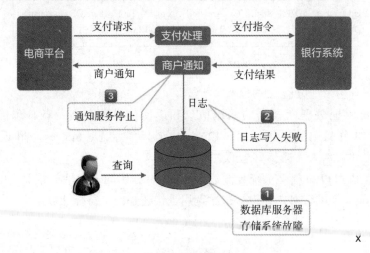

图 9-12　日志架构示例

这次日志应用造成的服务中断，对电商平台和支付机构的影响都非常大，因为这个日志系统故障影响了所有的通知发送，而不仅仅是电商平台一家。那么我们从这个事故当中学到了什么呢？

第一，日志系统是一个在重要性和优先级上都远远低于支付服务的辅助服务。日志系统出现任何问题，绝对不能也不应该影响到核心的业务系统。对于这个案例来说，当日志应用发现无法向数据库插入新记录的时候，应该果断放弃写入数据库的企图。推而广之的结论是除非核心支付业务系统发生故障，否则所有其他的调用超时未响应，都要果断放弃，不能影响核心主流程。

第二，任何系统的设计都要适度，也就是说不能过度设计。这个系统的架构设计是典型的过度设计。这种不适度或者过度设计表现在两个方面。首先，成本高昂，因为数据库都要做主备双机甚至 DR 异地安排，还要使用昂贵的存储设备，这与其业务价值完全不匹配。其次，作为一个日志信息的存储系统，在日志写入之后，使用查询语句来查询信息的机会非常之低。因此，使用数据库作为存储的空间是不合适的选择。

9.3.4　日志的标准化

支付机构应用繁多，如果没有统一的日志输出标准格式和数据属性，不同应用输出的日志信息的格式和数据属性也大相径庭。所以制订统一的、清晰的日志输出标准和相关数据的属性非常重要。

对于日志的输出格式，最明智和行之有效的办法是通过一定的设计手段让使用日志的应用研发人员自然而然地遵循标准。例如提供 SDK 给研发人员使用，当研发人员需要输出应用日志的时候，他们必须集成 SDK 才能完成。而在集成 SDK 的过程中，他们只能使用数据格式和结构定义好的规范来输出日志信息，从而减少了随意性，提高了日志信息的标准化程度。

数据属性主要是指日志中数据元素的属性，例如 IP 地址格式、时间精度、货币单位和应用 ID 等。例如，如果支付机构只接收 IPV4 的地址格式，那就应该在 SDK 中给出 IPV4 的四段地址模板；如果我们希望能解决不同地理时区的混淆问题，那就应该定义好 UTC 的时间标准，定义好模板让不同的应用去填写；如果我们希望能够有比较精确的时间精度，例如到毫秒级别，那就应该定义出具体的时间戳模板。

9.3.5　善用日志的案例

日志信息是个巨大的宝藏，如果能妥善挖掘和利用，价值巨大，对此我深有感触。某平台每天会收录很多日志信息，也提供了可以检索日志和分析日志的强大工具。担任移动架构师设计移动应用的基础设施时，我偶然发现了这个强大的日志工具。

有一天，我在研究移动应用的域名解析问题，想要搜索那些使用手机 App 的用户的使用行为习惯，偶然发现 DNS 域名解析的日志当中有不少报错的信息。深入分析发现，这些报错信息并不是因为 DNS 基础设施有问题，而是因为有人在手机的 WAP 上输入了自己认为应该存在的域名，例如 http://bikes.exampleshop.com。类似的情况还有很多。我做了一次筛选，把近一个月的类似的解析错误都下载下来，然后再按照域名累加出错的次数，最后按照出现的次数进行排序。结论就是有相当多的外部用户以为该平台有某些域名存在。我们把发现的那些不存在的域名在 DNS 服务器上定义之后，再把含有这些域名的 URL 指向相应的产品网页。结果是惊人的，很多之前失败的交易现在成功了，那几个新定义的 DNS 域名发挥了应有的作用，带来了大量的交易。这都要归功于日志系统。

还有一个案例是利用日志信息来优化产品。记得在 2010 年的某一天，我在分析为什么新上线的移动应用的使用率低。我选择了几个核心功能点，从应用的第一个功能点登录按钮开始，针对每个功能点去日志中统计用户使用了多少次，结果发现用户在登录后点击了几个不同的功能，大概在第三步的时候，大部分用户都从日志中消失了，如图 9-13 所示。

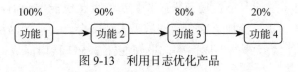

图 9-13　利用日志优化产品

显然，当用户从功能 3 到功能 4 时发生了一些问题，导致他放弃使用。我把观察到的这个有意思的现象提供给产品经理之后，产品经理很快就发现了 App 中的功能表示或者说路径说明不清楚，用户不知所措，所以就放弃了。有了这个发现，产品经理就有的放矢地调整了 App 的布局和标识，很快，这个 App 的使用率和人气受欢迎程度就高涨起来。

所以，如果能善用日志系统，不仅能达到监视控制、调查问题、运营审计、攻击预警和调整流量的目的，还能从中发掘出有价值的新的商业机会，为公司创造价值；甚至发现产品设计的问题或误区，把 App 从用户将要放弃使用的危险地带挽救回来。

9.4　掌握需求的本质

与其他的产品研发一样，支付应用的技术实现也需要清楚地理解用户的真正需求，更为重要的是要能透过表面现象看清楚需求的本质。这也是非技术设计的理念。只有真实地掌握了需求的本质，才能给出最合适、最有效的解决方案，无论这种解决方案是技术的还是非技术的。

9.4.1　非技术设计

马丁·阿伯特在《架构即未来》这本书里提到，所谓非技术设计，就是先把技术实现的事情放一边，从需求的根本上去理解和分析，设计出可以解决问题的最佳方案。非技术设计是一个具有广泛适用性的思考方法，它可以提醒技术人员慎用技术，在支付应用的研发过程中帮助技术人员聚焦需求的本质，而不被表面现象所迷惑。

20 世纪 70 年代，美苏争霸。其中一个竞赛项目就是太空笔，也就是一种在零重力情况下仍然能使用的笔，如图 9-14 所示。NASA 与其他机构合作研发了这种高科技的太空笔，并且最终在 1968 年的阿波罗 7 号飞行任务中展示出来。其实，需求的本质是在零重力下可以自由写字的一种工具。如果不考虑高科技的手段，解决这个问题的另外一个可行的方案就是苏联宇航员使用的铅笔。

图 9-14　太空笔的故事

9.4.2　商品券案例

2022 年 4 月，日本某个地区性机构想要组织一次促进本地经济发展的促销活动。对于支付机构来说，支付系统除了能帮助商户接收货币以外，也能配合商户或者社会机构完成商品券或打折券的处理。我参加了这个活动的需求评审会，会上产品经理提出需要想办法加快 50 万个二维码促销卡券的生成速度，最好能在 2～3 秒内完成，研发人员对此面有难色。

为此，我详细地了解了商户真正的需求场景。商户的项目管理和组织者会先定义好需要生成卡券的面值、式样和数量，然后单击生成按钮。在验收的时候，他们发现单击后没有反应，不知道系统是在产生卡券还是已经宕机，所以对此忧虑重重，夜不能寐。事实上，他们并不在乎这 50 万张卡券需要多久生成，只是想要知道生成卡券的应用是否还在运行，也就是说希望能够了解在卡券生成过程中应用的状态，这与要加快卡券生成速度的需求表述相去甚远。

如果研发人员真的按照产品经理提出的需求去做技术方案，可能结果会不尽如人意。如果我们深入业务，掌握需求的本质，那就完全不一样了。这个需求的本质是活动的组织者因为担心，所以需要了解促销卡券的生成进度。那么解决方案应该围绕担心这件事，下面有三种选择。

- 在单击生成按钮后，显示一杯热咖啡，喝一杯咖啡再回来处理即可。
- 在单击生成按钮后，显示一个进度条，显示完成进度。
- 在单击生成按钮后，显示一个转动圈，表明正在生成中。

这些解决方案的技术含量显然并不高，但是却可以很好地解决商户的问题，满足商户的心理需求。这是非技术设计的秘密所在。一事当前不要先用技术思维去思考，而是通过了解需求的本质，用更加开放的思维去思考解决方案。

9.5 大道至简

支付系统要稳定可靠，其中最为重要的是要有良好的架构设计和合理的技术实现。那么从技术实现的角度来看，什么样的技术实现才能保证技术平台的稳定可靠呢？我见过很多支付系统的技术实现方案，也亲自参与过几个支付系统的架构设计和技术实现的过程，大致可总结为四个字：大道至简。

9.5.1 系统越复杂，可靠性越差

所谓大道至简，就是说最好的技术架构和技术实现往往就是最简单的方案。为什么这么说呢？现在的支付系统都是由软件、硬件、人件和流程综合集成在一起而形成的高度耦合的复杂系统。这些系统越复杂，可靠性就越低。正如图 9-15 所示，假如每个服务的可靠性都是 99.9%，那么：

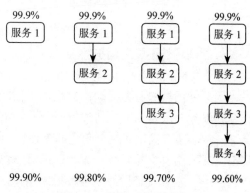

图 9-15 复杂系统的可靠性

- 由一个服务组成的系统，其可靠性是 99.90%，即 $(99.9\%)^1$；
- 由两个服务组成的系统，其可靠性是 99.80%，即 $(99.9\%)^2$；
- 由三个服务组成的系统，其可靠性是 99.70%，即 $(99.9\%)^3$；
- 由四个服务组成的系统，其可靠性是 99.60%，即 $(99.9\%)^4$。

这里的假设仅仅是简单的串行，而在实际的技术实现中，服务之间的关系要复杂得多。因此，好的技术架构通过最简单的技术实现完成，其可靠性才有可能最高。

9.5.2　尽可能减少系统的组成

从上面的分析可以清楚地看出，组成系统的服务越多，服务的可靠性就越差。一般情况下，对系统做加法特别容易，不断地增加子系统和服务即可，而且很少有人愿意做减法，其结果就是系统不断地从有序向无序的方向发展，这也和系统耗散理论和热力学第二定律的熵增原理一致。所以在技术实现的过程中，要遵循以下几个原则来控制和降低系统的复杂度。

1. 加强服务的内聚力，减少对外的耦合度

加强服务的内聚力是指在技术实现中，相同功能服务的聚合度要高。依靠领域模型做好业务主体和流程的分析，把相同的主体和流程归纳为一体去实现。例如，对于支付请求，需要先分析好不同的支付请求需求，诸如信用卡、借记卡、预付费卡等各种不同的支付方式，再对这些支付请求需求进行归纳，统一实现。

减少对外的耦合度是指在技术实现时，以服务内部的相互间关联和调用为主，尽可能减少与其他服务或者系统的调用。即使要发生关联或调用，也要以异步方式去完成。这么做的目的主要是因为对外部其他服务的强依赖会降低服务的可靠性。

2. 能不引入新服务就不要引入

在技术实现的过程中，如果对某个组件或者服务的引入存在疑惑，要果断放弃引入。例如本章前面提到的日志系统的案例，本来可以不用 Tomcat Java，也可以不用 MySQL 数据库，只要用 Java 或 Go 写一个最简单的消费者和生成者，问题就能得到很好的解决。这样不但可以使维护的目标数量大量减少，使成本降低，而且可以使整体的服务可靠性大幅度提升。

3. 能复用的不要另起炉灶

这是我所经历的一个真实案例。

某支付机构的业务活动中有很多不同的角色，这就意味着系统要服务的对象很多。最重要的服务对象是商户，所以围绕商户会有各种商户入网系统和商户后台系统。在这种情况下，考虑还有代理商这个角色的存在，于是就单独开发了一套专门为代理商服务的系统，其中包括入网、交易对账、查询、结算、出款和统计等环节。在这套代理商系统的技术实现过程中，还引入了另外一种数据库引擎。这套系统需要专人维护，因为知道它的逻辑的人不多。但是使用的频率却又不是太高，总之，处于投入不少、使用不多的鸡肋状态。

出现这个问题的关键点就在于对所服务对象的抽象和归纳的程度。代理商本质上也是一个商户，需要的服务与其他商户大同小异。不一样的地方是，代理商与普通商户之间有一种代理关系；代理商的结算周期与所代理的商户的结算周期没关系。在掌握了这些相同和不同点之后，应该把代理商抽象为商户，不再开发新系统，而在原来的系统上增加相应的处理逻辑。

与上面这个案例类似的情况还有很多，有些是因为历史原因，更多是因为架构师在理解业务、设计架构和实现的时候缺乏足够的深度思考。

9.5.3 微服务的误区

近几年微服务的概念非常流行，很多支付机构的研发人员都对微服务很着迷。但是研发人员对微服务的概念有一种错误的认知。因为微服务的微字，让他们错误地认为微服务分解的颗粒度越小越好，这样就不存在耦合，系统的稳定性也会得到大幅度提升。

事实上，划分微服务要遵循一些架构原则，不能随心所欲。这些分类的思考维度包括业务扩展的速度、信息安全的属性以及团队规模。总而言之，微服务绝对不是划分得越细越好，而是根据自己的情况思考，越适合越好。以下总结的是微服务划分的逻辑判断流程，如图9-16所示。

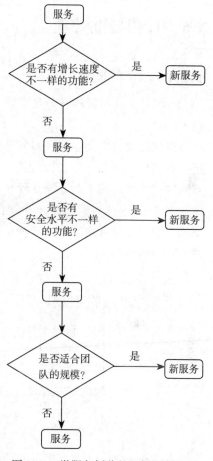

图9-16 微服务划分的逻辑判断流程

1. 根据业务扩展的不同速度进行划分

这个划分标准是从应用的可扩展性角度来考虑的。现有的服务可能有几种不同的功能，例如电商平台包括诸如登录、注册、搜索、订单、支付等几个不同的功能。如果其中某个功能，例如商品搜索功能的时间特别长，而且用户使用的频率特别高，那么就需要把现有的服务进行拆分，把搜索部分独立成为一个新的服务，单独部署，独立扩展。

2. 根据信息安全的不同属性进行划分

这个划分标准是从保护敏感数据的角度来考虑的。如果现有的服务包括需要安全和不需要安全两种功能，例如支付机构包括信用卡支付和QR码扫码两种对信息安全不同要求的服务，此时就需要把涉及敏感的PCI数据的处理部分分离出来，放在安全区域单独部署。

3. 根据团队规模的大小进行划分

这个划分标准是要确保服务的规模不超过现有团队可以承受的规模和提供的技术能力。例如，如果支付机构中支付前服务和支付中服务一起交给某8个人的团队，那就需要考虑把支付前和支付中的服务进行拆分，变成两个独立的服务，分别由两个团队来负责，确保能有足够的资源和聚焦。

所以，微服务要按照原则适度划分，不要为了划分为服务而划分。如果微服务的划分掉进误区，就会出现一个平台有成百上千微服务的情况，使技术研发和技术运维团队陷入疲于奔命和顾此失彼的状态。

9.6 日切与批处理

9.6.1 日切的概念

日切是指支付机构在每日交易结束之后，内部进行批量处理信息的时间，例如每日凌晨 1:00。

支付机构通常会对接许多其他的金融机构，而这些金融机构对每天支付处理时间的规定会有差异。例如，有些银行将每天业务结束的时间点定义为午夜 24 时 0 分 0 秒 0 毫秒，有些则定义为凌晨 1 时 0 分 0 秒 0 毫秒。所以为了确保能从所有的金融机构取得前一个支付交易日（T）的对账文件，也为了确保所有在临界点发出的支付请求都包括在 T 日的支付记录当中，支付机构通常会选择比所有的金融机构都要晚的时间点作为支付日终时间。如图 9-17 所示。

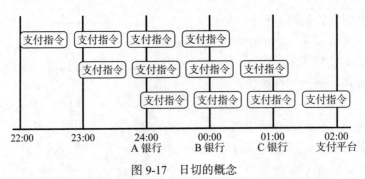

图 9-17 日切的概念

T（Transaction）是指事务处理或者交互，T 日是指支付请求处理的日期，T+1 日是指交易发生后的第二天。支付机构的日期是以日切的时刻为分割线，通常会把日切之前的时间称为 T 日。日切到来后，支付机构会发起一系列业务操作，其中包括：

- 按照机构维度生成 T 日的支付记录文件；
- 把生成的支付记录文件分别按照约定发送给商户；
- 从各个金融机构获取金融机构的支付记录文件；
- 完成 T 日支付机构与各个金融机构的对账，生成对账报告；
- 完成各个利益相关方账户的更新处理；
- 按照与商户或者代理商约定的结算条款和规则生成结算报告。

可以看出，日切启动的活动大多数是支付系统的批量数据处理工作，会耗费非常大的系统资源。所以，设计和构建优秀的支付后应用非常重要。

9.6.2 关于批处理

支付机构每天都会有很多支付请求需要处理，包括在日切发生后的下半夜。如何能设计一个高效、灵活、透明的批量处理管理平台，如何有效地监视和控制不同时段的批处理请求，是需要思考和解决的问题。

试想在一个对定时批处理没有管控和缺乏透明度的支付生产环境中，当系统正在处理某些支付请求的时候，突然某个定时任务自动启动了一个批处理，而且该批处理长期消耗系统的计算资源和数据库资源，最终导致正在处理中的支付活动反应迟钝，或者因为太慢超过了与金融机构约定的等待时间，出现掉单甚至失败，造成所处理的支付请求出现问题。简而言之，悄悄安排在不同的子系统中，通过应用程序控制的定时任务如同一颗颗定时炸弹，随时会给支付系统带来意想不到的损失。另一方面，尽管叠加的定时任务只需要执行几秒钟或者几分钟，但是，为了完成这些定时任务，系统需要预先按照最大使用量来分配资源，而这些资源在批处理的高峰期之外无法发挥作用，是一种严重的浪费，如图 9-18 所示。

解决这些问题的正确方法是设计和实施一个批量处理应用平台，统一配置、修改、监控、启动和停止操作。这样所有的定时任务都会展现在同一个界面上，无论是负责系统监控的技术运维人员还是负责批处理的操

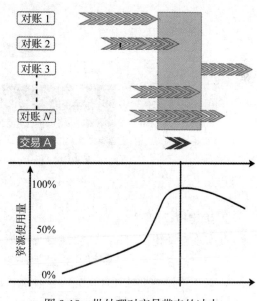

图 9-18 批处理对交易带来的冲击

作人员，都能够看到正在和即将发生的批处理工作有多少个，可能会占用多大的资源，是否会对支付系统的正常支付请求的处理带来冲击。批处理的管理控制人员可以根据系统资源的使用情况，错峰安排不同的批处理，从而更有效地使用资源，降低成本，减少批处理对正常支付请求处理的影响。批处理任务管理平台（以下简称为批处理平台）的框架见图 9-19。

在设计和实施批处理平台的过程中需要注意以下几个方面。

1. 采取自动控制

批处理几乎都是在日切后开始的，要考虑金融机构的支付请求报告生成时间和商户的对账需求。所以，这些任务基本都发生在凌晨 2:00 到早上 9:00 这一段时间内，不适合人工控制。另外，人工干预的效果往往取决于操作者的经验水平和他对支付业务的了解情况，难免有遗漏和闪失。

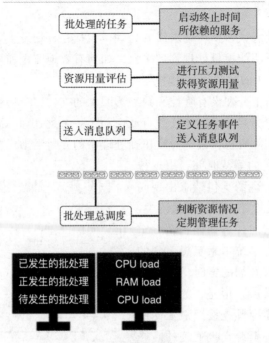

图 9-19　批处理任务管理平台的框架

2. 确定执行规则

要实现自动化控制，就需要能提炼出规则。这些规则主要包括：

- 当资源在什么水平时禁止批处理任务发生？
- 对于不同的批处理任务，设置什么样的资源使用上限？
- 当不同的批处理任务执行的时候，分别设置什么样可允许的时间长度？
- 启动批处理任务之前，确定所依赖的服务、数据和其他任务到位。
- 批处理任务启动后，如果发生异常，应该如何处置？
- 无论业务还是技术批处理都需要统一管控。

一个支付系统，除了日切后会发生很多批量处理之外，每天的技术运维也要求做一些批处理工作。如果不处理这种技术运维性质的批处理任务，那么就没有办法从根本上解决定时任务随时爆发冲击支付系统的问题。所以所有在支付系统上执行的定时任务都要完全彻底地纳入批处理平台。定时监控示意图如图 9-20 所示。

3. 通报执行结果

在批处理平台执行批处理任务的过程中，无论遇到了异常情况，还是顺利完成了，都需要及时把情况通报给负责管理平台的技术运维人员或者其他相关的负责人。特别是当批处理过程中出现异常的时候，更要启动应急方案，调查问题的根源，并且及时地解决问题，以确保批处理能够按时完成。因为批处理的结果往往是商户需要进行与 SAP 或者 ERP 对接的数据来源，或者商户内部支付对账的前提，所以，及时准确地完成各项批处理任务对支付系统而言与处理好每笔支付请求一样重要。

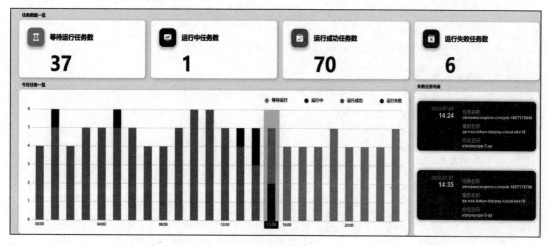

图 9-20　定时监控

9.7　本章小结

本章从支付系统的技术实现角度出发，总结了作者所经历过的一些问题和吸取的教训。首先，引入了同步与异步的概念及其在支付应用技术实现中所遇到的问题，并且给出了在支付系统中经常会用到的两种异步应用模式。其次，讨论了在技术实现过程中常见的缓存模式，系统性地讨论了各个层次缓存的作用、实施手段及其在技术实现中应用的误区，重点介绍了缓存在支付技术中的正确使用案例。再次，讨论了日志在支付系统的技术实现中的具体作用，以及如何正确地生成、处理和使用日志信息，并给出了利用日志信息为业务开拓提供关键信息的案例。接着，本章论述了在技术实现过程中的需求分析和掌握的问题，提出非技术设计的概念。最后，讨论了支付机构的微服务拆分问题，给出了拆分微服务的指导原则与判定标准。

第三部分 *Part 3*

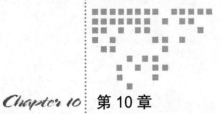

支付的技术运维

支付系统与电商系统一样，曾经是互联网数据中心（IDC）的主要用户之一，随着云技术的发展与成熟，云服务已经逐渐成为支付系统的主要载体。本章将聚焦基于云服务的技术运维，包括云服务、容器、架构、应用发布、服务监控、故障应急、灾备以及运维自动化。

10.1　IT 技术发展的 4 个时代

20 世纪 50 年代之后，IT 技术不断发展，从主机时代到 IDC 时代，从虚拟化时代到云服务时代，70 多年来，软件技术和硬件技术相互配合，不断进步，如图 10-1 所示。

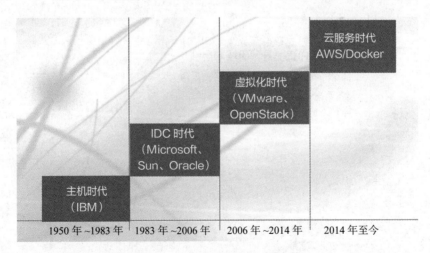

图 10-1　IT 技术发展的 4 个时代

10.1.1　主机时代

在 1980 年之前，无论是支付还是其他业务，信息处理主要依赖 IBM 主机系统。主机系统的特点是购买成本高、维护成本高、可靠性高，缺点是诸如 IBM 370/3090 汇编语言和 TPF（Transaction Processing Facility，事务处理设施）的编程技术很难掌握。直至今天，主机系统仍然在金融行业、民航行业、铁路系统、政府部门、医疗系统和急救系统发挥着难以取代的巨大作用。这个时代被称为主机时代。主机时代最典型的支付应用就是银行卡组织的处理系统，典型的支付系统代表是 VISA。

10.1.2　IDC 时代

在 1980 年之后，以 Windows 和 Apple Mac 为代表的个人计算机（PC）逐渐兴起，并快速普及。个人计算机的特点是购买成本低、维护成本低、操作简单、易于掌握，但它的可靠性不如主机系统。互联网的出现又进一步加速了计算机的普及速度。电子商务、电子支付、网络游戏、网络阅读、电子邮件等互联网应用广泛普及。互联网公司把自己的应用服务器托管在 IDC 上，供全世界的用户使用。在这个阶段，IDC 成为计算、存储和网络的主力。这个时代也被称为 IDC 时代。从 1995 年开始的电子支付，其网络、计算和存储节点基本都是建立在 IDC 上，部分是公用的数据中心，还有一部分是自己建立的数据中心，这里的典型代表是 PayPal。

10.1.3　虚拟化时代

从 2006 年开始，服务器的硬件资源越来越强大，出现了以 VMware 为代表的服务器虚拟化技术。VMware 允许企业通过虚拟化，在单硬件服务器上分别运行多个虚拟的服务器以支撑不同的应用。后来，除了服务器以外的其他硬件设备供应商也采用类似的虚拟化技术，对负载均衡器、路由器、交换机、防火墙和 VPN 等传统硬件设备也进行了虚拟化，这个阶段虚拟化平台的典型代表就是 OpenStack。互联网企业和 IDC 服务商可以利用 OpenStack 技术，在少量强大的服务器之上，通过虚拟化技术定义所需要的网络设备、计算设备和存储设备，这个时代被称为虚拟化时代。很多互联网支付公司都曾经利用虚拟化技术搭建自己的基础设施，通过虚拟化的网络、负载均衡、防火墙、计算节点和存储节点为支付应用提供服务。

10.1.4　云服务时代

从 2014 年开始，IT 行业的有识之士逐渐发现了虚拟化技术的致命缺陷。不同的虚拟化主机（操作系统和应用服务软件）大同小异，差异只在应用代码一层。但是，应用代码这一层仅占虚拟系统的极小比例。我曾经在所服务的支付机构里做过统计，不同虚拟化主机之间的相似度在 95%，也就是说只有 5% 的应用代码差异，这是巨大的浪费。因此，以

Docker 为代表的容器技术应运而生。容器技术就是在共同的容器引擎基础上，把应用程序放在支撑这些应用程序运行的容器中运行。容器技术不仅加强了计算资源使用的灵活性，而且极大地提高了资源的利用率，如图 10-2 所示。因此容器技术也获得 IT 行业的普遍欢迎，这个时代被称为云服务时代。已经有不少支付公司把自己的支付系统全部建设在云端的容器平台上，像我工作过的 NETSTARS 就是一个典型的例子。该公司的支付系统全部建设在亚马逊和谷歌云上，并通过容器来提供服务。

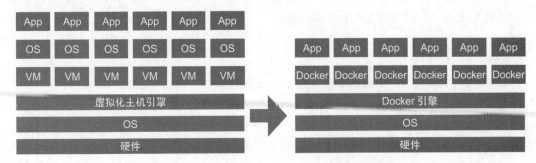

图 10-2　容器技术大幅度减少了资源的浪费

10.2　云服务

IDC 时代的互联网支付系统把服务器托管在 IDC 上。彼时，支付机构的技术运维人员经常在三更半夜前往数据中心，搬运机器、上架设备、搭建网络和调试设备。以亚马逊为代表的云服务彻底改变了 IDC 时代技术运维的作业方式。现在的支付机构的技术运维人员只要坐在办公室的座位上，就可以方便地在云端构建公司业务需要的各种系统，发布代码，调试网络和分析数据，甚至可以根据需要在任何云服务可以触达的地区建立自己的云数据中心，以便更好地服务不同地区的用户。

今天的云服务犹如家中的电力系统，你无须了解所用的电力源于何方，就可以轻松愉快地使用电力来驱动空调、微波炉、电视机和电冰箱。云服务让任何想要在互联网上尝试创新的人都可以通过很低的代价获得强大的技术支持。当前比较典型的云服务厂商如图 10-3 所示。云服务代表着未来的发展方向，可以预见越来越多的公司将会建立在云服务上，而且云服务正在向金融云、电商云、政务云、娱乐云和制造云等垂直化和专业化方向发展，为企业发展和人类幸福提供更多更方便的服务。

图 10-3　典型的云服务厂商

10.2.1　云服务的范围

以亚马逊网络服务（AWS）为例，目前的 AWS 可以提供以下这些服务：

- 支持整个世界的网络接入；
- 提供域名解析（DNS）和时间（NTP）服务；
- 提供 CDN 等内容分发服务；
- 提供应用、网络防火墙、VPN 和 WAF 等安全服务；
- 提供网络前端的负载均衡（LB）服务；
- 提供 VPC 和 VLAN 等内部网络空间划分服务；
- 提供计算需要的基础服务器（AWS EC2）；
- 提供文件存储服务（AWS S3）；
- 提供数据库服务（AWS RDS）；
- 提供日志服务（AWS CloudWatch）；
- 提供短信和邮件在内的通知服务（AWS SNS）；
- 提供消息队列服务（AWS SQS）。

在云服务厂商提供的这些丰富的服务基础之上，企业可以根据本身业务的需求设计和构建出包括支付处理在内的各种服务。需要注意的是，虽然云服务容易操作，如增加资源、扩大空间往往就是几行指令的事情，但是却有可能带来很大的成本开销。分析、追踪、优化成本是使用云服务必须要做好的事情。

10.2.2　双供应商原则

我曾见证过一家公司被云服务厂商"绑架"的事。A 云服务厂商在一年前上门推销云服务，态度诚恳，而且承诺免费帮助这家机构把现在的 IDC 服务都平滑地迁移到 A 云，同时帮助这个企业集成了很多 A 云服务上的应用，第一年还有很多服务费用的减免。但是，到了第二年，A 云服务厂商开始收取每个月数百万元的服务费用，该公司没有办法，因为系统已经迁到云端，应用集成了 A 云的服务，已经无路可退。

后来，这家机构的 CIO 来咨询我的意见。我向他介绍了 B 云，请 B 云的解决方案架构师帮忙出方案，动手把现在完全陷在 A 云的应用迁移 50% 出来放在 B 云。迁移完成之后，该机构的 CIO 就告诉 A 云，必须把服务费用降到合理的水平，例如与 B 云一样的价格水平，否则会把另外 50% 的服务也都迁移到 B 云。A 云在现实面前只好做出让步，下调了每个月的服务费用，同时对该机构的服务更加用心，因为有 B 云在旁边虎视眈眈。B 云也对该机构呵护备至，意图把 A 云的生意抢过来。

所以，无论云服务还是其他的技术服务都要采取多个供应商的策略，以避免长期依赖个别供应商而出现缺乏灵活性的问题。综合采用不同供应商的解决方案，既可以保证通过供应商之间的竞争获得更好的服务，也可以避免因为单一供应商出现故障而导致系统无法持续服务的问题。

10.3　分布式计算

分布式计算依托大量的计算节点，首先把复杂的计算任务分解成许多子任务，分别发送给不同的计算节点，然后把各节点的计算结果汇总获得最终的答案。分布式计算非常适合解决类似 CAD 设计过程中的图像渲染、支付业务中的大规模对账和支付交易的处理等工作。在 CAD 设计的图像渲染过程中，应用可以把一个复杂的三维几何图形分解为成百上千个小的立方体，然后分别把它们交给独立的计算节点进行渲染处理，所有节点都可以同时进行平行计算，从而能够快速获得渲染计算的结果。

因为容器占用资源较少、操作灵活、启动快速和易于扩展，所以非常适合作为分布式计算的节点。支付业务需要同时处理大量的交易，而且在每笔交易的处理过程中还涉及诸如检测幂等、解析数据和验证签名等操作，而这正是容器技术可以充分发挥作用的最佳场景。本节将概略地介绍容器技术。

10.3.1　Docker

Docker 最初是 dotCloud 公司创始人 Solomon Hykes 在法国期间发起的一个公司内部项目。该项目是基于 dotCloud 公司多年云服务技术的一次革新，并从 2013 年 3 月开始以 Apache 授权协议开源。Docker 在开源后广受欢迎，并广泛应用于包括 Google 在内的很多平台，因此 dotCloud 也改名为 Docker。

基于 Linux 内核的 CGroup 与 Namespace，利用 Go 语言对进程进行封装和包装，这些都属于操作系统层面的虚拟化技术。由于被隔离封装的进程独立于宿主机和其他的隔离进程，所以被称为容器（Container）。在容器的基础上，对文件系统、网络连接和进程隔离做进一步的封装就形成了 Docker。Docker 极大地简化了容器的创建和维护过程。

容器镜像是一个包含运行环境所需的所有元素的软件包。它可以大到包含整个操作系统（Ubuntu），小到只有一个基础组件（JVM）或者一个应用（Java Web App）。容器镜像如果展开就变成 Docker 容器，可以被启动、停止或者删除。一台计算机可以运行很多个 Docker 容器。但是 Docker 容器的资源使用量却远比 VMware 小得多，因为后者一定包含了操作系统。VMware 与 Docker 的简单对比如图 10-4 所示。

容器技术给我们带来的好处如下：

- 更高效地利用系统的资源，减少了硬件虚拟化需要完整操作系统的开销；
- 更快速的启动和停止服务，直接在宿主机的内核上面加载镜像秒级启动；
- 标准统一的应用运行环境，系统直接使用镜像，完全去掉了环境的依赖性；
- 让持续集成和持续交付成为可能，研发可以直接生成镜像并在测试后交付生产；
- 让应用迁移变得容易，对环境的无依赖性让应用迁移变得毫无障碍；
- 让运维操作更加轻松方便，运维不再需要关注环境的变量而只聚焦镜像；
- 让系统水平扩展更加容易，可以通过增加镜像副本来实现水平快速扩展。

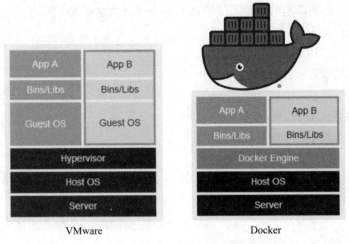

图 10-4　VMware 与 Docker

10.3.2　Kubernetes

在容器技术刚出现的时候，大家发现：一个虚拟主机（VM）的规模大概是 20 GB，而运行着相同应用程序的容器的规模只有大约 200 MB，也就是说运行同一个应用的 VM 要比容器大 100 倍。很显然，容器为我们节省了大量的资源。但是，在引入容器技术之前，运维工程师在一台物理机上只需要应对 10 台虚拟机（VM）；在引入容器技术之后，运维工程师在一台物理机上需要应对 1000 个容器。在跨多节点的环境里，部署、管理和调度大量的容器成为一个挑战。

在 2014 年，谷歌就面临着这样的挑战，谷歌的工程师基于谷歌多年的生产系统管理经验，研发出一款针对容器化应用进行自动化部署、扩展和管理的开源系统，并将其命名为 Kubernetes（希腊语为舵手的意思），如图 10-5 所示。因为 Kubernetes 读起来费劲，所以省略其中的 ubernete 8 个字母，将其简称为 K8s。K8s 把构成应用的容器打包成逻辑单元以便管理和发现。K8s 的主要作用总结如下。

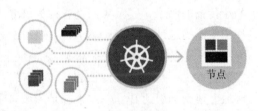

图 10-5　K8s

1）无限增长。无论业务怎样发展壮大，依托同样规模的技术运维团队可以支持不断增长的业务对基础服务的需要。

2）永不过时。无论在本地电脑上，还是在全球性的大企业平台上，都可以伴随业务的增长灵活而且持续地支持任意复杂度的业务。

3）处处适用。开源的软件可以让你随心所欲地在自有数据中心、公有云和混合云上毫无压力地自由迁移和运行自己的应用系统。

K8s 之所以能达到以上的境界，主要是因为它有下面这些主要能力：

- 自动化灰度发布和回滚能力；
- 每个 pod 的应用负载均衡能力；
- 按需自动挂载各种存储空间；
- 执行批量处理任务的能力；
- CPU 按应用需要自动水平扩展的能力；
- 出现失败自动重新加载的愈合能力。

10.4　数据中心的架构

这里要讨论的数据中心是指为了支撑支付业务的正常运营而搭建的包括网络、计算、存储和安全设备在内的技术设施。对于支付机构来说数据中心异常重要，因为数据中心是支付应用系统的基础设施。对于支付机构而言，要能最广泛地为广大的商户提供接入的方便。也就是说，无论商户处在什么地方，都能很方便、安全和可靠地接入支付系统。无论这个数据中心是自己拥有的物理数据中心，还是在公有云上搭建的数据中心或者前面两者的混合体。正如 10.1 节中所讨论的那样，目前支付系统的发展趋势是在云端搭建数据中心。但是，无论数据中心物理上搭建在什么地方，其逻辑架构大同小异。

数据中心必须支持的基础服务包括域名解析服务（DNS）、标准时间服务（NTP）和数据备份服务。这些服务非常重要，因为所有数据中心的其他服务都要依赖它们。

10.4.1　数据中心的基本服务：DNS

DNS 是互联网公司为了用户的使用方便，为其网站赋予的一个容易读写、方便记忆和易于传播的名字，通常我们把它称为域名（Domain Name）。例如去谷歌的搜索网站，只要在浏览器的地址栏输入 www.google.com 就可以看到谷歌的搜索服务。实际上在互联网的世界里，所有的数据传输都是根据 IP 地址来确定路由的。例如前面例子中的谷歌网站，其真实的地址之一是 172.217.175.46。对于普通的消费者和商户来说，大家平时在文字或者语言沟通上很少会用到 IP，基本上都是用域名来指向相关的网站。

全世界目前已经存在超过 10 万个域名，而且每天都在增加。每个域名至少对应一个 IP 地址，要想记住 IP 地址和域名或者网址的关系非常困难，因此就有了 DNS。所谓的 DNS 就是查询域名数据库，然后把某个网站的地址或者域名翻译成 IP 地址，反之亦然。所以作为企业的互联网数据中心必须要有自己或者第三方提供的域名解析服务，否则在互联网世界里将寸步难行。

下面用 www.starboss.biz 为例来解释域名解析的逻辑。用户想要看地址为 www.starboss.biz 的网站，先在本地和附近 ISP（Internet Services Provider，网络服务提供商）的域名解析服务上找了一下，结果没有找到相关的记录。但是，ISP 的域名解析服务告诉本地域名解析服务，你应该去顶级域名注册中心看下 .biz，于是本地的域名解析服务就询问了顶级域名服务器，答案是这个网站的官方域名存在 AWS 的 route53 上。本地域名解析服务询问了 route53，答案是 www.starboss.biz 的对应地址是 183.181.97.42。然后本地域名解析服务通知用户，你要找的网站的 IP 地址为 183.181.97.42。用户按图索骥，得到自己想要看的页面。如图 10-6 所示。

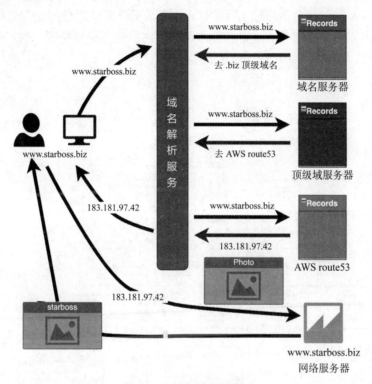

图 10-6　域名解析的过程

作为数据中心的基础服务的 DNS，至关重要，一旦在 DSN 解析上出现问题，整个网站都会瘫痪。在 2010 年的某一天，某支付机构的 DNS 服务器集群进行例行的路由器升级。在升级的过程中，为了防止升级出现问题，特意把 A 和 B 两组核心路由器分开升级。结果在升级的过程中 A 路由器出现异常，本来不应该受到影响的 B 路由器也通过同步机制被自动升级，于是整个 DNS 集群的网络出现了中断的情况。服务中断从夜里开始，一直持续到第二天早上大约 10 点左右。因为支付系统 DNS 中断，大量支付处理请求得不到平台的响应，酿成了当年互联网行业里的巨大灾难。

10.4.2　数据中心的基本服务：NTP

NTP 也是互联网数据中心的基础服务之一。不同于传统产业，互联网的客户和用户遍布世界各地。世界上 200 多个国家和地区分布在 24 个时区，有些国家和地区甚至还有夏令时和冬令时之分。可以看到在电商平台上，一笔交易的商户在中国（GMT+8），而购买商品支付的消费者却在巴西（GMT–3），中间差了 11 个小时。更不用说支付系统还会涉及银行和银行卡组织等金融机构，它们也分布在世界的不同国家和地区。所以，建立好数据中心的标准时间服务，对于保护所有参与支付请求处理的各个利益相关方的利益非常重要。

目前，世界上最准确的时钟是美国实验天体物理研究所 (JILA) 研制的锶原子光钟，该时钟已经达到 160 亿年误差不超过 1 秒的惊人水平。标准时间服务的原理是根据 NTP，让数据中心的服务器与本数据中心或者其他来源的时间服务器保持高度一致。这种同步过程与 DNS 的逐层查询类似，如图 10-7 所示。

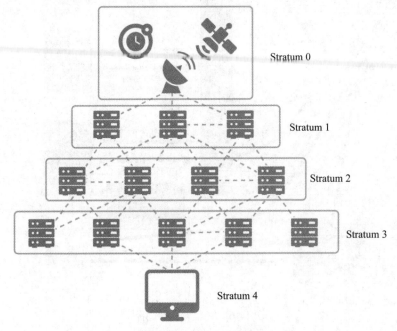

图 10-7　分层次的 NTP

NTP 采用层次化的设计。在协议中，每层（Stratum）都有一个从 0 到 16 的层号。最上层的 Stratum 0 是时钟的基本来源，在此基础之上，Stratum 1 依赖 Stratum 0 获得时间信号，Stratum 2 依靠 Stratum 1 获得时间信号，越往下层号就越大，距离时间本源就越远，Stratum 16 是还没有同步的层。

建立在公有云上的数据中心往往会依托云服务厂商提供的标准时间。在中国，因为北斗卫星组网完成，所以北斗授时系统已经开始提供互联网标准服务。中国的标准时间来源基本上包括以下几个：

- 中国科学院国家授时中心（ntp.ntsc.ac.cn）
- 清华大学时间服务器（ntp.tuna.tsinghua.edu.cn）
- 阿里云时间服务器（ntp.aliyun.com）

● 腾讯云时间服务器（time1~5.cloud.tencent.com）

支付机构在搭建标准时间服务的时候要注意的几个事项如下。

1）时间来源。数据中心在选择时间来源的时候，要在互联网上搜寻至少三个，最好四个本地区权威性的时间服务器作为来源。原因是两个时间来源如果彼此之间出现差异，没有办法判断孰是孰非。

2）时间内卷。服务器 A 从服务器 B 获取标准时间，服务器 B 依托服务器 C 查询和更新标准时间，服务器 C 如果再向服务器 A 查询，就会形成服务闭环。很明显这种闭环对真正同步时间毫无帮助。

3）本地标准。让本数据中心所有的服务器都配置本地的标准时间，以确保在跟踪和解决问题的时候，日志所输出的应用活动的发生顺序是正确的，更为重要的是确保支付处理所记录时间的精确性。

为了避免跨交易平台时间的差异，很多金融机构和支付机构都会把交易发生的具体时间作为一个参数在平台之间进行交换。所以，支付机构也应该注意交换自己的活动时间，确保一旦出现跨平台的差异，双方有据可查。另外，还要加强标准时间服务的安全设计和监控，避免有人在查询端与时间源中间做手脚。

10.4.3　数据中心的基本服务：备份

数据备份和数据恢复服务不仅是灾备的组成部分，也是日常技术运维操作过程中不可缺少的重要基础服务。

数据备份是指定期或者非定期地把生产环境数据库里的数据和应用系统的镜像复制到普通磁带或者数字化虚拟磁带上，以备不时之需。在 20 年前，磁带作为备份系统的媒介，曾经被广泛使用。随着硬盘技术的不断革命和虚拟化技术的快速发展，又出现了格式上模拟磁带，物理上在磁盘上面存储的虚拟磁带（Virtual Tape）存储技术，如图 10-8 所示。

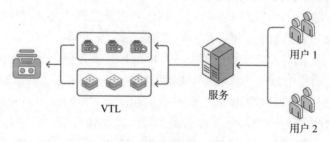

用户 1

服务

用户 2

VTL

图 10-8　虚拟磁带存储

数据中心的数据备份服务是指利用磁带技术，把那些需要存档的数据、需要保存以防丢失的系统镜像，从高速度和高成本的磁盘转移到低成本的实体或虚拟磁带上。特别是数据库，在进行重大升级之前，需要对所有的数据进行全量备份。即使系统没有升级，数据库也要按照灾备的计划，定期进行备份。

备份完成之后，需要对所备份的磁带媒介做安全存管，也就是说把磁带交给专业的数据媒体存管人员进行处理。这种处理包括对磁带或者磁盘打标签之后，封存在能长期保存的环境里（安全、温度、湿度和电磁等）。如果日后有需要，可以根据标签从封存的库中把磁带提取出来交给负责数据备份的技术运维人员。

数据恢复是指把存储在磁带等媒介上的数据恢复到生产环境以供使用的过程。这个过程通常需要用与数据备份相应的数据恢复应用软件来实现。技术运维人员要经常做类似的备份和恢复操作，一方面是为了熟悉相关的过程和命令，另一方面是为了确保所存的数据确实可以恢复为可以使用的生产数据。

10.4.4　双活数据中心

出于容灾考虑，也为了提高系统的响应速度，支付机构往往会建立双数据中心，甚至三数据中心。数据中心典型的拓扑设计模式是同城双活异地灾备，如图 10-9 所示。

同城双活是指企业在同一个城市部署两个数据中心（A、B），均接收支付请求，但是数据中心 A 的数据库负责读写，数据中心 B 的数据库只读不写。这种拓扑设计模式的关键点是两个数据中心之间的网络延时在 2～5 毫秒，所以通常都部署在同一个城市。

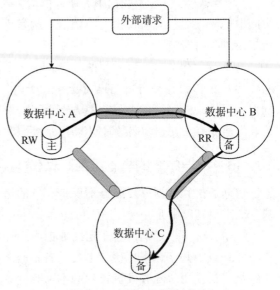

图 10-9　同城双活异地灾备

异地灾备是指企业从灾备的角度出发，在距离主要数据中心地理距离足够远的其他城市设立第二或第三数据中心。这个地理距离的确定主要基于两个因素：第一是网络传输的延时要足够小，例如 10 毫秒；第二是地理距离远到足以避免同时发生灾难的影响。有的时候从服务用户的角度出发，企业经常会选择在离用户群较为集中的地点，在服务灾备的同时，提供一定的查询服务。

本节主要聚焦讨论双活数据中心。支付机构在设计双活数据中心的时候，要充分考虑到支付请求处理的数据一致性问题。在目前的技术现实情况下，不推荐所谓的双写模式，不仅没有必要，而且很容易弄巧成拙，带来数据一致性问题。采取稍微保守的模式可以更稳健，即一个数据中心读写，一个数据中心只读。因为从支付请求处理活动的读写比例看，写数据库的概率大概只有 10%，而读数据库的概率则在 90%。一个数据库足以应对写入支付记录的请求，可以开放第二个数据库来应对大量的读取操作。或许未来，在网络技术和数据库技术有新发展的情况下，我们可以稳健地进行数据库双写操作。这需要一段时间的验证和技术的成熟过程。

还有一个特别需要注意的是，双活数据中心要能在需要的时候进行数据中心的 AB 切换。这种切换不一定是为了灾备，更多是为了能够在数据中心 A 进行重要或者高风险维护工作的时候，把支付请求全部发送到数据中心 B。也就是说，应用服务要有能力在双活数据中心 A 和 B 之间自由、灵活和安全地切换。

要实现这种数据中心双活，就要保障两个数据中心尽最大可能在设计和实施的时候保持各个方面的一致性。这样做主要是为了能让同一套人员的技术运维团队不需要同时熟悉两套系统，确保聚焦和经验积累。即使不能在底层的物理数据中心或者公有云数据中心这一层保持一致，至少能在可以控制的逻辑数据中心或者虚拟数据中心方面保持一致的设计、实施、配置和命名。我曾经在某航空公司的数据中心工作过，航空公司都会做两个数据中心。第二数据中心和第一数据中心几乎是孪生兄弟，连卫生间和咖啡厅在什么地方都完全一样，当灾难发生的时候几乎可以不需要费力气就能完全适应第二数据中心的环境。

10.4.5　多活数据中心的迷思

双活数据中心是比较基本的数据中心拓扑设计，同样的逻辑和设计可以实现多活数据中心。也就是说，多个数据中心都能够同时服务客户的支付请求。在多活数据中心这个问题上，有一个非常有意思的争论。有人提出多一个数据中心就会增加很多的计算、网络和存储设备，从成本角度看是不划算的事情。但事实并非如此。如果能做更深入的分析，就可以发现数据中心越多，资源的利用率越高。

1. 两个数据中心

数据中心主要包括网络、计算和存储三类资源。假设一个应用需要 100 个资源，让我们来看看实际的计算结果。如果有两个数据中心，那么每个数据中心所负担的工作为整体的 1/2，当一个数据中心发生灾难的时候，可以把该数据中心所负担的工作量（整体的 1/2）交给另外一个数据中心来处理。这样每个数据中心所需要的资源量就是：

$$100 \times 1/2 + 100 \times 1/2 = 100 （个）$$

两个数据中心加在一起就是 200 个资源。

2. 三个数据中心

如果有三个数据中心，那么每个数据中心所负担的工作为整体的 1/3。当一个数据中心发生灾难的时候，可以把受灾数据中心所负担的工作量（整体的 1/3）分别交给另外两个数据中心来处理。这样每个数据中心所需要的资源量就是：

$$100 \times \frac{1}{3} + 100 \times \frac{1}{6} = 100 \times \frac{3}{6} = 50 （个）$$

三个数据中心加在一起就是 150 个资源。

3. 四个数据中心

如果有四个数据中心，那么每个数据中心所承担的工作为整体的 1/4。当一个数据中心发生灾难的时候，可以把该数据中心所负担的工作量（整体的1/4）分别交给另外三个数据中心来处理。这样每个数据中心所需要的资源量就是：

$$100 \times \frac{1}{4} + 100 \times \frac{1}{12} = 100 \times \frac{1}{3} = 33.3 \text{（大约34个）}$$

四个数据中心加在一起就是 136 个资源。

4. 五个数据中心

如果有五个数据中心，那么每个数据中心所承担的工作为整体的1/5。当一个数据中心发生灾难的时候，可以把该数据中心所负担的工作量（整体的1/5）分别交给另外四个数据中心来处理。这样每个数据中心所需要的资源量就是：

$$100 \times \frac{1}{5} + 100 \times \frac{1}{20} = 100 \times \frac{1}{4} = 25 \text{（个）}$$

五个数据中心加在一起就是 125 个资源。

5. 六个数据中心

如果有六个数据中心，那么每个数据中心所承担的工作为整体的1/6。当一个数据中心发生灾难的时候，可以把该数据中心所负担的工作量（整体的1/6）分别交给另外五个数据中心来处理。这样每个数据中心所需要的资源量就是：

$$100 \times \frac{1}{6} + 100 \times \frac{1}{30} = 100 \times \frac{1}{5} = 20 \text{（个）}$$

六个数据中心加在一起就是 120 个资源。

比较上述内容，得出多活数据中心与资源之间的关系，如表 10-1 所示。

表 10-1　多活数据中心与资源之间的关系

IDC 个数	2	3	4	5	6
单 IDC 的工作量	1/2	1/3	1/4	1/5	1/6
单 IDC 的冗余量	1/2	1/6	1/12	1/20	1/30
单 IDC 的资源量	100	50	34	25	20
所有 IDC 的资源量	200	150	136	125	120
DR 冗余占比	2X	1.5X	1.36X	1.25X	1.20X

归纳分析上面的多（N）活数据中心情况可以看出，在一个数据中心出现故障或灾难的情况下，多活数据中心所负担的工作将会被（$N-1$）个幸存的数据中心所接管。所以就会有下面的公式来计算每个数据中心所需要的资源数量：

$$100 \times \frac{1}{N} + 100 \times \left(\frac{1}{N} \times \frac{1}{(N-1)} \right)$$

多活数据中心加在一起就是（$100 + 100/(N-1)$）个资源。

10.4.6 数据库的架构

在数据中心的所有技术架构设计当中，多活数据中心和分布式计算都属于框架性质的架构，也就是说属于基础设施性质，可以决定数据中心其他部分的架构方向。数据中心的数据库架构设计是一个非常重要，但是经常被忽略的部分。这里的数据库架构并非是指那些开源或者闭源的数据库系统技术，而是指根据支付业务如何对不同的数据库实例进行合理配置的最佳实践。

为什么要对数据库的实例进行配置呢？如果数据库管理员（DBA）或者应用系统在主数据库实例上做插入、删除、更新、定义或者任何其他可以改变数据或者数据结构的操作，那么这些变化都会通过各种不同的方式同步给备库，也就是说备库和主库亦步亦趋，这种同步是好事。但是，如果有一些不想看到或者预料之外的操作发生了，那么，这些操作带来的变化也会被快速地同步到备库，这样的同步就是我们不想看到的。所以，要趋利避害，扬长避短，充分利用数据库同步的优点，避免一些弱点。这就是数据库实例梯级部署架构的意义。

为了避免前面提到的各种针对数据库发生的不利变更影响到业务，在主备数据库架构的基础之上，增加一个延时数据库，如图 10-10 所示。也就是说主库的变更会被复制到备库，由备库把变化的数据和数据库变更指令传递给延时库，但是这些变动并不是立即同步到延时数据库，而是在 8 小时后同步。换句话说，延时数据库就是与备库差 8 小时的数据库实例。这种架构可以有效地防范操作失误和恶性删库跑路等情况。对于处理支付请求这种金融服务的支付机构而言，这种主备延的数据库架构尤为适合。

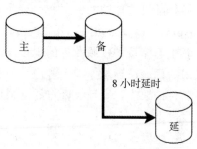

图 10-10 主、备、延数据库架构

10.5 应用发布

应用发布是技术运维的日常工作之一，也是最容易对业务产生冲击作用的运维任务。发布的应用的测试不彻底，会把影响业务正常运行的软件缺陷带到生产系统；发布的过程缺乏规划，会造成对技术平台的冲击；发布过程管理不善，例如用错软件版本，也会对业务的平稳运行带来重大影响。

应用发布是技术运维工作中最重要、最敏感的工作。那么技术运维应该如何做好应用发布工作呢？

10.5.1 灰度发布

首先是要有灰度发布的逻辑和技术。所谓灰度发布，就是把要发布的内容按照一定的逻辑分成合适的颗粒度，把一次性发布变为多次逐渐发布的过程。通常，在确定灰度发布的颗粒度的时候，主要考虑的是如何能把发布产生的意外情况对用户的冲击降到最小。

例如，可以按照百分比发布，就是针对所有的应用请求，从每 100 个请求中随机挑选一个送到最新版本的发布池子里，然后在一个足够长的时间范围内，仔细观察应用日志、系统资源以及用户反馈。通常把这个时间范围设置为 24 小时，也就是经过支付请求处理的所有环节和所有场景。例如发现支付请求的正向逻辑处理可能没有问题，但是后续的退款或者交易撤销可能存在问题，或者分账和处理费计算有问题。

在最初观察的基础上，综合所有的情况进行系统性评估。如果第一次的小范围发布没有大问题，就加大颗粒度。例如，把支付请求的 5% 送入灰度发布池子里，重复与第一次一样的观察过程。这次观察的时间可以缩短到 4 个小时。然后快速分析、评估发布池子里的应用表现、系统的资源消耗以及用户的反馈情况。以此类推，可以不断地加大发布的颗粒度，如 1%、5%、25%、50%，直到 100% 完全发布为止。

灰度发布的好处非常明显，要实现灰度发布，最关键是在支付处理请求进来的网关处做好随机选择的配置工作。目前有很多成熟的解决方案可以采纳，例如，负载均衡器或者 Nginx，以及公司内部开发的专用的灰度发布系统。注意，发布的策略要适当。有些市场或者生态体系是按照商户的规模发布的，把小规模的商户放在最前面，把大规模的商户放在最后面，逻辑是保护大客户。但是，这么做也有它的弊端，例如小流量请求可能无法触发软件的缺陷，一旦大客户的支付请求进入系统，海量的冲击有可能瞬间耗尽系统资源，触发灾难。

所以，制订灰度发布策略时要认真思考，因地制宜。有些时候，尽管所发布的应用感觉不会直接影响到用户，但是处理不当会产生重大的负面影响。

10.5.2　应用发布引发的完美风暴

ZooKeeper 是一个开源软件，顾名思义，就像动物园里的管家一样，负责协调管理平台上各种应用服务。ZooKeeper 是谷歌公司 Chubby 的一个开源实现，无论 Hadoop 还是 HBase，都需要 ZooKeeper 的协调。所以 ZooKeeper 是一个为分布式应用提供一致性服务的软件。其功能包括配置维护、域名服务和分布式同步等。ZooKeeper 的集群里一般会配置主节点（Leader）、次节点（Follower）和观察者（Observer）等不同角色的节点。每个节点都会有关于服务的注册和具体调用的信息。当增加一个新服务，或者某个服务发生了结构性变化的时候，这些节点之间就会快速同步信息。

在 2017 年，我在某支付机构亲自见证了一起 ZooKeeper 的事故。具体经过是这样的，平台上的某个应用服务发生了变化，需要更新服务注册。ZooKeeper 收到了更新通知，就开始广播和传送该变化。问题在于 ZooKeeper 发出的更新包是全量的，而该支付机构使用 Dubbo 框架的时间不久，对于系统，特别是 ZooKeeper 里面应该存放信息的要求不甚清楚，所有的服务注册信息都非常细致和全面，例如采用整个 URL 指向资源，而不是短链接，所以 ZooKeeper 在整个环境中传递的都是全量大型的更新数据包。只要应用启动，ZooKeeper 就立即开始向外发包，使得整个支付体系的网络在瞬间被很多来自四面八方的大型数据包打满，最终导致整个支付系统瘫痪。

从上面这个案例就能看出，一个小小的应用发布，即使不是与用户直接相关的应用，也能令支付系统瘫痪。所以应用的发布绝无小事，技术运维必须慎而又慎。

10.6　系统环境

10.6.1　各种系统环境概述

支付应用属于关键性的应用。对于关键性的应用，需要妥善考虑好应该设置哪些必要的环境，以及环境之间的相互关系，以满足不同利益相关方的诉求。一般的支付技术体系都会设置以下六大环境。

1. 生产环境

顾名思义，是为了生产支付应用而搭建的环境。主要用户都是真实的商户。生产环境的应用软件版本应该是所有环境版本的基础，例如我们称之为 V。

2. 研发环境

顾名思义，是为了研发支付应用而搭建的环境。主要用户就是应用的研发人员。研发环境的应用软件版本应该是比现在生产环境的版本高出至少一个或几个版本，例如 $V+N$。

3. 测试环境

顾名思义，是为了测试支付系统的功能而搭建的环境。主要用户就是应用的测试人员。测试环境的应用软件版本应该是比现在的生产环境的版本高出一个或几个版本，即 $V+N$。

4. 压测环境

顾名思义，是为了掌握支付系统的吞吐量和并发水平而特别搭建的环境。唯一的用户是应用的测试人员。测试环境的应用软件版本应该是比现在的生产环境的版本高出一个或几个版本，即 $V+N$。

5. 演示环境

顾名思义，是为了给潜在的商户演示应用而搭建的环境。这个环境有时也被称为培训环境或者接入环境。它可以供销售人员对外演示使用，也可以供支付机构应用培训使用，还可以供商户系统接入代码测试和验证使用。演示环境的应用软件版本应该比现在生产环境的版本高出一个版本，即 $V+1$。

6. 发布环境

顾名思义，是为了发布支付应用而搭建的环境。发布环境最大的用途就是在正式大规模应用发布之前做最后的验证测试。发布环境的应用软件版本应该是即将发布的应用版本，即 $V+1$。

10.6.2 系统环境的演变

系统的六大环境并不是孤立的，而是相互关联的，并且有自己完整的生命周期。

如果当前支付生产系统的版本是 V，那么研发环境应用软件版本至少是 $V+1$、$V+2$ 甚至更多。研发环境所提供的是研发工作的基础平台；在研发完成之后，研发人员会把自己研发的结果推送到测试平台进行功能、性能和安全方面的测试；测试环境的版本和研发环境的版本基本保持一致，也可能会略小于研发的版本。

压测环境原则上是针对马上要上线的应用系统进行性能和系统资源的分析与度量的环境。经过各种测试，通过变更审查决定上线的应用系统会被推送到发布环境，然后进行各种测试和验证，发布环境的版本一定是 $V+1$。经过发布环境验证的软件版本会被推送到生产环境，从而完成整个系统的生命周期。这里还有一个特别的环境——演示环境，供企业销售人员对外部潜在客户进行演示。很多时候，大家也用演示环境来培训用户，甚至进行商户的接入测试。

从研发到测试，从测试到压测，从压测到发布，从发布到生产，从生产到演示，这是一个动态的不断循环的过程，如图 10-11 所示。虽然起点是研发环境，但是会不断地迭代发展，不会停止在生产环境。

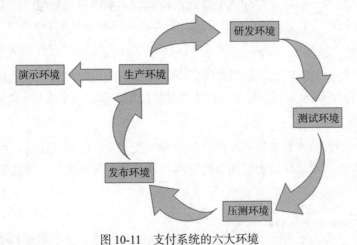

图 10-11　支付系统的六大环境

10.7　服务监控

发布到生产环境的应用以及支撑这些应用的底层服务，都需要技术运维人员从各个维度做好监控。监控的目的是及时地发现问题以避免影响服务可用性。当然也是为了能尽早解决小问题，避免小问题积累酿成灾难。图 10-12 深刻地揭示了缺陷、事件与事故之间的逻辑关系。

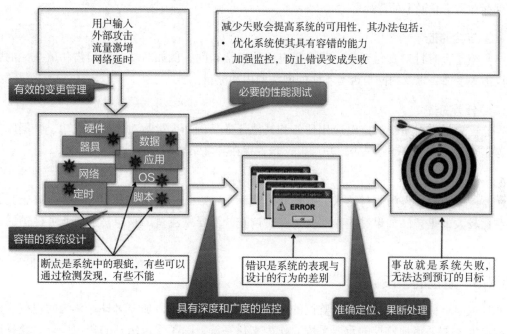

图 10-12 缺陷、事件与事故

10.7.1 监控的价值

系统由软件、硬件、定时、脚本、应用、设备、数据和网络所构成。所有这些要素都可能有缺陷隐藏其中。这些缺陷平时相安无事，但是如果有诸如输入、流量、攻击或者延时等外界条件的进入，就有可能被触发。而缺陷一旦被触发，一般都会出现一些系统的错误或者事件。如果系统有良好完备的监控体系，就会及时地发现这些错误和事件，从而及时调查并采取行动修正缺陷。否则，这些错误和事件就会导致系统出现灾难，让技术运维和企业业务无法达成预定的目标。由此可见监控的重大价值。

10.7.2 监控的范围

监控的目的是发现小问题，避免酿成大事故。所以，监控要能够发现可能导致大事故的小问题。一般来说，一个支付系统的监控会包括以下几个方面。

1. 系统监控

监控支撑应用或者业务的计算、网络和存储节点，看这些节点是否存在异常的资源使用、行为表现和特殊事件等。系统监控对支付来说，就是最底层的应用服务器和网络。

2. 网络监控

监控支付系统的外部与内部网络，看是否存在突发的流量激增或者流量锐减的现象，是否存在网络联通上的障碍等。

3. 安全监控

监控是否有针对支付系统、网络和应用的异常访问，例如对端口的扫描和试探性的脚本攻击等事件，以及内网是否有不明的网络调用和流量。

4. 任务监控

监控包括支付系统的定时应用任务和其他任务，例如，批量对账是否成功，数据库备份等是否已经按时启动，是否成功结束，是否存在异常结果。

5. 应用监控

监控各个时间点的支付请求的流量和成功率，可以与上周同期进行对比，以确定是否存在比较大的偏差。如果有差异那就要及时调查，看异常流量的来源是否与业务促销活动相关。

10.7.3 监控的手段

日志中事件的异常和错误是监控的主要数据来源。所以，加强对日志系统的规范化建设和深度挖掘是落地监控的重要手段。作为支付系统，除了系统级别的资源以外，几乎所有需要监控的指标都能从日志当中取得。本节将以支付应用的监控为例说明如何建立应用级别的监控。

支付请求在每天 24 小时范围内发生的概率，对某个特定的商户或者店铺来说是有一定的规律的，但是这种规律并不是特别典型或者明显。如果把支付系统所有商户和店铺的支付请求进行累加，然后再观察，就会很明显地看到规律的存在。这种规律会受到节假日、不同的周天、雨雪天气和促销活动的影响。如图 10-13 所示。

图 10-13 中深色的线为今天支付请求的每分钟统计，浅色的线为上周同一天的 24 小时支付金额变化情况（图中截取了部分时间段），可以明显看出两个交易日几乎在所有的时间点上都保持着相同的模式。从细节上可以注意到，每天中午 11:00—12:00 点会有一个高峰期，下午 17:00—18:00 点会有另外一个小高峰。从该图还可以看到，集合了大量商户的支付数据所能看到的规律非常准确。在这个过程中，如果突然出现了偏离规律的曲线陡然下降，那几乎可以肯定是出现了故障。也许这个故障是在支付机构的本身，也许是商户一端，也许是银行或者其他的金融机构发生了什么问题。所以，基于这种长期积累的数据进行应用监控，可以在支付流量的主线上下建立一个预警带，例如 5% 的波动范围，凡是超过预警带的，应该立即报警启动应急流程。如图 10-14 所示。

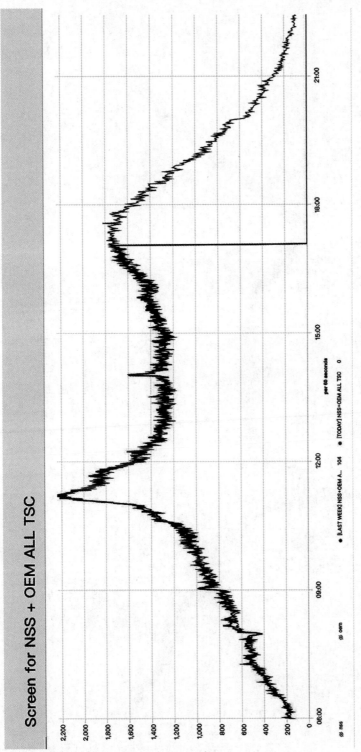

图 10-13 应用监控的流量基线

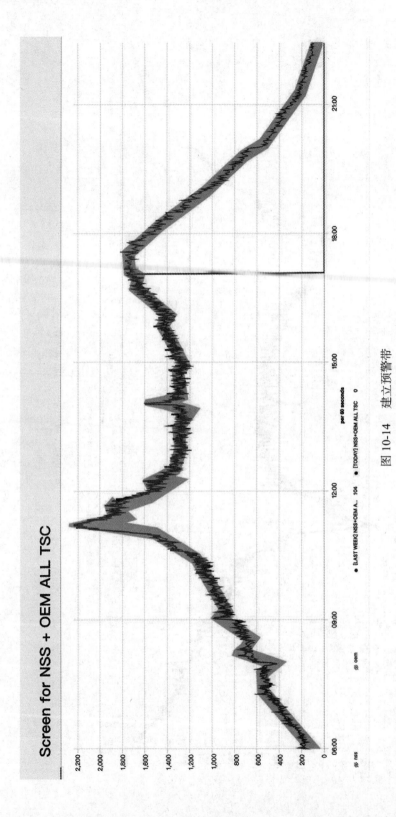

图 10-14　建立预警带

10.8　故障应急

10.8.1　人工监控与报警

如果所监控的目标发生了严重的偏离基线的情况，监控系统就要立即发出警报，提醒负责监控的技术运维人员立即做出判断，以决定是否启动应急方案。现在还有不少的支付机构采用人肉报警的方法来做监控。根据我在几个支付机构的经验，真正由监控人员发现问题并启动报警的情况很少见，基本上都是平台以外的客户或者用户，在使用过程中发现自己无法使用支付或者收单的工具，打了客服电话才发现的问题。实际上，全天监控要求监控人员时刻盯着屏幕或者日志，并在发现问题时报警，这是典型的人肉运维，属于技术监控决策当中的下下策。

10.8.2　自动化监控与报警

现在的支付机构，如果有足够的技术研发能力，可以很容易把之前的人工监控和常见的运维操作通过软件或者脚本的方式予以实现。这就是 DevOps，直接翻译过来就是技术运维里面的研发，简称运维研发。DevOps 的主要职能是发现运维平台上可以自动化的部分，然后用软件技术手段予以实现。其实人肉监控和人肉报警这两件事情，如果用软件技术手段实现的话并不困难。按照前面介绍的案例，只要发现流量突破预先定下的 5% 的波动预警带，就可以直接调用应用发起电话会议，由负责值班的技术人员进行进一步的分析和判断。

在故障应急处理的过程中，技术运维人员首先要做的就是确认是否发生了问题。如果确认发生了问题，那么第一优先要解决的就是如何恢复支付系统的应用，确保把事故造成的商户和客户影响降到最低。这部分我们将在第 11 章中详细讨论。图 10-15 是支付系统的定时任务监控大屏。

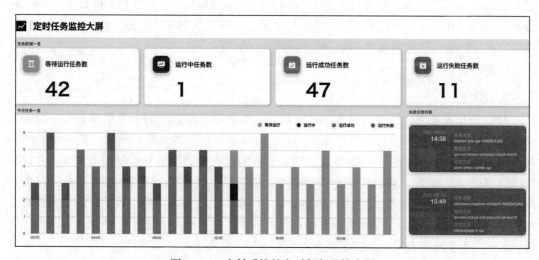

图 10-15　支付系统的定时任务监控大屏

10.9 灾备

支付是可以影响到国计民生的业务。如果发生诸如地震、台风、火灾、水灾和战争等灾难，支付机构将无法提供服务。所以，支付机构要做好规划，应对灾难的发生以及灾难后的恢复准备工作。

10.9.1 灾难场景

为了便于理解，我们先假设一个灾难场景。

某支付机构的支付系统完全建立在云端，所以属于完全基于云服务的虚拟数据中心，我们称之为第一数据中心 A。该机构还有第二个数据中心，建立在另外一朵云上，我们称之为第二数据中心 B。两个数据中心的底层云服务没有直接的关系。另外，支付系统每天都会在夜里做数据库的全量备份。在正常情况下，支付系统在第一数据中心 A 上运行，第二数据中心会有异步的数据库同步服务。

- 1:45 PM 系统完成了数据备份；
- 2:00 PM 系统所在的数据中心 A 发生火灾；
- 2:30 PM 系统从第二数据中心 B 恢复服务。

下面将以此为基础来解释 RPO（Recovery Point Objective，灾难恢复数据目标）和 RTO（Recovery Time Objective，灾难恢复时间目标）的概念。

10.9.2 RTO 与 RPO 的概念

1. RTO

RTO 是指灾难发生后允许服务恢复所需要的时间长度，也就是从灾难发生到服务恢复之间的那段时间有多长。在我们设计的 DR 场景中，RTO 就是从 2:00 PM 到 2:30 PM 的 30 分钟的时间。在这 30 分钟内，系统因为火灾无法对外提供服务，另外运维人员在这 30 分钟内完成了启动应急到服务切换到第二数据中心的过程。这段时间是按照灾备策略允许损失的最多的服务时间。

2. RPO

RPO 是指灾难发生后允许损失的数据数量，该数据数量以时间为单位来衡量。因为第一数据中心与第二数据中心的数据库之间存在异步数据同步的机制，所以当灾难发生的时候，第二数据中心的数据库可能会有数秒钟的数据没有彻底完成异步复制的工作（未成功同步的制服请求数据），所以这部分数据可能会损失掉。根据前面描述的 DR 场景，在 2:00 PM 大火发生后，数据库管理员将会启动数据库切换，把数据库从第一数据中心切换到第二数据中心。所谓的 RPO 就是在数据库的切换过程中，发生的相当于 5 分钟的数据损失。这是数据库灾备策略所允许的最多的数据损失量。

图 10-16 是 RTO 与 RPO 的简单示意图。

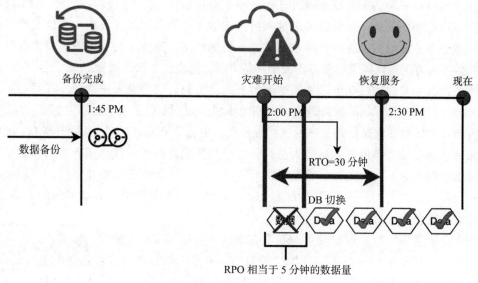

图 10-16　RTO 与 RPO

10.9.3　灾备策略

支付系统的 RTO 是指当灾难发生的时候，支付业务所允许的最长的服务中断时间。RTO 越长说明业务中断的时间越长，可以用于恢复业务的时间越长，技术运维的操作更从容，对平台的灾备技术要求就越低一些，对于资金投入和技术难度的要求就越少一些。

支付系统的 RPO 是指当灾难发生的时候，支付业务所允许的最多的数据损失数量。RPO 越大说明业务允许对数据的损失量越多，数据备份的频率不需要特别紧密，技术运维的操作更从容，对于平台的数据备份和恢复的要求就越低一些，对于资金的投入和技术难度的要求就越少一些。

在为支付系统设计灾备方案的过程中，要慎重地定义 RTO 和 RPO，既要满足业务对于灾备的需求，也要确保不盲目投入过多的资金和不必要的技术资源。从这个角度来说，RTO 和 RPO 的设定是一个业务决策，要由业务和技术人员共同商定然后再实施，最好是在公司的管理层面取得一致的意见，作为公司一级的策略执行。

10.9.4　灾备方案

灾备是企业业务连续性规划的一个组成部分。业务连续性（Business Continuity，BC）是指当出现灾难或者其他非人力可控制事件或灾难的时候，企业能够快速按照既定的预案继续开展当前的业务。业务连续性既包括了灾备计划，也包括了对技术以外业务运营的准备。业务连续性是企业确保对客户以及可以长远持续发展业务的基础。本章仅聚焦在支付系统的技术连续性方面，即灾备，关于业务连续性的考虑放在第 13 章中讨论。

除了要制订完善的灾备技术解决方案之外，支付系统的技术运维人员还要基于既定的灾备方案做定期的演练。只有技术运维人员真正地理解和掌握灾备方案，并且有能力动手实现灾备方案，才有可能在灾难降临的时候，快速启动、熟练实施和沉着应对，有序且快速地按照既定方案来恢复支付业务。关于灾备方案，这里还要深入讨论。

首先，必须要在经过充分思考和论证的基础之上制订完善的灾备计划。管理层要清楚和充分地认识到灾备计划的制订是公司级别的事情，而不仅仅是技术运维人员的日常工作。因为灾备计划的目的就是保障业务的连续性发展。更为重要的是管理层要做出 RTO 和 RPO 的决策，告诉负责灾备的技术运维人员，到底公司能允许损失的数据量有多大？能允许中断服务的时间有多长？这些数字都是平衡业务和成本的综合性和战略性考量，并不是简单的技术决策。根据管理层设定的 RPO 和 RTO，技术运维架构师开始起草具体的灾备方案。灾备方案的内容要包括很多方面。

其次，要合理地想象可能发生的严重灾难，例如日本发生大地震、海啸和火山喷发的机会很高，有可能会导致日本部分地区的电力、网络、数据中心或者云服务遭到彻底的、无法恢复的毁坏，这种自然灾难需要考虑。但是，对于人类无法控制或者应对的灾难就不要去考虑了，例如小行星撞击地球。

再次，根据想定的灾难破坏程度去思考恢复服务的解决方案。例如企业的源代码库是否能从某个云服务以外的其他地方获得？怎么获得？需要多长时间？企业的历史支付请求数据是否有备份？备份在哪里？怎么获得？需要多久？获得后如何恢复？企业的应用除了日常的数据中心之外，是否还有其他的地方可以运行？DNS 是否能指向这个地方？在网络中断的情况下，如何去修改 DNS 的记录？如果有地方可以提供第二个服务运行的环境，客户是否能够顺利链接？是否有白名单和黑名单的限制？是否需要在防火墙上做特别的管控配置？

然后，基于上面提出来的这些问题，技术运维架构师要能够给出一整套技术架构解决方案来确保服务可以恢复。包括需要在什么地方设置灾备数据中心？灾备数据中心里面要有什么样具体的部署？从灾难发生到服务恢复需要花费多少时间（RTO）？灾难会导致损失相当于多少分钟的客户的支付数据（RPO）？第一数据中心与灾备数据中心之间需要什么样的网络链接和基础服务？

最后，如果灾难降临，谁是负责灾难拯救和业务恢复的指挥者？在电话网络无法接通的情况下如何能够联系到？灾备指挥又如何发出指令？哪些人必须参与灾难恢复的工作？他们具体的分工是什么？需要分别做好什么事情？具体怎样做才能恢复支付服务？所有这些问题都要得到回答并且形成具体可执行的方案。

10.9.5　灾备演练

在制订了灾备预案的基础之上，灾备指挥或者负责人要定期带领所有的技术运维人员进行灾备桌面演练。也就是召集所有相关人在一个会议室里坐下，然后宣布发生了一个模拟的灾难，让所有人按照预先制订的灾备方案以及规定的动作告诉灾备指挥具体操作是什么，怎么做，进而了解参与者是否真的明白自己负责的事情，是否有能力去应对规定的恢复动作。

每次桌面演练之后都要及时复盘，指出在演练过程中发现的各种问题，要求参与演练的人必须限期解决这些问题，并在下一次的桌面演练中有重点地复查所存在的各个问题。所有这些演练活动都要有详细的会议纪要和具体的日志，以便发现过程中存在的问题并且有针对性地分析问题。

除了要定期进行桌面灾备演练之外，还必须进行定期的（一般 1 年 1 次）实战性灾备演习。也就是说必须让技术运维人员和灾备指挥人员有动手实际操作的训练机会，同时也要通过演习验证预定的灾备解决方案是否奏效。这种演习可以在深夜交易较少的时候进行。例如按照灾备方案的规定，宣布发生灾难，然后，让所有的灾备参与者根据方案里面规定的动作，开始执行具体的操作，在 RPO 和 RTO 允许的范围内把服务迁移到灾备数据中心。由业务方做验收性质的测试，检验演习的效果，验证灾备方案的有效性。在演习时需要特别注意做好整个过程的文字记录和会议录音，以备复盘时发现问题，修订、优化、改善现有的灾备计划。

10.9.6　灾备方案案例

某支付机构经过管理层的讨论，决定以 RTO 30 分钟，RPO 5 分钟为灾备约束目标进行灾备方案的设计。如图 10-17 所示，明确两个目的：

- 避免单云长期被云服务商所绑架；
- 做好准备，有效地预防灾难的发生。

避免被某个云绑架
有效预防灾难发生

图 10-17　双云灾备

在此目标和 RTO 及 RPO 的指导下，运维技术团队进行了灾备方案的设计。

首先，数据中心定义。第一数据中心为亚马逊云 AWS，第二数据中心为谷歌云 GCP。两个数据中心在流量上基本采取平衡的策略，以 AWS 为主，GCP 为辅。日常的支付请求基本上 50% 发送到 AWS，50% 发送到 GCP。不可以追求完全平衡。

其次，数据库设计。在第一数据中心设有可读可写（RW）数据库和只读数据库（RO）。两个数据库以主备集群的方式部署。在第二数据中心设有只读数据库（RO）。当灾难发生的时候，可以反转两个数据中心的角色，把第二数据中心的数据库变成可读可写的状态。如图 10-18 所示。

再次，通过 DNS 和 OpenResty 分配前端的流量。交易会根据 DNS 和 OpenResty 的策略被分配到 AWS 或者 GCP。图 10-19 是简单的双云灾备拓扑示意图。

最后，技术运维团队根据该拓扑图和数据库的设计情况，设计出了更具体的灾备方案——《DR 方案》，并把相关的详细操作步骤写入《DR 执行手册》。

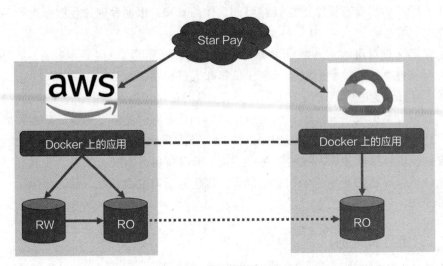

图 10-18 双云数据中心概要

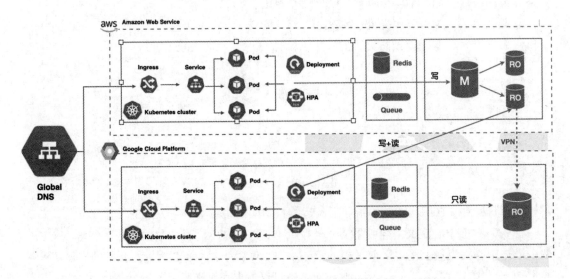

图 10-19 双云灾备拓扑示意图

10.10　运维自动化

技术运维往往涉及很多手工操作，出现人为失误的机会很多。这些重复性的、机械性的操作往往繁杂乏味，让人无法提起精神来。另外，人工操作有的时候还会耽误时间，影响效率。运维自动化是解决这类问题的利器。

10.10.1　运维自动化的定义

所谓技术运维的自动化是指把经常重复发生的、机械性的操作，写成可以执行的脚本或者应用来模拟替代人工操作，从而自动完成技术运维的任务。

例如，当系统需要增加一个计算节点的时候，可以运行一个增加节点的脚本，完成资源申请、初始化虚拟机、配置网络参数等工作。技术运维自动化是一个必然的发展方向，因为现在的数据中心需要关注的目标数量和处理的任务数量太多，让人工操作变得不太可能。而且在全天候的 $7 \times 24 \times 365$ 时间范围，需要技术运维人员在瞬间发现问题并且快速响应，这是远非人力所能企及的任务；同时，如今的软件和硬件技术，特别是人工智能等技术已经为技术运维的自动化实现提供了坚实的技术基础。另外，具有研发背景的技术运维工程师在不断地进入技术运维的领域，这都让技术运维自动化的实现成为现实。

10.10.2　自动化是一把双刃剑

自动化的快速便捷让自动化本身也充满了风险。有两种快速改变环境设定的可能性：一是如果做得正确，可以在谈笑间和风细雨顺利完成既定的运维任务；二是稍有差池便会在弹指间恶化运行环境，带来系统性灾难。这就是为什么自动化是一把双刃剑。

十年前的一起自动化运维操作给某支付机构带来灾难的事件让我至今记忆犹新。当时要执行的运维任务是更新支付系统所有应用服务器上的 JDK 版本。技术运维工程师们曾经做过多次类似的操作，对操作的过程和相关的技术细节了如指掌。这次的操作不过是通过脚本在夜里自动化执行而已，所以事前的变更会评估这次夜间执行的自动化更新操作为风险可控，实际上这次的 JDK 更新还涉及 JVM 参数的调整。

为了能快速执行这次更新任务，运维工程师先在测试系统中手工做了几次升级，其中包括给升级后的 JVM 配置新的参数，把这些动作固定在脚本里，然后在测试系统中又做了一轮验证。之前的测试结果让工程师们觉得信心满满，成功在握，所以负责执行 JDK 更新的运维工程师按计划启动了更新脚本。更新是全局性的，也就是同时对两个数据中心的 500多台带有 JDK 的服务器做同步更新。

脚本很快就执行完了，初步的测试显示 JVM 可以成功地加载支付应用，一切都如计划所期待的那样。天亮了，支付系统处理的交易也在逐渐增加。到了 8:30 AM，开始收到来自客服系统的少量报告，说有用户来电抱怨没有办法完成支付请求。随着时间的推移，支付处理失败的情况越来越多。除了运维工程师，研发工程师也开始来到公司查看支付处理系统的日志，发现了不少异常的迹象。于是启动应急警报，宣布支付系统进入应急的紧急状态。经过几轮调查和确认，大家终于发现 JVM 的参数设置出现了问题，JVM 上的 Java 应用服务没有办法处理大量的支付请求。这时候，距离故障发生已经过去了 2 个小时，如果再不采取紧急措施，中午的高峰期将会发生更多支付请求失败的情况。应急指挥人员终于做出了回滚的决策，经过一轮操作和各种确认，通过执行全局性的脚本终于把 500 多台服务器的 JDK 以及相关的 JVM 参数恢复到了更新之前的状态。该事故总共导致大约 4 个多小时的支付系统业务中断，为公司带来巨大的财务损失和声誉损失。

回顾这次严重事故，我最大的感受就是自动化太可怕。锋利的菜刀可以切案板上的猪肉，但使用不当也会切到自己手上的肉。另外，这次事故还提醒了运维工程师，不要轻易做全局性的变更。如果实在要做，那也要分期分批，先小批量，再大规模完成。每个批次之间还要保持 定的观察期。

10.10.3　如何实现运维自动化

当然，不能因为自动化是一把双刃剑，就因噎废食，放弃追求技术运维的自动化。实际上，自动化脚本不会闹情绪，也不会疲劳，它可以积累运维的知识和经验，且不会违反操作流程，脚本是遵守最佳实践的模范。所以运维自动化要远比人工操作更为可靠、高效。简而言之，自动化是运维的必由之路。但是，在实现运维自动化的过程中还必须注意以下三个方面。

第一，自动化要从易到难逐步实现。把自动化作为方向和目标，从易到难有规划地逐步推进，不可贪多贪快，欲速则不达。最好选择能快速见到效果的目标，例如上线更新代码。在 Docker 的场景下，应用代码已经解决了环境的依赖性，可以通过简单的脚本实现快速替换镜像和重启系统。有了自动化解决问题的实例之后，就可以鼓舞运维工程师，提升运维人员的信心。

第二，自动化要依托研发软硬结合。运维的自动化不同于其他的自动化，需要涉及网络、硬件、软件和存储等诸多层面，牵涉的部门比较多。在这种情况下，要尽可能把有研发经验和运维知识的人结合起来，让有研发经验的优秀工程师参与到具体的运维实践过程，亲身参与人工运维过程，了解怎样做才能实现人工操作的自动化。总之，要掌握自动化的第一手信息。

第三，自动化不等于废除已有的管控流程。自动化要把已有的流程融入脚本或者应用中，更好地执行现有的流程。举个例子，DevOps 工程师发现支付后应用需要手工处理为客户提供定制化对账数据的问题，希望能把这部分完全用脚本来实现，于是就写出了一个顺序执行数据处理和结果发送的脚本。该脚本确实解决了之前每天需要有人去做数据采集和格式化处理的问题。但是，他却忘记了管控流程，既没有格式化数据生成后的检查过程，也没有做好脚本是否执行以及执行后结果检查和监控的安排。结果脚本上线后，因为某些原因执行失败却无人知道，直到客户打电话询问才知道。

总之，运维自动化是一个持续的、长远的任务，需要有计划、有步骤、有节奏地逐步落地，特别是要注意确保自动化要满足最佳实践的管控流程。

10.11 本章小结

本章聚焦讨论支付系统的技术运维，先简述了信息技术发展的四个历史阶段，然后介绍了分布式计算的发展情况。在此基础之上，通过与 VMware 比较，我们讨论了 Docker 容器和管理 Docker 的 Kubernetes 系统，为后续的技术运维的讨论奠定了基础。本章接着介绍了数据中心的架构，重点讨论了数据中心的三个基础服务，然后介绍了数据中心的拓扑结构，详细讨论了双数据中心和多数据中心的概念，并介绍了主、备、延的数据库架构模式。在介绍完这些基础内容之后，本章按顺序讨论了技术运维的日常核心任务，包括应用发布、应用监控以及故障应急工作，随后，介绍了数据中心的灾备以及与灾备密切相关的 RTO 和 RPO 的概念，讨论了如何制订和执行灾备方案，最后以技术运维自动化的讨论结束本章。

支付技术最佳实践

在日常生活中，人们经常会碰到某某银行又出问题了、ATM 无法提现之类的事情。其实这些银行系统基本上都是采用的 IBM Z 系列的系统，应用软件也大同小异。为什么类似的系统软硬件在不同的银行系统之间的体验会大不相同呢？很多时候是因为技术体系管理和控制措施不到位，没有按照信息技术行业的最佳实践来组织和管理日常的实际工作。

本章将在第 10 章的基础上，聚焦与支付相关的信息技术管理规范与流程，重点讨论几个常用的信息技术行业最佳实践，其中包括 SLA 管理、容量管理、可用性管理、变更管理、事件管理和故障管理。

11.1 ITIL 最佳实践

11.1.1 ITIL 的定义

为了应对信息技术日益增长的需要，英国政府的中央计算机和电信局（CCTA）在 20 世纪 80 年代制订并提出了一整套方案，旨在标准化英国政府职能部门的信息技术管理与控制实践，该方案被信息技术行业称为 ITIL（Information Technology Infrastructure Library，信息技术基础设施文档库）最佳实践。

ITIL 以服务为核心，围绕服务设计（Service Design）、服务运维（Service Operation）和服务迁移（Service Transition）三大过程，建立了一系列的管理和控制模型，如图 11-1 所示。ITIL 逐渐被信息技术行业所广泛接纳，成为信息技术行业服务设计、服务运维和服务迁移相关的管理与控制的最佳实践总结。目前，ITIL 已经广泛渗透到很多行业，例如银行、保险、证券、医药、支付和政府机构，成为这些行业信息技术服务管理与控制的标准。

图 11-1　ITIL 全景图

11.1.2　ITIL 的范围

　　ITIL 描述了与信息技术服务管理相关联的活动流程、操作过程、具体任务以及核对清单。因为这些活动流程、操作过程、具体任务和核对清单是从信息技术的服务管理与控制实践当中总结和提炼出来的，所以它既不特定于某个组织，也不拘泥于某种技术，却可以被企业或组织所采用，以实现企业的战略，交付有价值的服务，并保持企业信息技术服务的最基本竞争力。

　　ITIL 的逻辑是帮助企业或组织的信息技术服务建立一条标准基线，以此来衡量其信息技术服务活动的合规性，发现短板并督促其优化和改善。ITIL 体系的生命周期以服务为核心，包括服务策略、服务设计、服务迁移、服务运维和服务优化五个阶段。ITIL 覆盖信息技术服务的全流程，但是本章所讨论的内容以支付机构的需要为基础，仅仅包括 SLA 管理、容量管理、可用性管理、变更管理、事件管理、故障管理。

11.2　SLA 管理

11.2.1　SLA 的定义

　　SLA（服务水平协议）是指服务提供商与被服务的客户之间的书面协议，该协议规定了双方对所涉及的对服务水平的共同理解。SLA 主要包括以下两个方面：

- 服务的最初设计。
- 服务的持续改善。

　　这意味着 SLA 与服务是共生的。每当发生重大的服务变更时，都应该进行 SLA 的审查与修改，以确保其公平、可落地而且切合实际。

11.2.2 创建和履行 SLA 的最佳实践

SLA 是服务提供商对客户的一组服务承诺。关于创建和履行 SLA，可以参考以下六种最佳实践。

1. 要以服务为单位管理 SLA

每种服务都有自己的特点，客户当然对每种服务也有自己特定的期待。所以要针对每种服务来制订 SLA，尽最大可能来保证其针对性。例如，对于商户入网服务，其中的一条服务水平协议可以是：在收到入网请求案件后三个工作日内完成审查。

2. 要因地制宜制订和调整 SLA

某个服务可能跨越多个城市、地区甚至国家。因为地区的差异，服务水平往往无法简单划　。例如，针对入网后的批准材料，有些地区可以在当天 8 小时内送达，有的国家可以接收电子合同瞬间送达，还有一些地区依赖纸质文档，需要最少一个星期才能送达。所以服务提供商要根据不同地区的实际情况承诺服务的标准。

3. 要与客户期望的结果一致

即要从客户的真实期望出发来评价服务水平。不能出现满足了 SLA，但是客户却不买账的情况。举个例子，假设支付系统可以实现的可用性为 99.9%，但是出现服务中断事件的 0.1% 却发生在支付请求的高峰期。这对客户的影响是非常大的，这种影响与在下半夜中断服务的影响不可同日而语。客户对此还没有办法抱怨，因为从度量指标上看所提供的服务确实已经达到了 SLA 约定的水平，但会直接影响客户体验，进而导致客户流失等结果。

4. 符合 SMART 原则

服务水平的指标必须可以被清晰地度量，否则，服务提供商与客户之间就会陷入没完没了的争论，一方说达到 SLA 的要求，另一方却不认账。服务提供商必须能够收集有关 SLA 表现的数据并且生成报告，定期地向客户展示服务的表现水平。SLA 必须要满足 SMART 原则，如表 11-1 所示。

表 11-1　SMART 原则

缩写	英文	要求	不合适的	合适的
S	Specific	明确具体	系统要高可用	支付中可用性 99.999%
M	Measurable	可以度量	无限扩张	能达到 500TPS
A	Agree-Upon	可以实现	测试不能有 Bug	测试的覆盖率达到 100%
R	Relevent	业务相关	能处理所有货币	能处理人民币
T	Time-Bound	时间限制	尽快解决 P1	在 1 天内解决 P1

SMART 原则是一种目标管理方法，其目的是对成员的组织与目标的制订和控制进行有效调整以达到更好的工作绩效。SMART 原则由管理学大师彼得·杜拉克（Peter Drucker）于 1954 年首先提出，目前已经在企业界得到了广泛应用。

S：要求必须明确而且具体。例如，要求支付系统的可用性达到高可用的水平。实际上支付系统里面包括支付前、中、后至少三个不同的阶段,每个阶段的用户不同,对系统可用性的要求也完全不同。应该提出的要求是支付中服务的可用性必须达到 99.999%,内部业务运营系统的可用性则没有必要定这么高。

M:结果可以度量。例如,所交付的应用系统要有水平可扩展能力,以满足大规模支付请求的需要。这个要求太模糊了,应该说系统可以无障碍地水平扩展到 500 TPS。这个指标必须可以通过技术手段做出度量并且可以持续跟踪。

A:提出的要求要在负责交付服务团队的能力可及范围内,不可单方面异想天开、一厢情愿。最常见的例子就是要求系统应用在交付的时候不能有 Bug。这样的要求明显不可能实现,应该说测试要达到 100% 的覆盖率。也就是说能想到的功能点都已经完全测试过了,其他的尽人事,听天命。

R:要实现的服务交付目标需与公司的业务相关,不能提出一些毫不相干的要求。例如,要求支付系统的账户服务能处理外汇兑换。如果公司就是一个处理本地支付请求的支付机构,则这个功能与业务毫不相干而且浪费资源。

T:要达成的目标必须要有时间限制,不能无休止、不确定。例如不能说所有 P1 级别的 Bug 要尽快解决,而要说 P1 级别的 Bug 要在 24 小时以内解决,P2 级别的 Bug 要在 48 小时内解决,P3 级别的 Bug 要在 72 小时内解决等。

5. 要定期审查和调整

每当有针对服务的重要变更,都应该及时审查和更新 SLA。针对影响客户目标的任何更改进行调整,诸如服务时间、可用性、正常运行时间、完成时间或响应时间。如果在服务改进时未能审查和调整其 SLA,企业有可能无法再达到服务水平的目标,导致客户流失或因 SLA 不合规而受到处罚。

6. 要确保能覆盖正常与异常的情况

定义 SLA 不适用的情况与定义 SLA 适用的情况同样重要。SLA 应该针对任何会妨碍或阻止服务的正常和异常情况做好定义。例如应用会在五个工作日内完成配置并交付给客户。如果遇到假期,交付将需要额外的时间。没有这些异常的定义,会把服务提供商置于难堪的地位。

11.2.3 SLA 的案例

本节以某支付机构的新产品——五壶钱包为例,阐述 SLA 的内容和相关的活动。钱包是支付机构服务消费者的核心业务之一。要确保钱包系统能满足业务发展的需要,就要从服务的设计、实施和持续优化几个方面去确保该系统能够达到预期的服务水平。本案例共提出了网络、应用、数据、容器、安全、监控、配置和性能 8 个维度的 28 项指标。

在进行 SLA 审查之前,先由项目负责人员根据上述评估标准去做自我评价,但是要求所有的自我评估都要有事实根据,例如要有性能测试报告和功能测试验收报告等作为评定是否达到服务水平的基础。经过充分的准备，项目组的研发工程师们请求 SLA 审查委员会对该项目进行评审。

在 SLA 审查的过程中，首先请项目组针对每项指标说明自己的系统是否合规，如果合规就要给出相应的事实证明。在所有维度的指标都经过审查之后，由 SLA 审查委员会根据审查结果计算分数，并且指出在所有的不合规项中，哪些需要限期解决，哪些可以忽略不计。会议之后审查结果将公诸于众，所有为五壶钱包系统提供依赖服务的其他项目组将会更有目标地支撑该服务，所有五壶钱包的使用方也会更有信心地使用该产品服务。

1. 五壶钱包的设计目标

该钱包每秒要能处理 10 笔交易，而且每笔交易的响应时间少于 500 毫秒的概率为 99%。

2. 五壶钱包的性能测试

根据业务的要求，团队请性能工程师做了性能测试，希望能通过性能测试了解系统是否存在并发处理的逻辑错误，以及系统的业务处理能力是否能满足未来 1 年业务的增长需要。经过性能测试之后，团队得到了如图 11-2 所示的报告。

3. 五壶钱包的性能测试结论

以上为 pod 在 1C2G 时的最优测试结果，均满足各项业务指标。pod 翻倍时，TPS 虽有增长，但未达到线性翻倍，有衰减，增长率约为 85%。单 pod 可支持的并发用户数为 3 个时性能最优；因为 CPU 达到瓶颈，增加并发用户数为 50 个时，TPS 没有任何增长，响应时间增长较多，系统没有崩溃。

4. 相关名词解释

TPS（Transaction Per Second，应用系统每秒钟处理的交易数量）指标是估算应用系统性能的重要依据，尤其是交易类系统。一般，评价系统性能时均以每秒钟完成的交易数量来衡量。

ART（Average Response Time，平均响应时间）是指应用系统从发出请求开始到客户端接收到响应所消耗的平均时间。响应时间是判断一个被测应用系统是否存在性能瓶颈的最直观的要素，也是使用者的直观感受。

P99（99 Percentile，99 百分位）是指被测交易测试的每次事务响应时间中，按从小到大排序，排在前 99% 的事务响应时间，也就是 99% 用户的最大响应时间，可以反映用户的极端使用感受。

5. SLA 标准规范验收报告

五壶钱包项目组召集产品技术委员会做 SLA 评审。在评审的过程中，首先是五壶钱包的产品经理向委员会详细介绍了五壶钱包的产品设计、架构设计、技术实现、功能测试和性能测试的结果，然后根据 SLA 评审框架，由委员会逐项进行打分，指出问题和改进意见，最后形成统一的结论。具体的评审框架、意见和打分结果请参见图 11-3。

量化结果	指标名称			指标值	指标类型	测试结果	是否达标
	业务指标	TPS		10	关键指标	均大于10笔/秒	达标
		响应时间	ART	<500 ms	后评估	200	达标
			P99	<500 ms	后评估	200	达标
		成功率		100%	强制关键	100%	达标
	可扩展性	并发用户		查找性能瓶颈，寻找性能拐点	后评估	5	达标
		pod进行扩展		处理能力翻倍	后评估	资源翻倍，TPS翻倍	达标
	资源充分利用	CPU最大使用率		<90	后评估	75	达标
		内存		内存使用率		38.9	达标
		I/O		磁盘使用率		30%	达标
交易选取场景1	交易	查询接口-查询剩余积分	占比	70%	测试场景		
		交易接口-积分充值下单		30%	按照比例进行并发用户数为1/3/5的阶梯测试到资源的瓶颈为止	94.3	达标
						40.4	达标
交易选取场景2	交易	查询接口-查询剩余积分	占比	60%	测试场景	57.3	达标
		MPM交易接口-积分消费下单		20%	按比例进行并发用户数为1/5/10/15的阶梯测试到资源的瓶颈为止	19.1	达标
		MPM交易接口-积分消费		20%		19.1	达标
交易选取场景3	交易	查询接口-查询剩余积分	占比	50%	测试场景	44.6	达标
		CPM交易接口-积分消费下单		25%	按比例进行并发用户数为1/5/10/15的阶梯测试到资源的瓶颈为止	22.3	达标
		CPM交易接口-积分消费		25%		22.3	达标

终止条件	编号	终止内容	终止值	说明
	1	TPS，响应时间	波动异常	
	2	应用CPU	>90%	
	2	P99	>1s	
	3	被测系统及下游系统应用出现异常报错		终止压测，故障群通知，上报监控中心及项目组
	3	被测系统在一性能指标达到预警值，CPU，内存，I/O		终止压测，故障群通知，协助恢复
	4	被测系统出现大量GC		终止压测，故障群通知，协助恢复
	4	监控发现数据库死锁，网络瓶颈，链接超时，线程池占满不清故障等异常告警		终止压测，故障群通知，协助恢复

图 11-2　五壶钱包性能测试报告

《SLA标准规范验收报告》					
业务负责人		李自成		业务名称	五壶钱包服务
SLA评审日期		2022-06-20 15: 00-16: 00	第一次审核通过		
序号	所属版块	项目	该项分值	该项得分	备注
1	网络层（20分）	应用管理	10分	9分	
2		网络	5分	4分	
3		存储	5分	5分	
4	应用层（20分）	健康检查接口	4分	4分	
5		Metrics	4分	4分	
6		应用优雅重启	2分	0分	
7		就绪检查接口	3分	3分	
8		HTTP请求头带上业务指纹，如CPM的客户号	4分	3分	
9		时间戳格式	1分	1分	
10		缓存过期时间	1分	1分	
11		缓存空间大小	1分	1分	
12	数据层（20分）	设计标准	4分	3分	
13		基础标准	4分	4分	
14		事务	4分	4分	
15		SQL使用	4分	3.5分	
16		业务数据标准	4分	4分	
17	容器层（10分）	副本	3分	3分	
18		计算规格	4分	4分	
19		安全策略	3分	3分	
20	性能（10分）	性能检测基本项目	5分	5分	
21		产品开发方自检	5分	5分	
22	安全（10分）	数据安全	2分	2分	
23		身份认证	2分	2分	
24		会话管理	2分	2分	
25		日志审计	2分	2分	
26		应用安全	2分	2分	
27	监控（5分）	监控配置标准	3分	3分	
28		应急标准	2分	2分	
29	配置（5分）	变更配置标准	2分	2分	
30		灾难与回滚	3分	3分	
	八大层级汇总对外总分/最后得分			93.5分	
对外结果标准		申请对外业务SLA总得分不能够低于90分，必须经过SLA各层负责人审核通过方可上线			
评审结果		☑ 通过 ☐ 不通过			

图 11-3 五壶钱包 SLA 标准规范验收报告

11.3　容量管理

11.3.1　容量管理的目的

支付机构在实际生产过程中经常会面临各种各样的复杂业务场景以及相应的困难和挑战，这些内容汇聚到技术运维环节，就形成了对信息技术资源的合理需求与规划。此时，支付系统的容量管理就能起到极大的作用，它可以为支付机构的业务和技术负责人进行统一的信息技术资源规划提供可靠的依据，助其提早决策，提早准备，而不是在信息技术资源成为瓶颈或问题时才如梦方醒，顾此失彼。

支付系统容量管理的目的在于确保支付应用和基础设施能拥有足够的资源来处理商户发送的支付请求，能够以经济、高效和及时的方式，达成供需双方商定的服务水平目标。在支付系统的容量管理过程中，要考虑到提供信息技术服务所需要的所有相关资源，并且做好短期、中期和长期的业务需求规划。具体来说，容量管理的目的是，根据需求管理中应提供的支付请求处理的笔数来确定应具备多大的容量。如果对交易笔数的预测准确无误，并且现有的基础设施资源容量可以满足业务需求，那么容量管理就是成功的。

总之，容量管理就是在基础设施的成本与其对支付业务的支撑之间取得平衡，既要能降低基础设施的成本，又要能有力地支撑现在和未来支付业务发展的需要。

11.3.2　容量管理涉及的活动

成功的容量管理需要全面了解支付业务的需求是如何影响服务需求的，以及服务需求是如何影响组件需求的。这反映在业务容量管理、服务容量管理和组件容量管理三个子流程中。根据支付业务的需求管理制订容量计划，既要解决当前的容量和性能问题，又要考虑未来的需要。容量管理过程涉及持续的度量、建模、管理和报告。更具体地说，容量管理涉及的活动包括：

- 设计服务使其在实施后满足 SLA 目标；
- 管理资源的性能使服务满足 SLA 目标；
- 诊断与性能相关的事件和问题；
- 按照预算周期建立和维护容量计划；
- 持续检查和分析当前的服务容量和性能；
- 收集与评估相关服务的使用量；
- 实施与容量相关的各种变更请求。

11.3.3　容量管理的 3 个子流程

容量管理涉及以下 3 个子流程。

1）业务容量管理。将要处理的支付笔数和计划转化为信息服务及其基础设施的容量和性能要求，以确保可以满足未来的容量和性能需求。

2）服务容量管理。管理、控制和预测支付系统的性能和容量。包括采取主动和被动的行动来确保支付服务的性能和容量达到预定的目标。

3）组件容量管理。管理、控制和预测各个信息技术组件的性能、利用率和容量。

通过上述 3 个子流程的活动，获得与服务容量、服务用量和服务性能相关的数据，最终输出服务容量报告。

11.3.4 容量分析的过程

因为目前行业里存在自有互联网数据中心（IDC）、私有云、公有云和混合云几种不同的数据中心管理模式，所以分析基础设施成本的构成是一个很复杂的问题。本节只以公有云为例分析信息技术资源成本的构成，一个比较简单的办法是直接按照公有云提供的每月账单为基础，用表格形式进行容量分析与评估，如表 11-2 所示。这里主要涉及以下几个方面。

- 当前容量：目前公有云的用量有多大。
- 利用率：当前容量按 P95 计算的容量使用率。
- 未来容量：未来需要多大的容量。
- 扩大容量：需要扩大多少容量。

表 11-2　容量分析与评估

资源种类	详细描述	当前容量	利用率	未来容量	扩大容量
计算节点	云主机的用量				
存储节点	S3 的用量				
网络节点	VPC、IP 和带宽用量				
缓存服务	缓存用量				
消息队列	SQS 用量				
数据库资源	Aurora 数据库用量				
安全服务	防火墙用量				
SSL 证书	SSL 证书用量				
负载均衡	负载均衡器用量				
日志信息					
应用服务	电子邮件 SMS 和移动通知发送用量				

当然，表中的每个项目还要做更加详细的拆解和分析，如表 11-3 所示。

定期对支付系统的容量做好评估，在评估的过程中要先把现有资源的利用率搞清楚，确保没有浪费的情况。在这个过程中，需要弄清楚目前的支付系统见过的最高的处理请求数是多少，持续了多久。这里需要通过一些资源配置的参数调整来确保服务能满足业

表 11-3　数据库的容量评估

组件	评估维度
数据库	磁盘空间
	应用连接数
	QPS（每秒查询的执行数量）
	网络接口
	每秒读写的行数

务在高水位的需要，同时不能浪费资源。这是一个需要观察、分析和思考的不断迭代的过程，涉及每个组件的扩容或者缩容。在这个过程中还可能会同时发现整个体系中从资源角度看最为脆弱的组件，即确定整个系统的瓶颈点。所有这些工作都需要深入每个服务、每个组件去查清楚、看明白。同时，要根据优化后的容量来再次确定当前的容量和资源使用率。

然后，根据业务的需求预测，把未来 12 个月的容量需求计算出来，由此进一步计算出需要扩大的容量。这个过程需要和业务负责人一起，根据对业务的预测来逐个进行服务分析，最终得到 12 个月后的容量需求。用预测的 12 个月后的容量减去当前的容量，就可以得到需要扩大的容量。这些计算和评估都是在生产系统的每个服务上完成的，所有服务扩大容量的累计结果就是整个信息服务基础设施需要扩大的容量。图 11-4 总结了前面讨论的容量管理的过程。

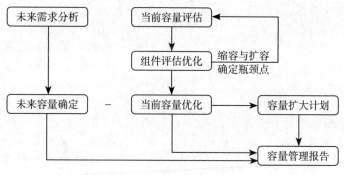

图 11-4　容量管理的过程

在支付系统容量管理的过程中，还有一个特别需要注意的事情，就是要有分工明确的容量评估工程师。这个工程师需要了解整个支付技术体系上所有的应用，需要对支付机构的业务流程和市场发展有一定的认识，需要对整体系统的计算、存储、网络和安全等有很好的认识。

最后，根据在容量管理过程中的各种观察、分析和调整，对当前各个组件的系统性能进行评估和优化，对未来业务发展的需求做综合分析预测，对未来需求与现有容量的差异情况做出计算。以上种种都需要有详细准确的文档，在工作结束的时候输出综合的容量管理报告并定期发布。

11.4　可用性管理

11.4.1　可用性的定义

可用性是指在一个时间范围内，支付系统的服务可以使用的时间占该自然流逝时间的百分比。对于支付系统来说，没有什么比可用性对商户的影响更大的了。因为商户和消费者都假设他们可以在任何时间使用该服务来实现支付请求，无论在白天还是在夜里，平日还是假日。可用性是从时间维度来衡量平台可用的程度。

支付系统必须能够 365 天不间断地提供支付服务，且可用性至少要能达到 99.99%。如果设计合理、运维得当，优秀的支付系统的可用性可以达到与 IBM 主机系统相同水平的 99.999%。

图 11-5 是一个可用性趋势图示例。

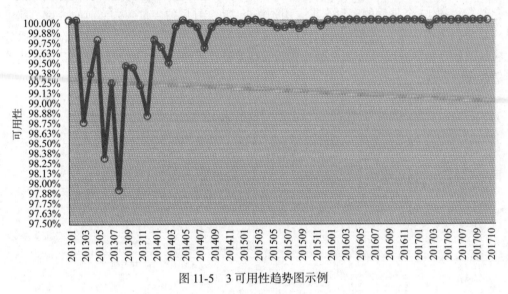

图 11-5　3 可用性趋势图示例

11.4.2　可用性的计算

那么应该如何计算一个服务的可用性呢？最简单、最直接的方法是：

$$可用性 = \frac{可用时间的总和}{自然流失时间的总和} \times 100\%$$

表 11-4 给出了常见的可用性与相应的宕机时间的对照结果。

表 11-4　常见的可用性与相应的宕机时间的对照结果

9 的个数	可用性水平	宕机时间
5 个 9	99.999%	5.26 秒
4 个 9	99.99%	52.6 分
3 个 9	99.9%	8 小时 46 分
2 个 9	99%	3 天 15 小时 36 分

上面的计算方法是最常用的可用性计算方法。这种方法的问题是对高峰期和非高峰期的时段不做任何区别处理，实际上这是不太合理的。因为下半夜的 1 分钟没有多少请求，

而高峰期的 1 分钟可能有上万笔支付请求。另外，客户对不同时段的系统不可用也有迥然不同的感受，在非高峰期，因为支付请求的密度比较低，所以即使出现问题，商户可能也感受不到，或者感受到的概率很低。换句话说，系统在后半夜出问题可能没人在意或者没人发现。所以上述这种可用性计算方法与商户的体验未必存在特别直接的逻辑关联，换句话说，不能真正体现客户的体验。

最可靠的可用性计算方法是计算受影响的交易笔数占同期不受影响的交易总笔数的百分比，即受损面积计算方法，如图 11-6 所示。

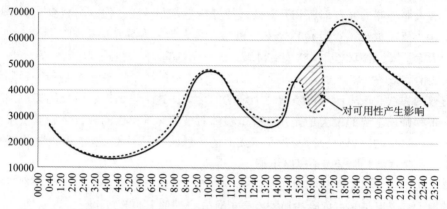

图 11-6　受损面积计算方法

这种计算方法是把因发生事故而受到影响的支付请求的面积计算出来，然后与上一周同一个时间段的支付请求所占的面积进行比较，计算出可用性：

$$可用性 = \left(1 - \frac{受影响支付请求所占的面积}{上周同时段的支付请求所占的面积}\right) \times 100\%$$

可以看到，受损面积计算方法更能准确地反映支付请求受事故影响的程度。这种计算涉及不规则面积的计算，需要掌握微积分的基本概念、知识和技能。

还有几种不太常用的计算方法，例如，以事故造成客服电话增加的数量为基础的电话流量计算方法，以服务器出现异常事件的时间长度为基础的服务器异常计算方法等。可用性是技术管理的核心指标，需要对其进行长期测量、跟踪和分析，以准确地评估技术工作的状况。

11.4.3　如何提高可用性

要提高服务的可用性，基本上要从加大冗余度、减少人为操作失误和自动化建设几个角度入手，但是总的思路或逻辑都是减少事故对支付请求的影响程度。从故障应急处理的维度看，如果能在事故发生的时候全力以赴地首先恢复服务，而不是聚焦解决问题，那么服务受损的程度就会大大减少。

1. 加大冗余度

加大冗余度是提高可用性的一个手段。从冗余性系统部署的维度看，把系统放在几个"篮子"里，可以确保不会因为某个系统出问题，导致所有支付请求中断的情况。从数据中心的拓扑设计的角度看，双活或者多活数据中心可以让支付请求有多个选择，这样，当事故发生时，只要有一个数据中心存活，支付请求就可以持续得到处理。

2. 减少人为操作失误

根据我在多个不同支付系统的实践经验，在影响可用性的因素中，优化数据中心拓扑结构、加大服务器的冗余部署和妥善处理故障应急都很重要，但是与减少人为操作失误相比，还是小巫见大巫。曾经有一个支付机构，其人为失误导致故障的比例竟然达到80%。显然，消除了人为故障之后，整个支付服务的可用性基本上就有了保障。

其实消除或者大幅度减少人为操作失误并不是那么困难。"三思而后行"计划就是一个行之有效的方法。三思而后行是指一个定期的培训，这个培训针对所有能接触到生产环境应用的工程师。主要的做法是提升这些工程师对技术运维操作的敬畏之心以及保持良好的思考习惯。这里的三思而后行与普通意义上的三思而后行不太一样，后者是指遇事要多考虑几次，避免盲动，但是如果思路不清楚，再多思考几次也毫无用处。

该方法中的三思主要是指思危、思退、思变。思危是做事之前思考是否有不对的或者危险的地方；思退是知道危险的地方就要退到安全的地方，等待机会；思变是一旦有机会，就要努力抓住，改变当前的处境。结合技术运维的实际场景，思危是指要了解即将执行的人为操作中有哪些比较危险的点或者步骤，自己是否有万全的措施去管控这个危险点；思退是指如果发现危险，自己没有能力去处理，可以主动提出来，让其他更熟悉的人去操作；思变是指在人为操作的过程中，如果有与预想不一致或者发生了新变化的情况，是否有足够的预案来应对。

通过"三思而后行"，该机构使所有操作生产环境的运维人员都对人为操作的危险性和可能出现的问题做好预案，提高能力，并对执行中的异常有了很好的意识，后续人为操作而造成的问题也越来越少了。

老子在《道德经》中提到："民之从事，常于几成而败之。慎终如始，则无败事。"意思就是说大家做事经常半途而废，原因就是不慎重，如果能一直保持初心，那么应该就没有失败的可能。这也是告诉我们要重视运维的培训和教育，只有这样，才能让大家避免人为操作所带来的失误。

3. 自动化建设

要提高系统的可用性，除了减少人为操作失误之外，也要做好自动化建设。大部分的人为操作都可以通过应用或者简单的脚本实现自动化。其实，做好自动化也是把反复实践所总结出来的经验和教训固化下来，从而避免因为人员变动造成的技术运维水平不稳定的情况。详细请参见第10章中关于自动化的讨论。

11.5 变更管理

任何一个平台，无论最初的设计多么完善，在上线后，都要进行一些变更。这些变更包括替换过期部件、增加新功能或者改变业务流程等。变更管理是整个运维日常任务当中最常见也是最危险的活动。俗话说，病从口入，变更犹如吃饭，吃进去的食物稍有不妥，就会给人带来健康问题。系统也是这样，无论基础设施还是应用代码，一个字符更改就可以酿成大的故障。所以变更管理是技术运维的日常核心任务，必须要遵循变更管理的最佳实践。

11.5.1 变更管理的定义

变更管理是旨在了解和最小化风险，同时进行 IT 变更的管理过程，是 ITIL 服务核心中关于服务迁移的组成部分。

11.5.2 变更管理的过程

变更是不可以避免的，变更是蕴含潜在风险的，变更是涉及业务、研发、测试和运维等多个部门多种职能的活动。为了能有效地规避变更所带来的问题，达成技术或者业务期待的目标，需要遵循 ITIL 提出的下述过程，如图 11-7 所示。

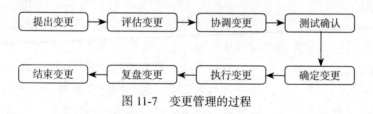

图 11-7　变更管理的过程

1. 提出变更

需要进行变更的人，要提出变更的目的、理由、风险和具体的实施步骤，并负责把这些内容详细地记载在变更申请文档中，供相关人员查看和理解。变更申请文档要至少包括以下内容：变更的原因、变更的过程、变更的影响、潜在的风险、变更联系人、变更批准人和回滚计划。

2. 评估变更

负责评审变更的人要根据提出的变更申请确定变更的必要性，并把对变更的评估结果反馈给变更申请人。如果同样的问题已经解决或者即将在另外一个项目或者变更申请中解决，就要根据业务的优先级去考虑是否批准变更、拒绝变更、合并变更或者推迟变更。在评估的过程中，要从全局的角度去考虑变更对企业的影响，变更需要的资源，以及可能带来的风险，并进行综合平衡。同时，还要评估实施变更的时间是否合适，有没有与重要的业务活动或者其他敏感的事件相冲突，变更执行人是否有足够的心理素质和技术能力来执行变更。

3. 协调变更

变更申请一旦批准，就要开始准备与变更相关的资源，把变更申请的内容转化成技术运维可以操作的具体步骤和行动计划。同时，发出变更即将发生的通告，确保利益相关方都了解即将到来的变更。

4. 测试确认

对于要变更的内容，必须在变更前完成相关的测试工作，并出具测试报告证明所要变更的内容已经过验证，不会对生产环境或者客户产生负面的影响。变更执行人如果对操作步骤或者环境的反应有不确定的地方，可以在测试环境或者接近生产环境的某个环境进行验证，甚至在生产系统中进行小规模的验证。

5. 确定变更

对于复杂的变更，要在变更前准备好变更大纲，把每个步骤的操作和操作期望的结果明确地列出来，以备在变更过程中对照和判断。在那些会对客户产生重大影响的操作步骤上，要明确地标识出该操作属于高度敏感和高度风险，让变更执行人清醒地了解自己的操作可能带来的严重后果。

6. 执行变更

在执行变更的过程中，要注意采取双人核对的方法，避免人为的读错、写错和做错。额外增加一双眼睛来监控在变更指令执行中可能发生的异常情况。同时，在变更操作之后要尽快完成确认性测试，确保所执行的变更达到了预期的效果，而且没有对现有生产环境带来意外的负面影响。在这个过程中，如果发现问题，特别是出现了那些会阻碍支付请求处理的障碍，要立即中断变更，果断启动回滚流程。切不可浪费大量时间进行事件调查并试图解决问题。

7. 复盘变更

无论变更成功与否，从事信息技术的专业人员都希望知道，自己所负责策划和执行的变更是否达到了预定的效果。为此，需要走访业务人员或者根据系统中的数据记录来分析变更是否奏效，同时在复盘的过程中注意记录好因为变更而耗费的时间和其他的资源情况。这样做的目的是为未来的其他变更的事前评估提供更加精确的基础数据。复盘也是技术运维人员总结经验教训，提升自己的技术能力和积累经验的过程。

8. 结束变更

变更完全结束后，变更负责人必须把所有过程详细地记录下来并存档备查，一旦该文档正式完成并且发布，那么整个变更过程就可以圆满完成。

图 11-8 是某支付机构应用变更管理过程的具体案例。这个案例基本是按照上面提出的

变更管理的最佳实践组织起来的，包括提出变更、评估变更、协调变更、测试变更、确定变更、执行变更等环节。

应用变更申请单			
对应OEM、服务器组	SIHARAI	依赖部门/个人	杨乐多
项目名称	A商户PAYPAY小程序	变更申请编号	A商户PAYPAY小程序2022070501
申请类型	☑代码变更 ☐系统变更 ☑数据变更	变更级别	☑常规变更 ☐紧急变更 ☐临时变更 ☐重大变更
变更申请人	虾小帅	申请日期	2022-07-05
变更内容	☑【V2.0.0】（Uber&多渠道）		
变更运维工单链接 (变更内容请写在运维工单内)	请附上对应的工单链接：☑ PIQW-5002：【A商户】Prod项目版本升级V2.0.0 -- DL0705济み 審認中		
变更代码Review时间	2022/7/5 系统变更前review完成	变更代码Review人员	管大拿
是否需要SQL Review	☑是 ※请在右侧贴上Review工单链接 ☐不是	SQL Review工单	☑ SQL Review 申请单
变更影响与风险	无		
变更实施人（必填）	鱼操作(已确认)	变更验收人员（必填）	虾小帅、杨乐多、甜小蟹	变更时间（必填）	2022/7/5 21:00（JST）
是否使用公共服务	☐唯一ID (UNID) ☐无 ☑NATS		
是否需要监控配合	☑是 ☐不是	监控配合内容	调整监控图和监控报警（☑运维工单）
变更委员会审批结果	☑同意 ☐拒绝	建议	
变更延期原因		延期变更时间		延期变更时间段	

变更实施方案(不需运维工单的变更再描述)								
操作时间点	操作内容			操作人员	测试人员	测试结果【后续】0000-00-00 00:00:00	测试文件【后续】	备注【后续】

变更失败异常处理								
	【变更会前勾选/填写】							
变更失败异常状况【变更后】	处理方式	负责人	操作人	失败异常判断依据		操作内容	变更失败异常处理结果【变更后】	变更失败异常原因/备注【变更后】
☐有失败异常发生 ☑正常变更无失败异常	☑回滚 ☐数据库修改 ☐代码修改 ☐环境修改	虾小帅	车数据 鱼操作	A商户小程序或者后台应用无法正常使用		1、回滚数据库数据（详细步骤见运维工单） 2、回滚应用镜像（详细步骤见运维工单）	☐成功恢复交易无变更 ☐成功恢复变更完成 ☐失败异常持续存在	

图 11-8 变更管理的案例

11.6 事件管理

所谓事件就是支付系统的基础设施或者业务应用在运行过程中发生的各种事情。这些事情可以是普通的告知性消息，也可以是即将导致系统事故的蛛丝马迹。支付系统内部的事件往往与外部世界发生的事件紧密相关。大型支付系统甚至会监控世界范围的各种突发事件，例如，NOC 会全天播放 CNN 最新的世界各地新闻，报道世界各地发生的各种政治、经济、科技和军事事件，因为支付是经济活动的水电煤气，各种风吹草动都会影响到支付业务的流量。

11.6.1 事件管理的定义

支付系统在生产运行的过程中会产生各种各样的事件。事件管理是对整个支付系统基础设施及其所运行的各种支付应用发生的事件的监督和控制。通过对所发生的各种事件进行分析和甄别，发现可能会导致事故的事件，并在必要的时候启动应急流程。事件管理也是支付系统技术运维的日常例行任务。事件管理的范围既包括基础设施，又包括所有的应用。

另外，事件管理也是一项全天候的工作。小的支付系统需要每天处理 100 万笔支付请求，大的支付平台甚至可以每天处理上千万甚至上亿笔支付请求，每个支付请求都是一个需要监控的事件。除此以外，还有大量的信息技术设施，例如各种虚拟设备、计算节点、存储节点以及各种数据库，分分秒秒都会产生需要监控的事件。所以，事件管理是非常具有挑战性的技术运维工作。

11.6.2 事件管理的过程

事件管理就是针对支付系统上所发生的每个事件进行分析和判断，对所有结果做好记录统计，然后根据异常事件的严重程度发出一般通知，或者紧急报警。当然，真正判断事件的时候，往往不仅仅是分析每笔支付请求的情况，还可以根据事件的统计数字做出具有趋势性的判断和分析。因为有的时候一次异常事件可能是偶然，但是当单位时间的偶然事件的累积个数超过正常水平的时候，就会变成必然。具体如何设计事件管理的过程呢？ITIL 的最佳实践对事件管理的全过程给出了答案，如图 11-9 所示。

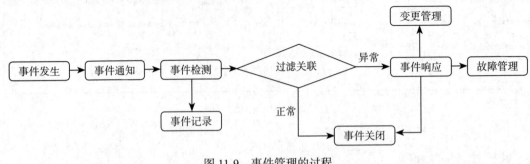

图 11-9　事件管理的过程

1. 事件发生

支付系统上每天都会发生大量的事件，如何管理好这些事件是个挑战。ITIL 最佳实践中最关键的是，对于技术设施和支付处理过程中产生的有重大意义的事件，要定义好它们的事件类型，这样系统就能够探查到这些事件的发生。

2. 事件通知

通常，由监控工具发出捕捉到相关事件的通知。这个阶段仅限于通知，尚未做充分的分析或者判断关联，暂时无法判断是否会影响到支付业务或关键系统。

3. 事件检测

监控系统中的事件处理器收到事件通知并开始分析和判断。这种检测往往是根据事前的日志规范约定，对可以预见的事件加标签，如果产生未预见的事件，那么就可以把该事件当成异常数据处理。

4. 事件记录

把发生的正常或者异常事件，及其后续所采取的相应的行动记录在案。正常事件可以在完成统计后直接存储。异常事件要记录并通知研发或者技术支持人员。

5. 过滤关联

根据事件的类型做出相应的判断，如果事件属于通告性质，那么可以忽略。如果事件属于警告性质或者异常性质，可能需要更多、更深入的分析，例如过滤和关联。

6. 事件响应

根据事件的类型和严重程度进行判断，并按照关联的规则进行关联分析，如果发现事态严重，就有可能把该事件的处理优先级上升，引起团队或者个人的关注。

7. 事件关闭

如果事件导致故障发生，或者需要采取变更手段，那就关闭该事件，然后进入故障管理或者变更管理的流程。

11.6.3　事件管理的案例

事件管理是支付系统的技术运维中经常被忽略但是又非常重要的一环。可以考虑在通用日志服务子系统中，通过标签、探测、统计、规则和行动来落地事件管理最佳实践。举例说明如下。

1. 限流

限流，顾名思义，就是限制前端访问流量的意思。也就是说日志监控系统发现了前端异常调用，所以采取限制外来请求的行为。限流是把流量限制在某个范围，但是还可以继续处理其他的支付请求。限流要按照设备和商户维度做好设计。例如，通用日志服务的事件检测系统发现商户海老居酒屋突然产生大量支付请求，远远超过为该商户预先设定的每分钟60笔支付请求的限额。在这个时候，通用日志服务系统会及时向技术运维发出调查交易的通知，并把异常请求的统计数据反馈给嵌在前面应用API网关中的通用日志服务代理，要求对此商户的后续请求进行限额控制。将超过请求限额的支付请求送入队列等待，或者将信息反弹给商户，显示："系统太忙，稍后再发请求。"

2. 熔断

熔断是从电气工程的电路熔断借用过来的一个术语，是指当外部流量超过了预设的阈值时，系统会像电路保险丝那样自动熔断，断开流量，以保护整个系统不受预想不到的外来流量的冲击。熔断后，系统不能继续处理支付请求。熔断也要按照设备和商户维度做好预先的规划。熔断的原理是控制个别商户的异常请求，从而保护大多数商户的支付请求。我曾经见到过某商户不小心把压力测试系统对接到支付机构的生产环境的情况。大量的高并发请求瞬间到达支付系统的 API 网关，此时通用日志服务探测到该商户的非正常请求，然后把熔断行动的指令发给了前面的 API 网关，结果是来自该商户的支付应用请求被中断。

3. 降级

降级是当整个系统面临短期巨大流量冲击的时候采取的弃车保帅的手段。例如某支付系统因为数据库磁盘阵列受损，导致整体处理能力下降 30%，如果不限制流量，所有的支付请求都会出现超时掉单的现象。在这种情况下，可以按照预先对客户的分级策略，对外来的支付请求按照 100%、80%、60%、40%、20% 五个级别进行降级处理。以 80% 为例，就是只允许该商户的 80% 的支付请求通过，随机拦住 20%。这是在不得已的情况下，为了在整体上保护系统能正常运行而采取的措施。在今天以云服务为基础的支付系统中，这种情况虽然有，但是云服务的扩容弹性让这种情况有了很大的改善。

11.7 故障管理

11.7.1 故障的定义

故障是因为支付系统硬件、软件的缺陷或者人对系统的操作不善而造成的支付服务处理中断问题。现代的信息系统，特别是支付系统都是由大量的硬件、软件和人件组合而成的，这些组件高度耦合，相互作用，形成一个或者多个业务功能，例如支付中的应用服务。高度耦合的支付系统相互之间的频繁交互会很容易带来一些故障，所以生产系统出现故障是无法避免的，我们能做到的就是尽可能减少这些故障对业务所产生的不利影响。这也是ITIL 体系里关于服务故障管理要解决的问题。

11.7.2 故障的分类

根据故障的来源，可以将故障分成以下几类。

- 硬件缺陷造成的故障。例如数据库的存储设备发生物理上的失败，订购硬件需要找厂商特别预订，修复硬件甚至需要三个月以上，可以通过临时切换到备用数据库解决。

- 软件缺陷造成的故障。这种问题造成的故障最多，例如 Java 应用没有处理好 GC 的问题，结果上线之后内存逐步被消耗殆尽。
- 网络中断造成的故障。云服务的网络提供方往往是当地的大型电信运营商，所以天灾（地震）或人祸（DDoS）都可能造成基础网络服务中断。
- 人为操作造成的故障。这也是常见的故障原因，例如把白名单的 IP 加到了黑名单列表里，造成相关商户无法使用支付系统，或者不小心删除了支付控制参数。
- 严重灾害造成的故障。例如美国 9·11 事件造成在世贸大厦办公的很多金融机构平台遭到物理性的毁灭，日本 3·11 大地震造成福岛核电站进水。

11.7.3　故障的处理

图 11-10 描述了支付机构故障的处理过程。

| 故障发生 | → | 启动应急 | → | 恢复服务 | → | 调查评估 | → | 复盘学习 | → | 改善提高 |

图 11-10　故障的处理过程

- 故障发生：如前一节所述，软件、硬件、网络、操作和灾害都可能造成故障。
- 启动应急：在获得故障发生的消息后，用最短的时间，按照预定程序启动应急流程。
- 恢复服务：应急时，要在第一时间采取各种手段恢复服务，降低故障对业务的影响。
- 调查评估：深入调查发生故障的原因，最好能复现，同时评估报告业务的受损情况。
- 复盘学习：从架构、流程、人员和规范四个维度出发看是否能学习到有价值的经验。
- 改善提高：根据复盘的结果，优化架构，培训人员，完善流程，严密规范，防止再生。

纵观整个故障处理过程，可以看到管理好故障要能达到两个目标。第一个目标是故障发生后，要在第一时间恢复服务，尽可能减少故障对服务造成的不必要影响。第二个目标是在故障发生后能及时复盘，让所有的技术人员能够从中学习到可以避免同样故障再次发生的经验和教训，从架构、流程、人员和规范四个维度优化改善。

11.7.4　故障的沟通

系统发生故障，必然会带来支付生态体系里利益相关方的各种质疑、抱怨和怀疑。所以在故障发生之后，除了要在第一时间恢复服务以外，还需做好沟通工作。也就是说要在第一时间把发生故障的事情通报给所有的利益相关方。对于通报要注意几个问题。

1. 快速

在事故发生的第一时间，对利益相关方进行简要通报。这要求负责发出第一个通报的人必须做好通报预案，随时准备发出。绝对不可以出现在事故发生后开始斟酌词句、草拟文稿，或者有了文稿，开始寻找客户的邮箱和联系人的慌乱情况。所以在事故发生后能快速采取行动的关键，是要有定期训练和充分准备。凡事预则立，不预则废，说的就是这个道理。

2. 持续

要在事故发生之后，定时或不定时地通报事故的情况，包括恢复服务、事故调查和整改方案，让利益相关方能不断地了解整个事情的进展情况，不要出现利益相关方上门来询问的被动情况。沟通很重要，但是很多技术团队都处理得不太好。主要原因是技术人员缺乏沟通的意识，在事故发生后，更愿意面对技术上的具体问题，想办法解决缺陷，不擅长与利益相关方进行沟通。

3. 简单

在沟通或者最终报告的时候，要用最简单、最明白的非技术语言来描述事故的前因后果，把技术的高度降下来，避免出现鸡同鸭讲的情况。所以事故的协调人或者组织者最好由一个非技术背景的人来担任。因为非技术的发言人都能理解的简单逻辑，其他销售、市场、客户或者普通消费者应该也可以理解，这也是所谓共情的逻辑。

11.7.5 案例分析

下面以一个支付机构的具体故障为例，讨论故障管理的过程。首先，查看运营系统的用户报告，发现刚完成变更上线的 G 系统中有大量的电子钱包数据无法查询。故障管理人员立即启动应急机制并建立故障热线系统，负责生产系统值班的应用工程师、运维工程师和技术支持工程师在规定的 3 分钟时间之内加入热线，召开应急会议。

经过紧急排查，发现存储电子钱包数据的表被清空，于是 DBA 紧急恢复了存储电子钱包数据的数据表，并对前一天夜里的 G 系统变更进行了紧急回滚，系统恢复正常，用户也可以查询到相关的数据，清除故障。后经研发工程师调查，故障原因是变更新上线的 G 系统中存在一个 Bug，该 Bug 删除了电子钱包的数据。整个事故从发现故障、启动应急、定位故障、回滚变更，到服务恢复，全部耗时大约 30 分钟。所有的主要事件、涉及人员、时间节点都记录在故障案件中，如图 11-11 的第一部分所示。

对事故进行复盘，从支付公司技术团队管理的角度看，这次事故是一个非常难得的学习机会。因为它让所有人从中思考和总结出可以提高和改进的地方，这也是失败是成功之母的具体体现吧。从图 11-11 的第二部分的复盘记录当中可以看到，这次复盘从技术、人员、流程和制度四个角度寻找有缺失的地方，主要发现了两个问题。

第一，在流程管控上，相关研发人员未能坚持代码交叉走查的流程。

第二，在测试管理上，相关测试人员未能进行全面覆盖性测试。

故障管理人员因此举一反三，要求所有团队加强代码走查和评审的流程，并要求项目管理人员在日常工作中强调监督的重要性。

❌ 由 Xnip 截图

一、故障过程记录

故障发生时间	2022-04-07 12:10	负责人	王小光
应急启动	☑是 ☐否	应急参与人员	本周应急人员：刘研发，姜数据，陈安全 主要排查问题成员：王小光，许运维 其他参与人员：王大牛，李小牛，史架构，金小曾，徐产品，李小苗，张监控，刘研发，韩定时，李威武，董小维，王分析，熊支付，加藤小惠
Bug导致故障	☑是 ※详见故障复盘结果 ☐否	恢复情况	☑已恢复 ☐未恢复，原因调查中 ※详情可参考故障复盘整改结果
故障级别	P5	恢复方式	回滚应用版本，恢复数据
故障过程描述	12:10 发现G系统新版本钱包大量钱包数据被删除的问题，启动应急； 12:11 经确认，对交易无影响； 12:12 负责人王小光：Gaia代码有Bug，要回滚昨晚的变更； 12:15 运维开始操作回滚，本次应急结束； 12:30 数据恢复完成	影响范围	交易无影响。 G系统新版本大量钱包数据被删除
		影响时间	2022-04-07 12:10-12:30
是否复盘	☑是 ※选择"是"的话，需要详细输出复盘内容和整改措施并定期跟踪整改进度！ ☐否		

二、故障复盘内容&整改措施

复盘时间	2022-04-11 16:30-17:00	问题原因	①直接原因:G系统新版本Bug ②根本原因:开发没有完全遵循数据不物理删除原则，测试过程中未充分考虑多商户同时使用的场景
影响范围确认	11164条数据被删除，涉及570家加盟店（大概1252个申请单）	故障复盘详情	📄 故障复盘-20220407-gaia新版本大量钱包数据被删除
整改措施	1.技术方面：无 2.人员方面：无 3.组织/流程方面： 1）要进行交叉的代码走查---@王小光@李小苗@王程序 2）测试要确保全面覆盖：对系统变更点的理解要充分，追加到自动化脚本中---@测试负责人 3）确保变更单要有代码走查的选项，没有更新走查结果的单子不允许上线---@变更负责人 4）通知全部研发人员，不能忽略代码走查程序---@PMO担当 4.制度变更：无	整改结果跟进	王程序/王小光/李小苗：梳理了代码Review的流程，DL研发团队共享完毕。变更内容需完成代码Review后，才能申请应用变更会。※4月12日起已经开始实施。 测试负责人：G系统审核完毕，脚本新增完毕，已新增两类历史数据验证。 变更负责人：变更单包含代码走查内容，变更要确保该内容有更新才能允许上线。 PMO担当：4月11日已经在「StarPay系统更新/测试组」和「【公式】SL」群发布通知
		整改进度	已完成
※备注※	该故障已经完成复盘并且输出了整改措施，每个整改任务经过与相关负责人沟通，已经全部完成整改，该故障可以闭环。		

图 11-11　故障过程记录

11.8　本章小结

本章从 ITIL 的历史、定义和逻辑开始，首先介绍了 SLA 管理的概念，并通过某支付机构的真实案例讨论了 SLA 审查的具体过程，其次从当前系统容量和利用率到未来系统容量预测，分步骤地详细介绍了支付机构在容量管理方面的最佳实践，之后引入了 ITIL 的可用性管理概念，详细介绍了可用性计算的两种方法，并给出了某支付机构的可用性管理案例。在此基础上，本章还介绍了 ITIL 的变更管理最佳实践，并讨论了支付机构中真实的变更管理案例，随后引入了 ITIL 事件管理的最佳实践，介绍了事件管理各个步骤的要点，讨论了事件管理与监控管理的关系，最后讨论了 ITIL 中的故障管理最佳实践，介绍了从故障发生到恢复服务，直至事后复盘的故障管理要点。

第 12 章

支付的信息安全

本章将聚焦讨论支付的信息安全。支付系统与其他互联网平台一样需要在公开的互联网环境中存在并开展业务。因为支付系统处理的是与资金转移相关的支付请求，所以对黑客有非常大的吸引力。另外，支付系统也会有与消费者的银行卡以及个人身份识别相关联的数据，所以备受世界各国政府监管机构的关注。支付的信息安全就是要确保消费者和商户的资金可以安全地转移，确保支付服务可以稳定持续地开展，以及所有利益相关方的敏感信息能够得到有效的保护。

12.1 信息安全策略

12.1.1 需要被保护的对象

支付系统经常会被互联网上的黑客攻击。黑客的攻击目标通常是支付系统所要处理的数据、支付系统账户里的资金，以及支付系统对外提供的服务。其实，这三类容易被攻击的对象都直接或者间接地与金钱有关系。数据可以在暗网上售卖以获得利益，攻击支付服务可以获得竞争对手的酬劳，甚至还有些人获取了某些支付系统相关的机密数据后，开始对支付机构或者商户进行勒索。

- 数据。在支付系统上处理的银行卡信息（PCI），是指与信用卡、借记卡相关的卡号、验证码、有效期、人名等与支付相关的信息；个人身份识别信息（PII），是指个人的姓名、性别、住址、电话、护照号码、驾照号码、身份证号码等可以用来唯一识别某个人的相关信息。

- 资金。与支付收单相关的商户或者个人的账户上的余额资金。尽管这部分账户所记录的资金不同于银行账户上的余额资金，但是支付系统里的商户账户会通过结算和出款，消费者账户会通过提款和转账，间接完成资金的转移。
- 服务。服务是指支付机构为商户或者消费者提供的支付服务。支付服务也会成为黑客的攻击对象。有时对支付服务的攻击与资金、数据毫无关联，就是黑客为了证明自己存在的价值和技术能力而采取的一些攻击行动。有时对支付服务的攻击是受支付行业竞争对手的委托发起的，例如 DDoS，攻击的目的是获取攻击的劳务费。

因此，对于支付机构而言，黑客想要攻击的对象也正是信息安全需要聚焦保护的，即数据、资金和服务。

12.1.2　分级管控的策略

支付系统上的信息很多，与支付业务相关的系统也很多，有些是支付机构非常重要的数据资产，有些则没那么重要，甚至还有一些垃圾数据。所以，要做好信息安全的管理，必须要针对需要保护的目标分类识别，这与家庭安全管理差别不大。普通的家庭会有很多资产，例如辛辛苦苦种植的各种花花草草，每日出行必备的汽车，儿童在路边骑的童车，院子里的足球，还有喷水浇花用的水管等，如图 12-1 所示。

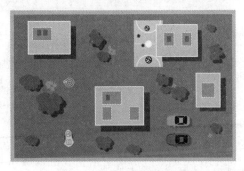

图 12-1　分级别管理资产

面对这么多的资产我们要怎么保护呢？估计大多数人都很清楚，按资产的价值分类，对不同价值的资产制订不同的保护措施。支付系统的信息安全管理办法与此相同。要管理好支付系统的信息安全，首先要定义一个参考性的安全分级体系，然后定义不同资产价值级别信息需要采取不同的安全管理措施，最后按照分级标准完成对所有信息的分级。信息安全分级管控的过程如图 12-2 所示。

定义信息安全级别 → 定义分级管理措施 → 罗列各种数据类型 → 按照标准完成分级

图 12-2　信息安全分级管控的过程

- 定义信息安全级别：按照参考架构的思想，提出一个分级管控的逻辑。
- 定义分级管理措施：根据每个级别信息的价值，提出各级别的具体管理措施。
- 罗列各种数据类型：把支付系统上的各种信息按照利益相关方组织罗列出来。
- 按照标准完成分级：根据分级标准，把支付系统的数据分别定义到各个级别。

这个过程的逻辑就是先设计一个有 N 个层次的橱柜，再给每层贴一个标签来代表该层在整个橱柜中的重要性级别，同时给橱柜的每层配上不同的锁，例如最重要的放在最下层并且配上一把大锁，次重要的放在倒数第二层并且配上一把次大锁，以此类推，最后把家里所有的东西都拿出来与各层的标签对比，把每件东西均放入橱柜的相应层。橱柜按物品价值分层摆放，如图 12-3 所示。

12.1.3 信息安全的级别

图 12-3 橱柜按物品价值分层摆放

支付系统中的数据按照其价值从高到低，大致上可以划分为五类，如图 12-4 所示。

1 级。支付系统中的银行卡信息，其中的银行卡信息与 PCI-DSS 相关联。与系统的基础用户名与密码相关的信息、堡垒机、数据库、root 密码等都属于 1 级数据。该级数据需要最高级别的安全管控措施。

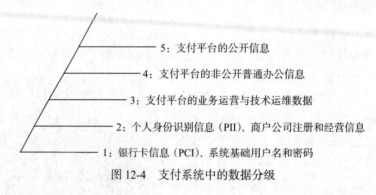

图 12-4 支付系统中的数据分级

2 级。支付系统中的消费者个人身份识别信息和与商户法人相关的信息。因为如果有人恶意使用个人身份识别信息，可以确认并定位这个消费者，后续可能会发生针对这个消费者的人身攻击或者欺骗敲诈的犯罪行为。所以，对这个级别的信息所要求的管控措施仅次于 1 级。

3 级。支付系统中与业务运营、产品研发和技术运维相关联的信息。这类信息原则上不对外开放，仅用于内部的业务运营与技术活动。这个级别的信息量最大，也最常见，包括各种费用、对账、结算、出款和各种数据报告。

4 级。支付系统中与管理人、财、物相关联的各种文档与数据。这类信息必须要经过数据所有者的批准方可对外。这个级别的数据相当于公司的普通办公数据，有很大机会与第 3 级的数据混在一起，比如各种关于业务开展的日常电子邮件。

5 级。支付机构可以对外发布的产品介绍视频、业务与技术公开讲座、公司互联网主网等。这些信息不需要任何批准，可以自由对外使用。这部分属于公司的公开信息，发布的目的是吸引更多的客户、合作伙伴和潜在员工。

12.1.4 分级管控措施

如图 12-3 所示，不同层的橱柜会存放不同价值的物品。因此，我们会为橱柜的每层采取不同的安全措施。例如最上面的一层用来存放儿童玩具，显然不需要加锁，可以自由开关；上数第二层放的是锅碗瓢盆，显然也没必要加锁，放个能确保紧密关闭的磁碰开关就可以了；其他的三层，需要根据所存放物品的价值高低，配上不同安全程度的锁。

与前面的五层橱柜例子的逻辑一样，支付系统的信息安全保护措施也要以各个级别数据的价值为基础来评估和制订，一般会有下述五个层级的管控措施，如表 12-1 所示。

表 12-1　分层的信息安全管控措施

级别	数据价值	管控措施
1	最高	PCI 数据存储传输都要按规则脱敏加密 基础用户的密码要定期改变，按规定存取 数据库及应用要部署在特别的安全区里
2	较高	使用数据要经业务主管批准 数据的传输必须加密 相关应用系统不准对外开放任何服务 PII 数据按照 PII 的管控标准来执行
3	一般	按照企业的信息安全管理办法执行
4	较低	按照企业的 IT 管理制度执行
5	最低	判断不明的情况，可联系信息安全部门

12.1.5　梳理各类数据

支付系统上的信息包括在支付收单的生态体系内所有利益相关方的关联信息，主要有以下七类。

1.消费者信息

消费者的个人识别信息，其中主要包括姓名、性别、住址、电话、邮政编码；消费者的生物特征识别信息，包括指纹、面孔、掌纹、虹膜、静脉、DNA 等；消费者的银行卡信息，包括卡号、密码、验证码和有效期等。

2.商户信息

与商户法人相关联的银行账户、经营信息、财务往来、经营业种等信息。除了这些具体的信息项以外，还包括支持这些信息的各种书面或者电子形式的资质材料，例如营业执照、信用报告、账户快照和其他资质许可。

3.支付处理信息

商户发给支付系统，与支付系统发给金融机构的支付处理信息，包括商户传给支付系统的支付请求、支付系统传给金融机构的支付指令、金融机构返回的支付指令执行结果状态，以及各种返回通知的网络连接细节等。

4.业务运营信息

支付机构的业务运营团队所处理的商户信息，诸如对外的合同、入网信息、代理商的代理费率、支付处理费率、风险管理与控制规则、入网审核规则、结算周期、对账和差错处理的细节、出款报告、出款指令以及结算报告等。

5.技术运维信息

支付系统为了处理支付请求所做的各种产品与技术方面的信息，其中包括数据中心的拓扑结构、数据库的数据结构、系统架构设计、网络安全规则、各种黑名单与白名单、加解密的密钥、生产环境的镜像、服务水平协议、压力与性能测试报告、生产代码、应用监控、系统日志、灾备方案、应急方案、变更方案、产品设计说明书与技术实施的具体方案等文档。

6. 公司信息

支付系统所属的公司，为了管理与支付机构相关联的人、财、物所制作和使用的各种文档与数据。包括公司内部的人力资源管理、财务管理、其他的规章制度，各种定期的报告和会议纪要，员工联络方式等信息。

7. 相关金融机构信息

那些因为支付业务与支付机构联结或合作的各种金融机构的相关信息，例如对接银行卡组织的办法、与银行卡组织之间通信的具体协议等。

12.1.6　按照标准完成分级

有了信息的分级标准和相应的管控措施，就可以把支付系统上发现的所有数据都组织起来，从而落地支付机构信息安全的策略，如表 12-2 所示。

表 12-2　分层的支付机构信息安全管控措施

级别	价值	涉及数据	管控措施
1	最高	AWS 云的基础用户名和密码 PCI 相关的银行卡的数据项	PCI 数据存储传输都要按规则脱敏加密 基础账户的密码要定期改变按规定存取 数据库及应用要部署在特别的安全区里
2	较高	PII 个人身份识别数据 商户的法人与企业信息	使用数据要经业务主管批准 数据的传输必须加密 相关应用系统不准对外开放任何服务 PII 数据按照 PII 的管控标准来执行
3	一般	支付业务运营数据 技术运维数据	按照企业的信息安全管理办法执行
4	较低	企业日常办公经营管理信息	按照企业的 IT 管理制度执行
5	最低	可对外公开的产品或信息	判断不明的情况，联系信息安全

12.2　PCI DSS 最佳实践

12.2.1　PCI DSS 介绍

在 2006 年之前，世界上主要的五家信用卡公司——VISA、MasterCard、American Express、Discover 和 JCB 都有自己的安全标准程序，而且这些标准都具有大致相似的要求和目标。这对支付机构来说非常不方便，需要分别满足五家信用卡公司的安全标准，劳民伤财，效率低下。2006 年，这五家信用卡公司终于成立了银行卡行业安全标准委员会（PCI SSC）来统一制订银行卡行业的数据安全标准。PCI DSS 是支付行业数据安全标准的简称，其标志如图 12-5 所示，是支付行业针对银行卡的数据安全所做的银行卡信息安全专业认证，其目的是要尽可能减少信用卡的欺诈交易。

图 12-5　PCI DSS

12.2.2　PCI DSS 范围

PCI DSS 的安全要求适用于所有系统组件。这些系统组件可以是持卡人数据环境或与之相连的任何网络组件、服务器和应用等。持卡人的数据环境是处理持卡人数据或敏感认证信息的网络。网络组件包括防火墙、交换机、路由器、无线网络接入点、网络设备和其他的安全设备等。服务器类型包含网络、数据库、认证、邮件、代理、网络标准、时间协议（NTP）和 DNS 服务器等。应用是指所有从外部购买或订制的应用软件，包括供内部和外部使用的各种不同应用。

所谓持卡人数据或者敏感认证数据是指表 12-3 中列出的数据项。图 12-6 是 PCI DSS 中的持卡人数据和认证数据示意图。

表 12-3　PCI DSS 涉及的持卡人数据和敏感认证数据

	数据元素	存储许可	保护要求	PCI DSS 要求 3.4
持卡人数据	主账号（PAN）	是	是	是
	持卡人姓名	是	是	否
	服务代码	是	是	否
	有效期	是	是	否
敏感认证数据	全部磁条信息	否	N/A	N/A
	CVC2、CVV2、CID	否	N/A	N/A
	PIN、PIN Block	否	N/A	N/A

图 12-6　PCI DSS 中的持卡人数据和认证数据示意图

12.2.3　PCI DSS 的要求

如果要通过 PCI DSS 的认证，需要满足 PCI DSS 中所有 300 多项安全控制标准。PCI 委员会发布的关于 PCI DSS 的官方文件有 1800 多页，其中有超过 300 页是在说明使用哪种表单来达到合规。单纯阅读这些内容就需要花费 72 个小时以上，所以通过 PCI DSS 的认证是一项非常有挑战性的任务。对这些复杂的内容做一个归纳，可以得到十二项合规性要求，在逻辑上又可以归纳为以下六组：

- 构建和维护安全的网络和系统。
- 保护持卡人数据。
- 持续做好漏洞管理。
- 加强对访问的严格控制。
- 定期监控和测试网络。
- 落地信息安全策略。

12.2.4 取得 PCI DSS 认证的过程

PCI DSS 审核评估通常由第三方组织执行，即有资格的安全评估服务商（QSA）和受认可的扫描服务商（ASV）。QSA 负责执行审核的现场部分，ASV 则负责对受评公司在互联网上暴露的部分进行漏洞扫描。要取得 PCI DSS 的合规认证，需要经过如图 12-7 所示的步骤。

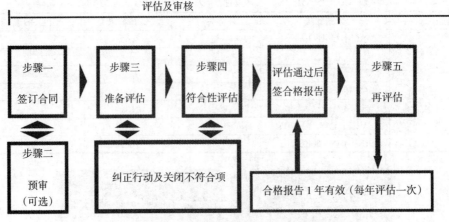

图 12-7 取得 PCI DSS 认证的过程

1. 签订合同

支付机构与 QSA 签订合约。这个合约包括双方的权利和义务。注意合约中需要特别说明支付机构想要认证哪个方面，比如 VISA、MasterCard 或者中国银联。

2. 预审

负责评估的 QSA 可以先派人对支付机构的大致情况做一个了解和分析，看即将要被评估的系统大致处于什么状态。如果差距太大，难以在短期内提升和通过评审，可能会建议该支付机构先做好基本的工作，再考虑做认证。

3. 准备评估

支付机构在 QSA 的指导下，成立认证工作领导小组，邀请负责信息安全、规章制度、人力资源、内部审计、架构管理和运维操作的人员共同参与认证工作。准备要评估的系统、文档、流程和数据，包括系统的架构图、安全管理流程和规范、安全操作日志和其他相关材料。

4. 符合性评估

QSA 按照 PCI DSS 的要求，逐项对支付机构的系统、人员、流程和规范进行审查，然后做出是否符合 PCI DSS 各项规定的判断意见。可以对评估过程中发现的各种问题提出修改或者优化的方案。这个过程可能会重复多次，直到影响安全的那些主要问题都解决为止。在此基础上，QSA 总结并签署合规报告。

5. 再评估

支付机构在收到评估结果之后，会针对报告中提出的各种不合规问题进行修改，然后提请 QSA 再次进行评估，确认发现的问题都已经解决，再提出合规合格的报告。报告发出后在一年之内有效。

12.2.5　其他的 PCI 安全标准

银行卡行业安全标准除了包括 PCI DSS，还包括密码交易安全标准（PCI PTS）以及应用程序数据安全标准（PCI PA-DSS），图 12-8 简单地描述了它们之间的关系。

- 针对硬件的 PCI PTS：针对所有用于处理个人密码（PIN）的终端和其他硬件的安全标准。所有个人密码的硬件供应商必须遵守与 PTS 相关的要求和指南。
- 针对软件的 PCI PA-DSS：针对安装在支付终端中的支付应用的安全标准。PCI PA-DSS 要求这些支付应用软件符合 PCI DSS 标准。

图 12-8　支付卡行业安全标准

12.3　个人身份识别信息

如果说银行卡行业的数据（PCI）是信用卡交易或者个人财产相关的数据，那么个人身份识别数据（PII）是关系到个人生命安全的数据。

12.3.1　PII 的定义

PII 是可以把某个人与其他人区别开来的具有唯一性的数据。换句话说，能把一个匿名的人显性化的数据就是个人身份识别信息。个人身份识别信息的标准是由美国政府服务署（GSA）定义的。

可以单独利用个人身份识别信息，或者与诸如肤色、性别或者生日等信息结合起来唯一地识别某个人的身份。也就是说，任何可以唯一地把某人从人堆里识别出来的信息都是个人身份识别信息，包括姓名、地址、指纹、电子邮件、邮政编码、电话号码、出生日期、护照号码、驾照号码、人脸信息、信用卡或借记卡号以及社会安全号码。

保护个人身份识别信息对于个人隐私和信息安全至关重要。只需要几条关于个人的身份识别信息，窃贼就可以用此人的名义来创建虚假账户产生债务，申请伪造护照或将某人的身份出售给犯罪集团。我们每天都在记录、跟踪和使用个人身份信息，例如用指纹、人脸通过生物特征识别来开门或者登录系统，这些信息如果泄露会产生非常可怕的后果。所以对个人身份识别信息的严密保护显得越来越有必要，也受到世界各国政府的广泛关注。

12.3.2　保护 PII 的最佳实践

1）对于支付系统而言，可以考虑采用预防式分析和人工智能的办法。从存储的大量数据中筛选和发现个人身份识别信息并且采取相应的措施以防止信息被泄露。

2）可以通过完善管理和控制流程来防止个人身份识别信息的泄露，例如，对支付业务运营平台上的个人身份识别信息采取双人互验和分级审批制度。

3）通过提高数据的加密强度，如采用更加安全的密码，以及双因子甚至多因子验证的方式来保护个人登录，以避免个人身份识别信息的泄露。

4）加强对日常数据备份的管控，包括个人电脑和企业数据中心的服务器。

5）妥善并且安全地销毁包含个人身份识别数据的过期纸质或电子媒介。

6）及时更新智能手机和电脑上的安全补丁。

7）使用安全度高的无线网络，尽量不要使用公共 Wi-Fi 上网。

8）使用 VPN 进行通信。

对于个人而言，要保护自己的个人身份识别信息就需要注意以下几点。

- 在社交媒体上分享的时候要有限度。
- 在重要文件丢弃之前一定要用碎纸机先处理好。
- 了解并警惕那些索要个人身份识别信息的人或者机构。
- 在网上购物或者使用网上银行时，一定要用 HTTPS。
- 小心别人站在你的后面窥探你的屏幕上的信息。
- 不要轻易往云端上传敏感的个人信息。

- 智能手机或者电脑在不用的时候要记住锁屏。
- 留意那些在垃圾桶里面寻找有价值信息的人。

12.4　常见的信息安全问题

12.4.1　加强网络安全的监控

无论是网络攻击和数据盗取，都有一定的迹象。关键在于是否能够通过对各种网络事件的监控，从中发现蛛丝马迹，提早采取行动，防止危害的发生。很多时候，外部的黑客在发起正式的攻击之前，都会先做一些试探性的攻击，为取得必要的信息做好准备工作。所以，如果能密切注视针对支付系统的异常网络活动，则很有可能挫败安全攻击的企图。图 12-9 是某支付公司用来监控安全活动的屏幕。

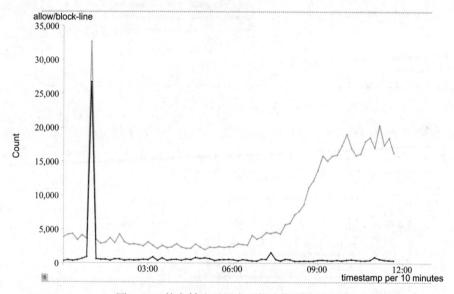

图 12-9　某支付公司用来监控安全活动的屏幕

该支付系统的客户基本都来自日本，但是从 IP 来源上分析，却发现有不少请求来自美国和俄罗斯，这很不寻常。进一步分析会发现有不少有针对性的域名扫描，有理由怀疑是有人在计划做一些不寻常的事情。如果发现得早，可以提前做好防备，避免被动。

12.4.2　定期扫描系统

对开放在互联网上的应用系统要定期进行扫描，以发现可能被人利用的漏洞。根据应用的情况和信息安全的资源，可以每月，至少每个季度做一次针对全系统的漏洞扫描。目前市场上有很多开源或者付费的漏洞扫描工具，善用它们可以先于外部发现潜在的应用漏洞。下面介绍一个定期扫描的报告示例，如图 12-10 所示。

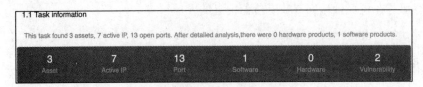

图 12-10　扫描结果报告：汇总

经过扫描发现，该软件系统有 3 个资产、7 个活跃 IP 和 13 个开放端口，且有 3 个安全脆弱点，如图 12-11 所示。

Name (1)	Level	hostinfo	vuluri	keymemo
SpringBoot Actuator unauthorized access	High	sample-starpaywallet-pc-nss.starboss.biz:80	http://sample-starpaywallet-pc-nss.starboss.biz/actuator/env	-
SpringBoot Actuator unauthorized access	High	https://sample-starpaywallet-pc-nss.starboss.biz	https://sample-starpaywallet-pc-nss.starboss.biz/actuator/env	-
SpringBoot Actuator unauthorized access	High	https://load-starpaywallet-pc-nss.starboss.biz	https://load-starpaywallet-pc-nss.starboss.biz/actuator/env	-

图 12-11　扫描结果报告：问题

扫描报告详细解释了发现的问题，并提到 3 个高级别的脆弱点都与 SpringBoot Actuator 相关，如图 12-12 所示。SpringBoot Actuator 这个漏洞早在 2008 年 11 月 11 日就被人发现了，而且给出了可以找到更多相关信息的链接。

Threat Type	Other
Disclosure Date	2018-11-11
URL	http://sample-starpaywallet-pc-nss.starboss.biz/actuator/env https://sample-starpaywallet-pc-nss.starboss.biz/actuator/env https://load-starpaywallet-pc-nss.starboss.biz/actuator/env
References	https://www.veracode.com/blog/research/exploiting-spring-boot-actuators http://www.manongjc.com/detail/14-jelheilcndimkoz.html https://zhuanlan.zhihu.com/p/135229989
Tags	unauthorized

图 12-12　扫描结果报告：解释

12.4.3　不存储敏感信息

要想不出问题，最重要的是不存储那些不必要的敏感信息，这是从根本上解决问题的办法。例如信用卡信息，如果没有特别的需要，可以在第一次支付后就对卡号进行哈希处理，把它变成一个不敏感的字符串存在数据库里。即使后续有可能发生退款或者撤销等操作，也可以通过比对哈希结果的办法，来确认新提出支付请求的信用卡是之前做过支付的同一张卡。同样的办法也适用于个人身份识别信息的存储。总之能减少一个敏感数据的存储和处理就多了一份安全。

12.4.4　加强信息安全情报沟通

支付系统和应用中的缺陷层出不穷，每天都会有新的发现。在安全情报方面，要有足够的外部信息来源，以确保能够对世界上的信息安全态势有足够的掌握。这就和军队把守边关类似，不仅要看到近处是否有外敌入侵，还要能瞭望远方，在敌人尚未到达边界线的时候就掌握敌人进攻的动向，避免被动挨打。这就要求负责信息安全的人能够开阔视野，经常参加信息安全领域的业务交流。同时，与国际、国内的信息安全机构加强联系，及时接收各种漏洞或者其他的信息安全动向。

12.4.5　定期培训，提高安全意识

据研究报告分析，80% 的信息安全事件都与内部人员有关系。其中最为常见的是支付系统工作人员的电脑在上网时中了病毒或者被植入了木马，结果邮箱被盗。经常有黑客利用盗取的邮箱向敏感的其他账户，例如财务人员的账户，发出一些钓鱼邮件，诱使财务人员暴露自己系统的登录用户名和密码。在获取了用户名和密码后，黑客会直接进入关键系统发号施令，伪造交易，达到转款获利的目的。

所以，要定期持续地做好信息安全意识培训工作，让所有的工作人员都能对钓鱼邮件和木马病毒有足够的理解和认识。特别是要让所有员工培养好的上网习惯，教育大家什么东西不该点、不能点，什么样的网站是骗子网站，以避免被别有用心的人利用。

12.4.6　做好信息安全的预案

在互联网应用技术体系中，信息安全的事故随时都有可能发生，所以必须要做好预案和万全的准备，即使事故爆发，我们也能按照预定的步骤快速响应。这不单单是要有写好的预案，更要求信息安全人员能够有计划地进行相应的桌面演练和实战演练，以确保在事故发生的时候能从容应对，快速解决问题。下面以某个支付机构对 DDoS 的防御策略为例进行介绍。

1）保护范围：所有与支付相关的生产系统。

2）保护目标：100 Gbit/s 带宽的攻击。

3）保护措施。

● 减缓攻击流量：将服务配置在 LB，仅开放必要端口，内部流量走内网，避免受攻击影响。使用 WAF 拦截恶意 IP，使用 Shield 清洗恶意流量。

● 增加入口带宽：增加入口的带宽，将入口迁移至 CDN。通过智能 DNS 解析将流量牵引到其他入口。

● 增加服务器容量：每个节点可支持 10 Gbit/s 流量，当攻击来临时，增加节点并开启

增强网络功能（更大的带宽、更高的性能和更低的延迟）。

- 限制入口流速：通过流速管控（100 Gbit/s）限制入口外部流速来保证服务可以持续。

4）可防御的攻击类型。

- 流量攻击：这种攻击常利用 DNS 放大和其他的暴力技术来产生巨大的流量来淹没目标网站。

- 协议攻击：协议攻击以网络层和传输层中的漏洞为目标，旨在消耗网络服务器或防火墙与负载平衡器的可用容量。这些攻击均以数据包/秒（PPS）为衡量单位，通常会涉及三种协议。

  ○ SYN Flood：攻击者向目标网站反复发送初始连接请求，造成目标网络疲于应答，最后使目标服务器上所有可用的端口瘫痪。

  ○ Ping of Death：攻击者利用 ping 命令，向目标网站发送超过最大允许规模的包或带有恶意的指令从而导致目标网站崩溃。

  ○ Smurff Attach：攻击者利用 ping 命令，通过广播的方式来发出应答请求，淹没目标网络。具体有几种变异的情况，这里不再展开，读者可自行阅读相关内容。

- 应用层攻击

这种攻击以应用层为目标，基于 HTTP 或 HTTPS，作为对网络应用请求的约定回应，由服务器生成网页并发送出去，相当于大量计算机同时且反复地向目标网站发出刷新网页的请求。

图 12-13 是一个典型的 DDoS 防御部署案例。

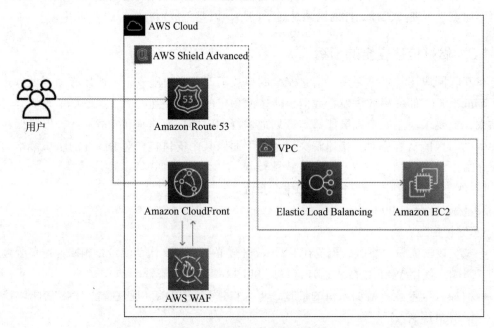

图 12-13　DDoS 防御部署案例

12.4.7　信息安全的几个案例

1. Target 的 POS 机

在 2013 年底的黑色星期五和圣诞节期间，攻击者以 Target 的暖通空调（HVAC）承包商 Fazio 为跳板，入侵了美国零售巨头 Target 的网络，并在其门店的 POS 机上植入了 BlackPOS 恶意软件变种。当用户刷卡时，该软件会直接读取内存中的信用卡磁条信息，然后把磁条信息直接发给黑客。

黑客最终盗取了 4000 多万张信用卡信息以及 7000 万条包括姓名、地址、邮箱、电话号码等用户个人信息用于地下交易。该事件也是有史以来最大的信用卡数据泄露事件之一。Target 为此赔偿了 1850 万美元，其为这次数据泄露事件付出的总成本为 2.02 亿美元。Target 损失的不仅仅是可以看得到的资金数量，更为严重的是客户对 Target 的信任。即使是九年后的今天，该事件对支付行业来说仍然是一个警告，也是一个教训。

2. 家得宝信用卡泄露事件

2014 年美国最大的家装建材零售商家得宝（Home Depot），因为支付系统遭到黑客的入侵，估计有 5600 万张信用卡数据遭到泄露，一举打破了此前 Target 创下的 4000 万张信用卡数据泄露的世界纪录。

虽然家得宝的安全团队早就开始向管理层报警，但是管理层置若罔闻。家得宝的前员工指责公司安全系统千疮百孔，不仅使用早已过期的杀毒软件——2007 年购买的一款赛门铁克防病毒软件，而且甚至从来不对网络行为进行监控，因此无法发现来自 POS 机的异常流量。

并非巧合的是，根据卡巴斯基对 POS 恶意软件 Backoff 的调查，几乎所有受害企业都没有意识到内部系统已被木马感染，他们在重复 Target 的错误。Target 本可避免泄露事故，但它错误关闭了安全软件的一个重要功能，导致灾难发生。事实上一些基本的安全工具和管理制度，诸如定期的网络监控，就能发现这些木马所产生的异常流量。

12.5　本章小结

本章从支付机构信息安全的分级策略开始，首先介绍了以信息价值为基础的信息安全分级策略，然后介绍了各个层级应该存储与处理的信息内容及种类，并在列举了支付生态体系内的利益相关方所拥有的各类信息的基础上，结合分级的原则，对支付系统的各类数据进行了分级。银行卡行业的数据安全认证是每个支付机构都要考虑的事情，对照 PCI DSS 的指引来不断地优化支付系统，不仅能确保企业获得各个银行卡组织的认证，更能确保相关的银行卡信息安全，同时降低信用卡的支付欺诈风险率。除了银行卡数据安全之外，现在越来越多的个人身份识别信息都汇聚到支付系统，不少国家都对 PII 数据的管理做出了相应的规定。保护好 PII 数据，需要在支付机构和个人两个方面都采取有力的措施。最后本章对支付机构信息安全相关的其他重要事项也都做了介绍。

第四部分 *Part 4*

Chapter 13 第 13 章

支付的业务运营

支付是一个强运营性质的业务，它高度依赖业务运营。所以支付系统除了要有一个强大的技术体系之外，还要在支付业务的日常运营方面做到完善。本章将聚焦支付机构的业务运营，从申请、审核、批准、开通、风控、客服、对账、结算和出款几个方面讨论支付机构的业务运营。

13.1 支付业务运营概述

13.1.1 业务运营的意义

支付机构的业务运营就是通过手工或计算机信息系统，来保障客户能够安全顺利地获得支付服务。支付业务运营的最高目标是准确、及时和高效。支付机构的业务运营意义重大，具体体现在以下几个方面。

1）如果做不到准确和及时，就会失去商户的信任。支付机构与商户之间是强信任的关系。因为支付机构实质上是在替商户收取消费者的资金，代为管理并在约定的时间把备付金结算给商户。如果记账或者计算有差异，或者无法及时与商户进行资金的结算，商户就会丧失对支付机构的信任。支付机构的业务运营就是按照一定的规范和流程检查并确认各项计算的正确性以及及时性。

2）如果无法高效运营，支付机构就无法收支平衡。支付机构的收入来源就是替商户收取消费者资金的支付处理费。这部分费用仅占支付金额的非常小的一个部分（0.1% ～ 4%）。大量的支付请求形成了规模化经济，才让支付机构能够有利可图，平衡自己的收支预算。

所以，支付机构的成本控制特别重要，这就需要支付的业务运营更加高效。

支付机构的业务运营与支付系统之间的关系就好像汽车厂的工人与汽车生产线，没有工人开动汽车生产线，没有工人在不同的工序上配合与检查，没有工人在装配线上拧螺丝，再强大的汽车生产线也无法顺利生产出高质量的汽车。同样的道理，如果没有支付业务运营人员的审核、检查、确认和批准，支付系统再强大也无法顺利地支撑支付业务。如果没有设计合理、稳定、可靠的支付系统，业务运营将会异常沉重繁杂，成本也会居高不下。所以，做好支付机构的业务运营既要有训练有素的业务运营人员、高效顺畅的业务流程体系，更要有稳定安全的支付系统，三者缺一不可。

13.1.2 业务运营的目标

如前所述，支付业务运营必须要做到准确、及时和高效，这也是支付业务运营平台成败的关键。准确、及时和高效是考核支付业务运营的指标，换句话说，是支付业务运营的北极星。

- 准确。支付业务处理的是资金。所以，支付系统必须有能力准确地处理每笔交易，并且把归属于不同利益相关方的资金准确地划分清楚。支付系统上每天都有数百万甚至上亿笔交易，这么大规模的分账结算和出款要做到滴水不漏是一个非常大的挑战。
- 及时。要严格地按照与客户约定的时间提供必要的服务。超过约定时间是绝对不可以接受的，提前也会带来问题。一定要依约行事，不早不晚。尤其是在结算与出款的环节上，必须要准时。
- 高效。支付机构的盈利来源是支付处理费。支付机构要想获得盈利，就必须要以最少的人力资源和技术资源来处理最大量的支付请求。换句话说，单笔支付的处理费用要够低，否则无法赢利。追求自动化和高效率是支付机构成功持续发展的关键之一。

13.1.3 业务运营的环节

支付业务运营的范围包括从支付前的 KYC 服务，到支付中的风险控制和客户服务，再到支付后的对账、结算和出款服务。具体地说，支付业务运营包括如图 13-1 所示的这些环节。

图 13-1 支付业务运营的环节

申请：支付前 KYC 的组成部分，一般由客户在支付机构提供的网页上填写申请信息。这个环节非常繁杂，有些商户宁肯用不靠谱的支付服务，也不申请，原因是申请提交的文档需要被审查的信息项非常多，耗时费力。目前，我所参与的支付机构已经实现了申请的移动化，也就是充分利用智能手机的拍照、光学字符识别、人工智能语音识别等，可以快速、准确地处理商户的申情活动。凭借一张名片、一张身份证、一张营业执照、一张人脸照片，客户就可以完成申请任务。

审核：支付前 KYC 的组成部分，一般由业务运营人员根据审核大纲进行核对和调查。审核是 KYC 的核心部分。审核的维度就是商户的真实性与业务的合规性。因为支付业务会根据行业的不同为商户给予不同的费率（MCC），业务管理人员也会根据商户与业务属性设置不同的支付限额。更重要的是，监管机构会根据支付的情况与商户的交叉分析来研究是否存在洗钱与资助恐怖主义的潜在风险。对日本的支付公司而言，还有拒绝与黑社会合作的审查与考虑。

批准：支付前 KYC 的组成部分，一般由业务运营人员根据审核结果做出入网判断。支付机构批准商户入网意味着同意与商户在支付业务上合作，帮助商户收取消费者的资金，也意味着愿意承担与商户合作的各种风险。通常，审核人员负责把发现的问题提出来，最终由负责业务管理的业务运营人员做最后的综合审批。

开通：支付前 KYC 的组成部分，一般由业务运营人员根据与客户的约定予以配置。在业务合作获得批准之后，商户就可以开始对接支付机构的系统，包括对接支付机构的系统以发送支付请求，取得支付机构制定的收单设备，参加支付机构举办的培训班，确定收单设备开通的具体时间。

风控：支付中支付请求处理的组成部分，一般由业务人员和风控系统配合完成。风险控制是支付中应用的核心部分。风险控制不仅仅是一个技术子系统，还包括风险策略人员和风险运营人员。风险策略人员负责制定风险控制的策略，确保以合适的力度管理支付请求，既不放过可疑的支付，也不误杀无辜的请求。风险运营人员负责处理风险控制应用子系统无法解决的问题，例如人工确认卡的归属。

客服：支付前、中和后都有可能用到，一般由业务人员根据客户的询问做出答复。客服也是支付运营中的一个专业环节。客服既要服务与支付公司签约的商户，也要服务因为与商户打交道遇到困难的普通消费者，且全天候工作。现在越来越多的客服工作已经被智能客服系统所取代。客户运营需要使用支付系统的客服子系统。

对账：支付后的应用，一般由业务人员结合金融机构的对账文件和平台的交易记录完成。对账是支付完成之后，必须在当天或者第二个工作日完成的支付业务。因为支付机构与银行或者其他金融机构之间可能会出现支付处理状态不一致的情况，这种不一致经常需要人为干预才能发现和解决。如果不做好对账，将会出现机构之间支付金额或者笔数不一致的问题。

结算：支付后的应用，一般由业务人员根据与客户的约定发起并通过系统的计算完成报告。结算是支付运营的重头戏。在对账的基础之上，支付机构计算并汇总归属每个商户的备付金总额，同时扣除归属支付机构的支付处理费。运营人员要确保这些动作的发生，并且要对计算后的结果进行交叉验证，确保没有差错。

出款：支付后的应用，一般由业务人员根据与客户的约定和结算报告通过银行完成资金转移。在支付运营的工作中，出款有的时候也被称为打款。运营人员在出款的过程中的主要作用就是通过双人交叉验证以确保所划拨的款项金额不出错、批次不重复。

报告：支付后的应用，把支付请求的处理情况进行聚合、汇总和分析，形成支付报告。在支付请求处理之后，业务运营人员需要把聚合和汇总后的所有数据，包括商户、行业、地区和消费者的数据，形成可以查询的报告，从中发现消费者或者商户的某些支付习惯。

13.2　支付业务运营的风险

支付的业务运营充满了风险，既包括业务运营过程中的操作风险，也包括业务运营中的数据泄露风险，更少不了支付中银行卡的欺诈风险。下面介绍几种主要风险。

13.2.1　客户真实性的风险

支付服务在开通之前，首先要了解客户的情况，即 KYC。KYC 是支付业务中最早涉及风险的环节。在这个环节中，业务运营人员需要深入了解商户业务的真实情况，特别需要注意的是客户自己填写和提供的信息，也就是客户声称的业务内容，检查是否与其正在开展的业务相符合，防止挂羊头卖狗肉的问题，更要防止没有实际业务的皮包公司。这部分检查在业务运营 KYC 的审核过程中被称为真实性检查。真实性检查有以下几种方法。

1. 实地调查法

亲自去客户的经营场所进行调查体验，看客户所提供的业务内容与规模是否与实际情况一致。在进行这种调查的过程中，要注意留存证据，例如在店铺门口以店铺的商号名和 logo 为背景拍照取证。

2. 信息比对法

根据客户提供的信息，与客户在互联网和社交媒体上展示的信息进行交叉对比，确定客户所声称信息的真实性。例如，谷歌开发的 Google Earth 就是一个非常好的工具，可以定位客户，然后用 Google Earth 派虚拟人物去其门前进行观察。

3. 电话调查法

根据客户提供的信息，通过打电话、发邮件和发 IM 消息的方法，主动验证其信息是否真实。

4. 外部信息法

通过调研第三方的信息，例如征信公司的征信报告或者政府机构的相关资料来确定其真实性。通过查看电信公司的黄页，或者走访当地的商业或者行业协会了解具体情况。

13.2.2 客户合规性的风险

所谓合规性就是客户所开展的业务是否符合国家或地区的法律法规。要确定客户的合规性有以下几种方法。

1. 牌照提交法

针对客户提交的申请，请客户出示相应的牌照，并确定牌照的有效性。例如做医药业务的要有医药经营牌照，做保险的要有保险牌照，做物流的要有物流牌照。

2. 牌照调查法

针对客户提交的申请，从行业监管机构的角度去查看该企业是否有牌照。例如从互联网的公开信息资源查看该企业是否获得了相关牌照。

3. 网站调查法

针对客户提交的申请，去该公司的网站查看是否有展示自己的牌照。很多企业为了向客户显示自己的合规性，都会把政府颁发的牌照展示出来。

13.2.3 信用卡的欺诈风险

在支付过程中，经常会出现信用卡盗卡和伪卡带来的风险。在线交易场景最容易发生银行卡欺诈风险，这很容易理解，因为在线交易，例如 B2C 电商交易，卖方与买方不见面，也无法核对双方的真实身份。假如有不法分子盗窃他人的信用卡，就可以伪装成持卡人来上网购买产品或者服务。交易结束后，持卡人会因为信用卡被盗而拒绝支付这部分的费用。根据不同国家或地区的情况，这笔损失可能由商户自己承担，也有可能由支付公司或者持卡人自己负责。总之，无论谁负责，都会有资金损失的发生。

除了互联网的在线服务场景会被犯罪分子利用以外，通过电话语音远程购买的场景也容易发生类似问题。例如有人拿着盗窃的卡，打电话给航空公司购买飞机票。线下场景也会发生类似的情况，例如有人持盗卡购买大量的奢侈品、消费品。要防止信用卡的欺诈风险，可以引入风险控制系统，通过比对进行交易的电脑或者电话的设备指纹、IP 白名单与黑名单、信用卡的黑名单等来发现欺诈行为。

根据 2021 年的尼尔森报告（Nilson Report），全世界在 2020 年由欺诈所造成的经济损失为 285.8 亿美元，相当于每 100 美元的交易损失 0.68 美元，仅美国就占了整个欺诈的经济损失的 35.8%。

13.2.4 结算过程中的风险

在业务运营的结算过程中，同样存在风险，主要有以下几种。

1. 错过结算周期的风险

主要是指超过预定的结算时间未能成功发起并完成结算。这种风险发生的主要原因可能是系统存在缺陷，或人为原因把结算周期设置错误。超过约定的结算周期不结算会给商户的资金流动带来压力，因为商户要靠这部分资金来采购原材料或者为自己的员工发工资。另外，如果出现大面积结算出款延期的情况，会打击商户对支付机构的信心，甚至出现与支付机构解约的情况。

2. 结算报告错误的风险

主要是指完成的结算报告中存在错误，无法正确反映客户的真实支付情况。例如费率设置错误，或者因为软件的缺陷而未能正确选择支付请求。例如商户提交的支付请求是线下场景，但支付公司误判为线上支付，结果处理费率上出现差异。

13.2.5 出款过程中的风险

在业务运营的出款过程中，同样也存在风险。

1. 未能按期出款的风险

主要是指系统缺陷、人为疏忽或者其他原因，导致未能按照与商户约定的时间点完成出款。商户在支付机构的备付金需要及时归还，否则商户会出现资金周转的问题。曾经某支付机构发生过因为系统的时钟设置出现偏差，结果在 $T+1$ 出款的时候，系统还在睡眠当中。而业务运营人员已经习惯了系统自动处理出款任务，所以也没有特别在意。结果到了早上 11 点，很多商户打电话过来询问为什么 $T+1$ 时该到账的款项还没有到。这种情况已经影响了商户业务的开展。与银行发生挤兑的逻辑一样，一旦支付机构出现与资金安全相关的消息，商户就会因为担心自己存放在支付机构的资金的安全而开始恐慌，进而引发监管机构对支付机构的关注与质疑。

2. 出款打错账户的风险

主要是指系统缺陷、人为疏忽或者其他原因，导致把商户的账款打到错误的银行账户上。这种错误的发生，可能是无意的操作错误，但是确实也有人故意为之。如果缺乏不同角色的相互配合与制衡，很难保证不发生问题。

3. 出款打错金额的风险

主要是指系统缺陷、人为疏忽或者账户错乱，导致把错误数量的款项打到商户的账户上。发生这种问题的原因主要是操作过程中的人为失误。尤其是在日本这种货币面值比较大的国家，更容易出现这样的问题。某支付公司的出款人员曾经在出款的过程中不小心把6000万当成 6 亿给商户打了过去。后来，经过各种协商，虽然追回了错误打出的资金，但该支付公司差一点儿就因为此事而倒闭。

4. 重复出款的风险

所谓重复出款就是重复执行付款指令，反复给商户划拨备付金。很多知名支付机构都发生过重复出款事故，有的耗时数年也未能追回全部错划款项。结算出款这个操作是极其容易出错的，手一抖就写错金额或多次按键重复下指令。总之，这方面的风险绝对不容小觑。

13.2.6 业务管控的风险

业务运营的过程中经常会需要针对不同的客户设置不同的支付限额，这是业务管理过程中经常会进行的一种操作。例如，某个商户刚刚入网，支付机构对该商户的业务情况还不甚了解，所以往往会对商户的支付请求予以特别关注，例如设置每日支付上限。但是设置支付上限的操作是容易带来风险的操作。常见的风险有以下几个方面。

1. 支付限额过低，客户无法交易

如果为商户设置的限额太低，例如每日累计交易总额不超过 100 万元。那么商户可能很快就触碰到天花板，造成正常交易失败。正确的做法是设置一个限额，然后在支付请求进来后认真观察和评价每笔支付的金额、支付的频率、支付发生的地点和 IP 来源等信息，在动态中了解商户，在动态中不断地调整限额。

2. 错误设置支付控制，导致客户交易困难

在支付业务管控的操作中，有的时候需要对某个客户进行控制。例如，在风险管理的过程中，识别出某些银行卡的请求存在异常。于是，业务管理人员决定把这些银行卡号加入黑名单。但是在具体的操作过程中，因为操作者失误，结果把白名单的客户列表加入黑名单上传到系统。

13.2.7 数据泄露的风险

支付业务运营的过程中，随时可以接触到客户信息。其中既有银行卡行业信息，也包括个人身份识别信息。所以，必须要提高信息安全的意识，防止敏感数据泄露。下面是最常见的一些数据泄露风险。

1. 业务运营人员非法复制平台数据

支付业务运营人员利用可以批量上传和下载的功能，把大量的客户信息非法存放在自己的笔记本电脑上，甚至复制到 USB 便携式移动磁盘。如果电脑或磁盘不慎丢失，将导致大量数据泄露。

2022 年 6 月，日本尼崎市地方政府委托一家企业，负责向因新冠疫情而生活贫困的家庭发放补贴，该企业的工作人员未经允许擅自将市民信息复制至 U 盘进行数据移交。移交工作结束后，他带着 U 盘前往居酒屋与同事喝酒，结果回家后发现装有 USB 的提包不见了，因此向政府报告了此事。该 U 盘存储了全市 46 万人的姓名、住址、出生年月日以及缴税金额等信息。

2. 业务运营人员被邮件钓鱼泄露数据

支付业务运营人员收到可疑电子邮件，被误导打开邮件上的链接，结果电脑被植入木

马，被黑客盗取了进入业务运营系统的用户名和密码，结果导致黑客从业务运营系统下载客户信息，造成数据泄露。

2014年的春天，eBay发生大规模用户数据泄露事故，约1.45亿用户数据遭泄露，包括客户姓名、加密密码、电子邮件地址、住址、联系地址、电话号码和出生日期等隐私信息，但eBay表示用户密码经过加密处理，黑客并不容易获得，而用户的信用卡数据并未泄露。这次安全事件采用了一种低成本而又十分容易的方法——使用员工授权。

3. 平台数据迁移带来的数据泄露

某支付机构的KYC入网平台要升级，因此需要把数据从旧系统迁移到新系统。在入网平台迁移的过程中，技术人员手工操作部分数据表，造成登录用户与关联信息账户的错配。例如登录用户A，看到了客户B的信息；登录用户C，看到了客户F的信息。这种情况会让部分客户不信任支付机构的数据安全。不过幸好发现及时，关闭了出问题的系统，才没有酿成大的事故。

13.3 业务运营管理

13.3.1 业务运营的岗位

支付业务运营过程中涉及很多不同的职能，每个职能聚焦一部分工作，对应着一个工作岗位。支付业务运营岗位的设置与汽车厂流水线上设置的各种不同岗位异曲同工，都是为了满足整个流水线高速、有效地运转。以下是支付业务运营所涉及的工作岗位。

- 合同管理：该岗位的主要职能是负责处理与客户签署的合约，包括合同的录入、审核、批准、盖章与存储，当然也包括签订之后的修订与取消。总而言之，该岗位负责合同的整个生命周期的所有活动。合同管理主要依靠合同管理系统。随着电子文档的不断发展，现在依托电子签章系统的合同管理也开始增加。这不但减少了往来邮寄的时间和费用，而且提高了合同执行的效率。
- 业务开通：该岗位的主要职能是负责开通客户的支付业务，包括为商户设置结算账户、结算周期、支付限额、出款账户，支撑商户的技术人员通过API等接入支付系统以开始进行支付活动，为支付业务的开通设置特定的开通时间，为商户配置和接通收单POS机等设备。
- 风险控制：该岗位的主要职能是负责支付风险的管理和控制，包括风险控制策略的制订、修改和优化，日常风险事件的人工处理，例如电话外呼等，也包括从日常的风险系统的日志信息以及交易系统的日志信息中提炼和抽象出风险控制的策略。
- 客户服务：该岗位的主要职能是负责为客户提供咨询服务，包括全天应答客户的电话，回复即时消息、电子邮件等，从日常的客户咨询当中积累总结和发现支付产品与系统的问题，提出优化建议，从日常咨询日志中整理出客户常提问题的正确答案。

- 支付对账：该岗位的主要职能是负责支付机构与银行或者金融机构之间的支付对账，包括通过系统自动或者人工手工的方式从银行或者其他金融机构获取对账文件，在支付后应用系统的支持之下完成支付请求对账，根据对账的结果调查各种差错，并采取各种办法解决发现的差错。
- 支付结算：该岗位的主要职能是负责商户备付金的结算工作，包括在对账完成的基础上生成、检查和批准商户的备付金结算报告书。通常的支付系统会为每个商户开通备付金账户和出款账户，可以在结算报告书批准的时候把备付金从商户的备付金账户划拨到出款账户。
- 支付出款：该岗位的主要职能是负责完成备付金的出款工作，包括生成、核对和批准商户的备付金出款请求。对于支付公司来说，因为商户众多，出款金额巨大，在必要的时候还要确保存储备付金的银行账户有足够的资金进行出款，即不同银行间的资金调拨。
- 数据报告：该岗位的主要职能是负责支付业务的数据分析，包括设计、生成和优化各类支付业务的定期报告书，例如每日、每周和每月的支付报告，分析支付请求的行业分布与地域分布，分析支付请求的单笔金额等，为支付机构的业务分析与未来发展提供信息。

13.3.2 业务运营的角色

在每个工作岗位上，都会有一种或者多种不同的角色。例如在支付业务运营的出款岗位上，会有生成出款明细的出款运营角色和负责审核批准出款的出款审核角色。这两个角色相互配合，共同履行出款岗位的职责，如图 13-2 所示。

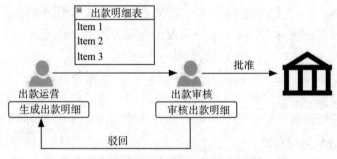

图 13-2 出款运营与出款审核

在相同的出款岗位上，通过定义出款运营和出款审核两个角色，可以有效地规避下面的风险：

- 出款运营人为的操作失误，例如同一笔款项重复出两次款。
- 出款运营蓄意转移款项为自己图利，例如把款打入自己的账户。

- 出款运营人为的操作失误，例如把 A 的款项不小心计入 B 的名头或账户。
- 出款运营人为的操作失误，例如把出款的数额多写了一个 0。
- 出款运营人为的操作失误，例如把出款的时间看错了，提前出款。

13.3.3 业务运营的流程

支付业务运营系统中所有岗位的设置和角色的定义，目的都只有一个，就是要通过配合系统形成业务管控的流程，从而有效地防范前面提到的各种风险。下面将对支付业务运营的流程做一个详细说明。其中，入网开通的流程如图 13-3 所示，对账结算出款流程如图 13-4 所示。

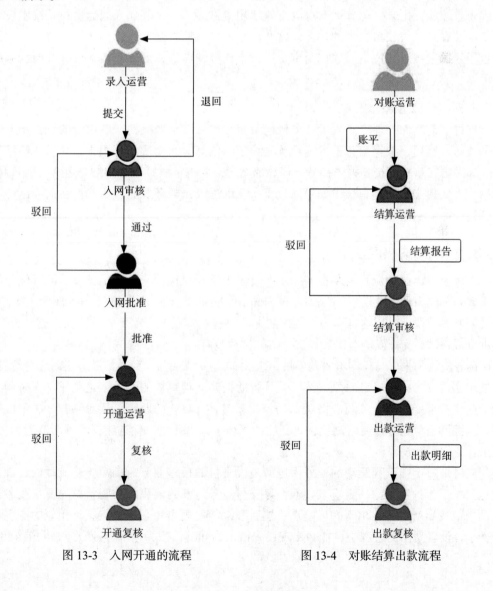

图 13-3　入网开通的流程　　　　图 13-4　对账结算出款流程

1. 入网开通的流程

客户自己或者录入运营人员把客户的申请资料录入 KYC 入网的网站。审核人员看到自己的审核界面上有新的申请案件出现，于是就开始审核。在审核的过程中，审核人员按照审查大纲来对申请的案件做合规性和真实性的审核。完成审核后，提交给入网批准，由入网批准的运营人员进行核对。如果没有问题，则提交给开通服务人员来做进一步的部署。如果发现存在问题，则把问题反馈给审核人员来进一步详细检查。

如果审核通过，案件就会进一步被提交给入网审批。如果审核不通过，案件就会退回到前岗位补充材料。如果审批通过，案件就会继续被提交给开通运营，开通运营在配置好所有的支付参数之后把最终的开通申请提交给开通复核。在入网开通流程中，通过不同岗位和角色的相互配合，业务运营可以有效地规避许多风险。例如开通运营在系统里设置了不少涉及客户支付收单行为的参数，这些参数一旦有错将会严重影响客户，所以在此特别设置了开通审核，通过不同的视角审视所设定的各种参数，可以有效地确保开通服务的安全可靠。

2. 对账结算出款的流程

支付申请案件处理完毕之后，支付记录会被用来与金融机构或者银行的支付记录做详细的比对。然后，结算运营根据客户预先约定的结算时间生成结算报告，并提交给结算审核。如果结算审核对结算报告持有异议，那么就需要把审核报告打回结算运营去重新修订。然后，再次提交给结算审核，如果通过审核，就进入出款环节。这些我们在前面已经深入讨论过，这里不再赘述。

13.3.4 能力成熟度模型

支付业务运营的流程需要在实际生产过程中不断地优化。业界早已有了流程优化的最佳实践——能力成熟度模型（Capability Maturity Model，CMM），如图 13-5 所示。在 CMM 的初期发展阶段，其用途是作为美国国防部等政府单位在进行重要软件外包作业时的工具，协助分析软件厂商开发能力以及评选合格软件承包商。

随着应用的推广与模型本身的发展，CMM 已经演绎成为一种被广泛应用的综合性模型。若能确实遵守 CMM 规定的关键技巧，可协助提升流程管控的能力，达到成本、时程、功能与品质的即定目标。支付业务运营的流程要遵循 CMM 的原则，从无到有，从定性到定量，从不可测量到可以粗略测量，直到能精确衡量，由此可以促进流程的不断改造和优化，促进业务的不断发展。

支付是一个强流程驱动的业务，也就是说支付的很多业务活动需要有流程的管理，这有点儿像银行的业务。那么应该如何做好支付业务运营的流程管控呢？首先要从业务运营活动当中找出所有可能出现的风险点，然后围绕如何规避每个风险点制订相应的流程。举个例子，设置费率的过程中可能会出现设置错误的问题，因为这部分的数据是人工录入的，难免会出错，因此就需要增加一个人工审核，以帮忙检查是否存在错误。这种设置 AB 岗位交叉检验的情况很多，结算和出款过程也同样需要双人交叉检验。还有一个比较典型的例子是合同的审核，因为一份合同需要关注以下几个方面。

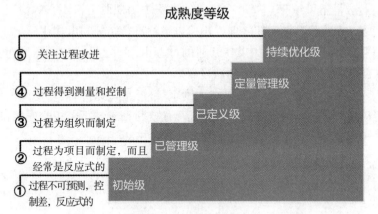

图 13-5 能力成熟度模型

1）业务合规性：一般由支付机构的合规部门负责审批，审查是否符合监管机构关于反洗钱和打击恐怖主义融资的监管规定。

2）业务真实性：一般由支付机构的合同管理人员负责审核，可以通过物理访问或者参考政府机构的营业执照等审批文件的办法完成。

3）收益评估：通常是支付机构的财务部关心的事情，需要从财务角度看合约是否划算，能带来的利益和损失分别是多少等。

4）奖金评估：通常是支付机构的人力资源部门关心的事，需要准备好为负责签署该合约的销售计算收益的分成和奖金。

5）技术接入：通常是支付机构的商户技术支持部门关心的事，需要了解签约后商户的接入是否有困难。

6）客户服务：通常是支付机构的商户服务部门关心的事，客服需要给出意见，了解这个客户是否有无法满足的特别需求。

7）利益关联：通常是支付机构的内部审计部门关心的事，需要调查参与合同签署的各方与商户之间的利益关系，看是否有违规的内鬼。

所以，业务运营的流程会涉及很多方面。如果深入分析和思考会有很多环节需要关注，流程因此也可能会变得非常复杂。特别是随着时间的流逝、机构的变化和人员的变化，流程也会发生很多的变化。如果管理得很不好，会越来越乱，影响效率，影响为商户提供服务的质量。如果能按照 CMM 的指引好好管理，那么这些流程会从初始时的定性管理，逐步演变成定量管理，并且通过定量的分析，不断优化，简化流程。流程的宗旨是为客户提供优质的服务，最少的环节和最短的时间是流程追求的目标。

13.3.5 业务运营的规则

在支付业务运营的过程中，仅有良好的流程是不够的，还需要明确一些基本的规则。经过长期的支付业务运营实践，本节总结出以下几个支付业务运营的规则。

- 对账不通过，不可结算。如果在对账的过程中出现两边账不平的情况，那就要尽快查出问题。在查出具体问题之前，不可以继续进行结算和出款业务。
- 开通不测试，不可开通。如果在开通的过程中，不站在客户的角度对支付机构做简单的入网链接测试，那就不能开通该商户。
- 客户入网存疑，限额开通。如果在入网审核的过程中，对商户的真实性或合规性存疑，可以采取限额开通的方式，对开通后的支付请求进行密切的观察和分析。

13.4 业务的连续性管理

13.4.1 业务连续性

业务连续性是计算机容灾技术的升华概念，是一种由计划和执行过程组成的策略，其目的是保证企业包括生产、销售、市场、财务、管理以及其他各种重要的职能完全在内的运营状况百分之百可用。可以这样说，业务连续性是覆盖整个企业的技术以及业务操作方式的集合，其目的是保证企业信息流在任何时候以及任何需要的状况下都能保持业务连续运行。

到目前为止，大多数的业务连续性策略是以服务器及主机为核心的。实际上，整个信息技术系统以及基础通信设施也同样重要，其中包括语音及无线通信、电子邮件、办公空间以及基础网络等物理设备等。

业务连续性是一种预防性机制。它明确一个机构的关键职能以及可能对这些职能构成的威胁，并据此采取相应的技术手段，制订计划和流程，以确保这些关键职能在任何环境下都能持续发挥作用。业务连续性包含3个领域：业务状态数据的备份和复制、业务处理能力的冗余和切换、外部接口冗余和切换。

13.4.2 业务数据的备份与复制

发生于2001年的9·11事件让我至今记忆深刻。当时，我的办公室位于世贸中心二号楼的47层，随着大厦的倒塌，不仅我所在的公司，还有其他800多家公司和机构的重要数据也随风而去。摩根大通作为金融业的巨头，在世贸大厦共有25层办公空间，供2000多名员工在楼内办公。大厦的倾倒让所有人都为它的命运捏了一把汗，暗自叹息百年老店将毁于一旦。然而，该公司的全球营业部好像没有受到任何影响一样，在灾后的第二天继续照常营业。这可是业务连续性的最经典之作，因为他们已经在事前建立了完备的数据备份与复制和远程灾备系统。

在摩根大通的系统中，所有重要的数据都要经过双重保护、磁带备份，外加远程复制。磁带备份的目的是免受人为误操作或蓄意破坏的损失。远程复制是为了能在类似 9·11 这样的重大灾难发生时安然无恙。

要想保持支付业务能在灾难发生后迅速恢复，并持续对外提供服务，首先就是要保障那些记载业务状态的数据能够安然渡过灾难，或者在灾难之后迅速恢复，这样业务人员才有可能迅速恢复作业，持续提供服务。

支付业务的状态数据主要包括所有的业务合同、契约、账户、商户的数据、消费者的数据（比如钱包注册和余额数据）、支付的请求处理过程和结果数据。要有完备的计划对这些数据进行备份与复制，以备不时之需。备份与复制数据是管理层面的工作，也是技术层面的工作，需要公司级别的横向协调才能做好。

1. 数据保全策略

这是关于如何备份与复制数据的具体计划，包括需要数据备份的目标、组织和人员，数据备份的范围、方法、系统和流程，以及灾难发生后数据恢复的过程。这个策略是所有数据备份与复制的指导性文件，需要在管理层的直接推动和协调下完成，而且需要专人负责管理维护与更新，否则将很难达到预期的效果。

2. 数据备份系统

数据备份系统的架构以及具体的技术实现，包括数据备份设备、备份用的媒介以及使用或操作这些系统的具体办法。在摩根大通的案例中，有本地磁带备份和远程复制两种不同的安排。这种安排是比较典型的方案。有一份本地备份再加上一份远程复制，基本上可以涵盖所有能想到的一定程度的灾难，这个计划不包括小行星撞击地球。

3. 数据存储空间

数据备份完成之后，备份的数据可能存储在磁带或者磁盘虚拟磁带上面。完成备份的这些媒介要做好命名和标记，然后送到常规数据中心以外的安全空间保管。现在已经有不少专门从事这方面业务的公司，它们可以提供相关的服务。比如定时派人去数据中心取备份后的媒介，然后换上新的备份媒介，并把取得的媒介安全护送到某个山洞或某个安全的建筑，这些空间不仅可以在温度、湿度和电磁方面经过专业检测和认证，而且本身的物理设施安全度也相当高。

4. 数据销毁设备

在一般的情况下，备份或者复制的数据会被周期性地覆盖，循环性地使用，所以不需要太担心数据销毁的问题。但是有的时候，比如磁带或者磁盘到了使用期，不能再次循环使用的时候，就需要妥善地清理数据、销毁磁带或者磁盘。这个过程需要认真对待，确保合规合法，否则出现问题时将后悔莫及。目前，已经有专业的数据销毁服务和数据销毁设备。例如，IBM 的介质销毁服务，还有相关的电磁脉冲消磁器和磁带磁盘粉碎机。

13.4.3 业务处理能力的冗余与切换

只有包含业务状态数据的备份与复制还远远不够,支付系统还需要有冗余的支付请求处理能力和可靠的切换手段,才能安然渡过重大的灾难。

首先是办公空间,从 2020 年初开始的新冠疫情让世界各地的企业纷纷开始了远程办公,应该说疫情让以笔记本电脑和 VPN 为核心的远程办公及解决方案成为业务连续性的一个标准配置。

其次,除了员工能够远程办公,还需要解决生产系统,例如数据中心系统的冗余和切换。2011 年 3 月 11 日发生在日本东北太平洋近海的大地震,以及伴随而来的巨大海啸和余震,导致停电和基础通信网络中断,对东京地区的企业影响很大,尤其是进行理赔服务的某国际保险公司。因为东京地区的电力和网络,他们不得不在大阪地区紧急扩大数据中心的规模,但是这样的容量扩大是需要时间的。事后的复盘让他们重新规划了数据中心的冗余设计和容灾准备。

所以,对支付业务的处理能力的冗余设计和灾难发生时的顺利无缝切换是支付企业必须做好的功课。

13.4.4 外部接口的冗余与切换

支付业务涉及资金安全,所以很多外部连接,例如与银行和金融机构的连接,采用的都是专线或者点对点的 VPN,有些支付机构采用 IP 地址白名单的方式确保连接的安全性。这些连接,如果只有一套网络和系统的安排而没有冗余,比如 IP 白名单只收录商户或者支付系统外部接口的一套 IP 地址,那么当灾难发生的时候,即使有第二数据中心的备份和足够的支付系统处理冗余能力,也无法继续为商户和消费者提供支付服务。所以,外部接口也要做好相应的冗余安排,以防不测。

13.4.5 业务连续性的实施

在业务连续性的实施过程中,需要认真做好以下几件事。

1. 灾难场景的预先想象

要根据支付机构所在的区域和所服务商户的地理分布预先列出来可能发生灾难的严重程度。最重要的是不能过于乐观,永远不要设想什么事情一定不会发生。

例如,2021 年 10 月,日本移动运营商 NTT Docomo 的 3G、4G 和 5G 网络发生了重大的中断事故,严重影响了 4G 用户,也就是 NTT Docomo 比例最大的用户群,时间超过 10 小时。该运营商花了 29 小时才使其 3G 通信再次正常运行。2022 年 7 月 4 日,日本第二大电信运营商 KDDI 的网络中断,超过 3515 万用户受到影响,持续时间超过 40 小时。

这些事故都告诉我们,无论云端的数据中心还是物理的数据中心,都有可能发生类似基础网络中断服务的情况,不可以太过乐观。

2. 灾难发生后行动的预案

支付机构要提供持续的支付业务，不能在灾难发生后才坐下来思考应该怎么做才能快速恢复服务，这是几乎不可能的事。

我经历过 9·11 事件，也了解过日本的 3·11 大地震与海啸，灾难发生的第一时间无线通信网络就停止了服务，不用说开会讨论，恐怕相互联系报个平安都很困难。在这种情况下，还经常会发生铁路民航和其他交通服务中断，煤气和电力服务也中断的情况。如何能让负责应急与恢复业务的人员见面讨论？所以必须要事先制订好预案，在灾难发生后的第一时间，各司其职，按照预定的计划有条不紊地切换服务。

3. 定期的灾难恢复演练

至少要安排半年一次或者一年一次的业务连续性的演练，确保负责业务连续性的人有亲身实践经验和对预案的准确掌握。关于业务连续性，也应该让公司所有的人都了解具体的计划和应该如何配合等具体内容。

13.5 本章小结

本章从支付业务运营的概念入手，先讨论了支付业务运营的意义、目标和环节，然后深入分析了支付业务运营过程中可能出现的各种风险，包括 KYC 过程中的客户真实性和合规性风险、结算过程的风险、出款过程的风险、业务管理的风险以及数据泄露的风险、本章继续讨论了支付业务运营针对不同的工作职能设置的各种岗位，定义了根据不同的管理控制目的而设置的各种角色，强调岗位与角色的有机结合，目的是要有效地防控前面提到的各种风险。随后，本章介绍了支付业务管理的主要流程，特别介绍了入网的 KYC 流程，支付后的对账、结算和出款流程，最后总结了支付业务运营过程中的几个重要规则。通过岗位、角色、流程和规则的综合应用，读者即可构建和发展优秀的支付业务运营体系，达到准确、及时和高效的业务运营目标。

支付的行业监管

支付的行业监管是支付行业协会或者政府机构，按照政府的法律、国际组织的条约或者支付行业的规定，来检查和监督支付机构业务开展的过程。目前，比较常见的监管机制是在世界范围内通行的反洗钱（Anti-Money Laundering，AML）和打击恐怖主义融资（Countering the Financing of Terrorism，CFT），在支付卡方面的 PCI-DSS 认证，以及央行关于支付业务发布的各种法规和条例。另外，近年来，随着移动互联网带来的海量数据，世界各国都开始对个人可识别数据重视起来，并加强了相应的立法和监管工作，这也是支付行业需要注意的部分。

14.1 行业监管的意义

实际上，所有的行业都有各自的监管标准。我所经历过的航空业，也有很多的监管标准，例如国际航空运输协会（IATA）发布了很多关于航空运输安全、国际航班票务的管理规定，可以说是面面俱到。医疗行业的监管标准更多，如在美国，无论联邦还是各州都对医疗机构、养老机构和医疗保险机构制订了很多具体的监管条例。例如，HIPAA 对个人健康医疗数据的合规做了具体的规定。监管的目的是保护生态体系里的各个利益相关方的利益不受损，确保行业能够健康、长期地向前发展。

14.1.1 资金安全

支付业务的本质是商户委托支付机构收取消费者的支付款项，然后在约定的时间把资金结算给商户。在这个过程中，资金是先由支付机构收取，再由支付机构结算给商户，中间有一个结算周期。因为支付机构签约了大量的企业和个人客户，所以在结算的这段时间里会有海量资金被存放在支付机构的银行账户上。如果支付机构管理不善或者被别有用心的人利用，那么这部分资金很容易发生风险。如果有很多商户在同一时间因为支付机构的问题而导致大量资金损失，那将会造成很大的社会影响，甚至影响到国计民生。为了防范这方面的风险，2021 年 1 月 19 日，中国人民银行正式发布《非银行支付机构客户备付金存管办法》。第三方支付公司现在的备付金存管总额已超过 2 万亿元，如果没有央行监控这部分备付金，假设出现部分支付公司备付金管理不善的问题，那后果将很严重。这类事件在历史上还真的发生过。

2015 年 8 月，央行注销了浙江易士企业管理服务有限公司（以下简称浙江易士）的支付牌照。浙江易士挪用客户备用金 5400 万元，虚构交易，伪造财务报表，违规发行网络支付产品，造成客户资金损失。两个月之后，也就是 2015 年 10 月，央行又注销了广东益民旅游休闲服务有限公司（以下简称广东益民）的支付牌照。广东益民非法吸收公众存款，销售"加油金"产品，以高息为诱饵吸纳资金共 9 亿多元，并挪用超过 6 亿元备用金，成为第二家阵亡的支付公司。2016 年，上海畅购企业服务有限公司的支付牌照被注销。该公司挪用了 7.8 亿元备付金，成为第三家归西的支付公司。

为了保障商户的备付金安全，防止支付机构挪用，央行在《非银行支付机构客户备付金存管办法》的第四条中要求非银行支付机构接收的客户备付金应当直接全额交存至中国人民银行或者符合要求的商业银行，第九条要求非银行支付机构应当在中国人民银行开立一个备付金集中存管账户，作为支付机构在中国人民银行开立的专门存放客户备付金的账户。

14.1.2 政府组织的要求

金融行动特别工作组 (FATF) 是独立的跨国界的政府间组织，旨在制订和促进实施保护国际金融体系免受洗钱、恐怖融资风险和大规模杀伤性武器扩散危害的政策。FATF 是国际公认的反洗钱 (AML) 与打击恐怖主义融资 (CFT) 的标准组织。其他在世界范围内协调反洗钱活动的组织包括联合国、世界银行、巴塞尔银行监管委员会（BCBS）、国际证监会组织（IOSCO）、国际保险监督官协会（IAIS）、国际金融中心监管组织（CIFCS）和国际刑警组织。凡是从事诸如支付结算之类金融业务的机构，都有义务把所处理的业务汇总报备给相关的监管机构，以核查是否有人利用支付机构来洗钱。

目前，各个国家或地区都在对支付业务进行政府或者行业监管，有的是通过发放支付牌照，有的是通过政府注册、报备和许可。总之，各种不同的监管方法都是为了保证支付业务能够有序而且安全地发展，确保客户资金的安全。所以对支付机构来说，政府部门和行业机构的监管是必须要面对和需要积极配合的一个重要的工作内容。

14.2 反洗钱

14.2.1 洗钱的历史

洗钱是指将毒品犯罪、黑社会性质的组织犯罪、恐怖活动犯罪、贪污、走私或者其他犯罪的违法所得及其产生的收益，通过各种手段掩饰、隐瞒其来源和性质，使其在形式上合法化的行为。

提到洗钱这个词，不得不说说臭名昭著的艾尔·卡彭（Al Capone）。艾尔·卡彭生于1899 年美国纽约的布鲁克林，从童年时代开始就加入过形形色色的黑帮，并在 1925 年到1931 年这段时间成为美国最出名的犯罪组织领导人。艾尔·卡彭购买了许多投币式的洗衣店，然后通过经营这些投币式洗衣店将其犯罪所得合法化。于是，后来人们就把类似的行为称为用投币式洗衣机掩盖非法收入，简称洗钱。根据联合国的粗略估计，洗钱的规模约占全球 GDP 的 2%～5%，每年在国际上流通的洗钱金额高达约 8000 亿至 2 万亿美元不等。

14.2.2 反洗钱的活动

所谓反洗钱（AML），就是专门调查和处理洗钱行为的行业监管过程。之所以要在全世界范围内开展轰轰烈烈的反洗钱活动，其中一个最重要的原因是要防范和制止犯罪，也就是说通过切断犯罪行为背后的资金流动，防范和制止毒品、走私、麻醉品、拐卖人口等犯罪行为。其实质是让犯罪分子非法获得的收入没有办法进入正常的金融体系，以此减少犯罪分子犯罪的动力。

金融行动特别工作组（FATF）成立于 1989 年，是国际反洗钱的权威性机构。该机构在2012 年发布了反洗钱的 40 项建议——《打击洗钱、恐怖融资、扩散融资国际标准：FATF建议》。该标准已得到联合国、二十国集团、国际货币基金组织、世界银行等国际组织认可，并在全球 190 多个国家（地区）执行。FATF 的标准已经透过各国反洗钱的执行主体，形成了国际反洗钱的作业标准。洗钱的伎俩变化多端，而且错综复杂，但是，整个过程大致可以分为图 14-1 所示的三个步骤，而且这三个步骤还经常相互重叠、反复使用，从而让监管机构追查线索和调查来源难上加难。

图 14-1　洗钱的三个步骤

- 处置：将犯罪所得资金放进金融体系内。这个动作很可能就是通过支付机构完成的，当然也可以通过赌场、马票、投资等形式完成。
- 掩饰：将犯罪所得转换成另外一种形式，并且创造多层复杂的金融交易来隐藏线索，例如将现金换成支票、金银、股票、保险等。
- 整合：把经过掩饰清洗后的财产像合法财产一样融入经济体系。到这一步，犯罪分子就基本上漂白了非法所得。

中国于 2006 年颁布了《中华人民共和国反洗钱法》（以下简称反洗钱法），对反洗钱监督管理、金融机构和特定非金融机构的反洗钱义务、反洗钱行政调查、反洗钱国际合作等内容做出了明确规定，确立了中国洗钱预防制度的基本框架。2007 年中国成为 FATF 正式成员，并于 2012 年顺利完成第三轮互评估程序。

中国人民银行根据《反洗钱法》的授权，会同有关金融监管部门陆续制订了《金融机构反洗钱规定》《金融机构客户身份识别和客户身份资料及交易记录保存管理办法》《金融机构大额交易和可疑交易报告管理办法》《支付机构反洗钱和打击恐怖融资管理办法》等规章制度，明确了金融机构和支付机构应当履行的反洗钱义务。2015 年，《中华人民共和国反恐怖主义法》颁布，进一步完善了打击恐怖主义融资监管和涉恐资产冻结制度。

所有这些都是在中国开展业务的机构必须要遵守的反洗钱法律法规。无论个人或者法人，只要在资金的使用情形上符合以上情况，那么银行或者金融机构就必须要有能力来指认这些交易涉嫌洗钱。实际上，洗钱的方式当然也不只是以上三个步骤，有可能是三个步骤的各种排列与组合。

14.2.3 反洗钱案例

Wachovia 银行成立于 1879 年，也算是百年老店，现在已经被富国银行收购。Wachovia 银行对历史上最大的洗钱案件负责，2010 年，该银行被发现在 2004 年至 2007 年这段时间里，允许墨西哥的贩毒集团通过其分支银行洗钱，金额高达 3900 亿美元。贩毒集团的资金来源于跨越墨美边界的毒品销售，毒贩们把收到的美元通过货币兑换商汇入 Wachovia 银行在墨西哥的分支银行账户，再把这笔钱辗转转回到 Wachovia 银行在美国的账户，该银行无法管控这些资金的来源。另外，贩毒分子还利用 Wachovia 银行的大额现金服务来把资金汇入美国。

Wachovia 银行有一位名叫马丁·伍兹（Martin Woods）的员工，在 2005 年作为反洗钱报告负责人加入 Wachovia 银行。他意识到自己的雇主在墨西哥帮助洗白毒品交易的非法利润。

后来，马丁发现有些旅行者在银行存入的旅行支票有问题，支票上缺乏充分的身份认证信息，而且有很多旅行支票的号码是连续的，甚至还能看到可疑的签名。因此马丁发出了一系列可疑活动的报告，要求银行把上述旅行支票以及许多来自墨西哥的连续号码的旅行支票列入黑名单。

2006 年 4 月，在墨西哥港口城市卡门，当墨西哥军人对一架新抵达的喷气式飞机进行检查时，赫然发现该飞机运载了 128 个保险箱，里面装有价值 1 亿美元的 5.7 吨可卡因。后来经过 22 个月的分析调查，监管机构发现该喷气式飞机是走私毒品的犯罪分子用在 Wachovia 银行洗白的资金购买的。调查人员发现，从 2004 年到 2007 年，有高达数十亿的美元通过墨西哥中转，以电汇、旅行支票、大额转账等方式汇入 Wachovia 银行。在这些丑闻浮出水面后，Wachovia 银行通过支付 1.6 亿美元的罚金逃过了惩罚，并承诺要加强反洗钱的工作。

14.3 打击恐怖主义融资

14.3.1 什么是资助恐怖主义活动

资助恐怖主义活动是指向恐怖分子或者组织提供执行恐怖事件所需的资金的行为。资助恐怖主义的个人或组织需要隐瞒资金的用途和来源。这些资金有可能有合法的来源，如合法的宗教或文化组织，也可能来自贩毒或者政府腐败。尽管资金来源可能非法，但是可以通过洗钱掩饰、隐瞒。

洗钱和资助恐怖主义活动会对一国的经济和金融稳定构成严重威胁，同时为暴力和非法行为提供资助。这就是为什么许多政府在国际货币基金组织等国际机构的帮助下，加强了对这类活动的打击。

14.3.2 打击恐怖主义融资案例

打击恐怖主义融资是指调查、分析、阻止和防止那些旨在实现政治、宗教或意识形态目标的恐怖主义活动的资金来源。通过追查支持恐怖主义活动的资金来源，执法部门有可能防止其中一些活动的发生。打击恐怖主义融资经常与反洗钱紧密关联，因为有些与恐怖主义活动相关联的资金可能也需要经过洗钱的过程先变成合法，然后才能进入金融体系。支付机构作为资金转移的重要环节，有可能被利用，成为资助恐怖主义分子活动的渠道。所以，要密切观察支付请求中那些有这种迹象的交易，特别是要调查清楚进行交易的商户的真实身份。本节将介绍两个资助恐怖主义的案例。

1. 利用虚假账户诈骗政府资金

B 国的一家金融机构向监管部门报告，有一个年收入 1.7 万美元的个人客户，其账户一年的交易额却达到 35.6 万美元。调查人员进一步调查发现这个人根本不存在，账户是用伪造的身份开立的。更深入调查后发现，这个账户与国外的一家慈善组织有关，账户被用来通过伪造的计划为恐怖组织筹款。B 国政府为了鼓励慈善组织捐款，采取匹配慈善组织捐款的方式。也就是说政府会在慈善组织捐款的基础上，按捐款额的 42% 给予额外的匹配捐款，从而增加捐款的总金额。实际上该组织收取的个人捐款很快就被退回给了捐赠人，所以慈善组织其实并没有收到任何真正的捐款，但是却保留了政府所给予的匹配捐款，如此一来前前后后共诈骗了政府超过 114 万美元。

2. 与 9·11 相关联的案例

E 国的一个金融情报单位向司法部门提交了十份与恐怖分子有关的洗钱卷宗。在通常情况下，诸如利用零售外币兑换点和国际汇款等洗钱的手法都相对简单，也会涉及其他的国家。其中一些人有犯罪前科，尤其是与毒品和武器非法交易有关，这些人又都与境外恐怖组织有联系。其中一个卷宗就与恐怖分子有关，报告可疑交易的银行说有一个客户在该银行开立了储蓄账户和支票账户，并购买了有价证券和一份趸交人寿保险（趸交是指在投保时一次交清全部保费），这种方式特别适合收入高但是不稳定的人群，并通过账户向国外汇款。银行之所以觉得交易可疑，是因为其中一个收款人的名字与联合国安理会特别关注的组织和人员名单上的名字相仿。

通过进一步调查，银行发现这个客户从2001年4月开始就不断地从账户中取钱，而且金额在不断地增加，后来他关闭了储蓄账户，变卖了所有的有价证券（在到期前），甚至变现了他的人寿保险，并将账户余款全部转到他在欧洲居住国的账户。他的最后一笔交易发生在2001年8月底，美国9·11事件两周前。

14.4 日本的反社会调查

14.4.1 反社会势力

日本的反社会势力是指黑社会，黑社会成员，带有黑社会性质的企业、团体或相关者，其中包括：

- 带有黑社会性质的企业或相关者，被黑社会控制的企业。
- 带有黑社会性质的团体或相关者，例如总会屋，即那些主要从事介入上市公司股东大会，巧立名目，暴力要挟上市公司向其提供利益的经济犯罪团体。
- 虽不隶属于黑社会，但在民事行政问题上，有过暴力行为、要挟、恐吓等违法行为及反社会行为的个人。

14.4.2 排除反社会势力

根据日本的暴力团排除条例，企业有义务按照自律规则的要求，在合同中规定排除黑帮的条款以拒绝与反社会势力的往来合作，特别是提供类似支付这样的服务。所以在日本的支付机构要在商户入网之前做好KYC，慎重调查客户是否属于反社会势力或者与反社会势力有瓜葛。如果有证据证明潜在的客户有这方面的问题，那就要果断地拒绝一切业务往来。即使已经签约的客户，如果发现对方有反社会的行为或者问题，也应该主动解除协议。在企业的业务发展中排除反社会势力是政府的法律规定，所以企业要积极配合政府的监管机构，主动审查并拒绝与可能的反社会势力来往。

14.5 个人信息保护法规

随着全球数字产业及大数据、云计算技术的迅猛发展，数据的有效利用将对全球经济产生更加深远的影响，由此产生的数据红利与数据安全之间的矛盾也将深刻地影响未来数字经济的走向。为了平衡这两者，抢占新一轮经济竞争的制高点，各国纷纷建立和完善个人信息保护的法律法规，并积极推动和参与国际规则的制订。国际上超过八成的国家已有或正在制订个人信息保护法。

除了制订相关法律和法规以外，在个人信息的保护上，不少国家和地区也加强了监管，目的是通过监管合规，确保包括支付机构在内的各种企业能充分保护个人的信息安全。本节将介绍中国、欧盟、日本和美国的个人信息保护法规。

14.5.1 《中华人民共和国个人信息保护法》

中国政府在 2021 年发布了《中华人民共和国个人信息保护法》，其中规定不得过度收集个人信息，处理个人信息应当具有明确和合理的目的，并应当与处理目的直接相关，采取对个人权益影响最小的方式。这里主要讨论几个有特色的条款。

1. 禁止数据歧视

在大数据运用中，通过用户画像与自动化决策方式进行信息推送和商业营销是较为普遍的应用场景，但是这也带来了算法歧视与大数据杀熟等问题。在一些大数据运用的案例中，数据更新不及时或者数据的质量有瑕疵，可能会导致数据分析的结论不准确，甚至给相关自然人带来负面评价，从而导致其合法和正当的权利受到影响。比如信用数据不准确，可能导致用户消费或参与其他经济活动时受到不利的影响。

2. 将人力资源管理纳入可以处理个人信息的范围

按照劳动相关规章制度和依法签订的集体合同实施人力资源管理，并将其列入可以处理个人信息的范围。人力资源管理场景比较特殊，员工与企业在工作中具有隶属关系，在某些情况下，公司为了达到人力资源管理的合理目的，需要处理个人信息，而劳动合同可能并未对该种情况的个人信息处理做明确约定。如果遵循常规的告知同意原则，将影响劳动合同的实现。公司依法制订的规章制度，一经员工签署或被告知，通常被认为是劳动合同的组成部分，从而可以被认为已完成了告知同意程序。

3. 撤回同意的便捷化

基于个人同意而进行的个人信息处理活动，个人有权撤回。个人信息处理者应当提供撤回同意的便捷方式，撤回同意是个人信息主体处分自身权利的一种方式。然而在实际操作中，由于个人信息处理者提供的撤回方式和渠道各不相同，其中有些措施缺乏便利性，导致撤回同意的权利行使成本较高。虽然并未定义何为便捷，但是按照通常的理解，撤回同意的难度不应大于同意的难度。也就是说，按照人们对互联网业务便利性的一般理解，撤回按钮应该位于页面的醒目处，或者与"个人信息保护政策"（或隐私政策）处于同样便于阅读的位置，且在许可范围内逐项给出"撤回同意"的勾选项。

4. 将未成年人信息归入敏感信息处理

将不满十四周岁的未成年人的个人信息作为敏感个人信息，并要求个人信息处理者对此制订专门的个人信息处理规则，更加明确了只要涉及儿童的个人信息均以个人敏感信息的标准进行保护，体现了法律对于儿童（即不满十四周岁）个人信息保护的重视。

5. 告知同意与例外

将合同必需、人力资源、法定责任、紧急情况、已公开信息、公共利益的报道与监督六种情况列入告知同意的例外情形。对于公共场所安装的图像采集和个人身份识别设备，如果设置了显著的提示标识，并且采集的个人图像和身份特征信息是用于维护公共安全的目的的，则不要求取得个人同意。如果是用于其他目的，则需要取得个人的单独同意。

6. 对个人权利层面做了更加明确的界定

明确了查询、更正、补充、删除、撤回授权同意、注销账户、获取个人信息副本、被响应等个人信息主体权利，并新增了以下权利：

- 个人信息的可携带权。除了继续规定个人有权向个人信息处理者查阅、复制其个人信息外，还规定了个人信息的可携带权，即个人可以请求将个人信息转移至其指定的个人信息处理者，符合国家网信部门规定条件的，个人信息处理者应当提供转移的途径。
- 逝者个人信息保护规则。针对个人去世以后，其生前使用的账号是否仍有效以及他人、何人有权利处置其生前使用的网络账号之类的问题，在近几年越发受到社会的关注。自然人死亡的，其近亲属为了自身的合法和正当利益，可以对死者的个人信息行使规定的查阅、复制、更正和删除等权利，死者生前另有安排的除外。

14.5.2 欧盟的《通用数据保护条例》

欧盟的《通用数据保护条例》（General Data Protection Regulation，GDPR）是对个人数据保护和隐私所制订的规范。GDPR 也为欧洲境外的个人数据出口提供了法律约束。下面是一些基本的原则。

1. 取得限制原则 (Collection Limitation Principle)

个人数据的收集应存在适当的限制，进而以合法且公平的方式取得，并且通过适当的方法知会数据来源或者主体，再进一步取得同意。

2. 数据品质原则 (Data Quality Principle)

个人数据应与其使用目的相关，并且要在必要的范围内，确保数据的准确性和完整性，并且可以随时更新。

3. 目的明确原则 (Purpose Specification Principle)

数据取得的目的应在收集数据时就清楚说明，在使用数据时，如果没有通知来源主体，不得应用在与当初目的不相关的用途上。

4. 使用限制原则 (Use Limitation Principle)

除非经数据主体或者法律授权，否则不得将个人数据用于原始或者特定目的以外的目的。

5. 安全防护原则 (Security Safeguard Principle)

个人数据应受到合理的安全保护措施的保障，以避免丢失或未经授权的访问、破坏、使用、修改或披露等风险。

6. 开放原则 (Openness Principle)

关于个人数据开放和应用方法，应有一个通用的开放政策去规范，并且数据主体可以轻松取得关于其本身数据的细节，例如数据使用者的身份以及目的等。

7. 个体参与原则 (Individual Participation Principle)

数据主体拥有数据的使用权，也拥有数据的拒绝被使用权。此外也能够质疑数据的正确性，并做出合理的处置 (删除和修改)。

8. 责任原则 (Accountability Principle)

数据持有者应对上述原则负责。

14.5.3 日本的《个人信息保护法》

日本是亚洲较早颁布法律对个人信息进行保护的国家之一。2003 年日本就颁布了《个人信息保护法》，其后做过七次修订，最新修订的《个人信息保护法》已于 2022 年 4 月 1 日起开始施行。与旧版相比，新版《个人信息保护法》的主要变化体现在以下几个方面。

1. 赋予用户更多的权利

用户除了拥有可以要求个人信息数据处理者进行公开、更正、停止使用和说明理由的权利之外，还拥有权利来约束数据处理者对其个人信息进行处理的场景。如果数据处理者丧失了使用所保存数据的必要性，或者对数据的处理可能会使当事人的权利或正当利益受到侵害，则用户可以要求数据处理者停止使用数据。

2. 加强数据处理者的义务

数据处理者不可以有潜在助长、诱发违法或不正当使用个人信息的行为。当发生有可能对个人利益造成损害的数据泄露、灭失或毁损等事件时，数据处理者应按照个人信息保护委员会的规定将事件报告给个人信息保护委员会并通知本人。

3. 新增匿名化处理的条款

匿名化数据处理者应为删除信息等安全管理事项采取相应的措施，进行匿名处理时不可超出其使用目的，在丧失必要性后应及时删除个人信息，以及不得为识别本人而将该匿名信息与其他信息相对照等。

4. 扩大域外适用的范围

新法的第七十五条规定，个人信息保护委员会有向域外主体要求提供报告、命令和实地检查等强制权力。

5. 加大了对违法行为的惩罚力度

新法对违反个人信息保护委员会命令的行为，不正当提供个人信息数据的行为，以及向个人信息保护委员会提供虚假报告的行为，分别加大了对相关单位及个人的惩罚力度。如对个人违反个人信息保护委员会命令的行为，刑罚从 6 个月以下提高到 1 年以下；对不正当提供个人信息数据的行为，面临的最高罚金由 50 万日元提高到 1 亿日元。

14.5.4　美国的个人信息保护法

美国的法律有联邦法和各州自己的法律两个层次，在个人信息保护方面，并不存在统一的规范。联邦的不同机构有各自领域的具体管理规范，例如医疗领域有 HIPAA，教育领域有 FERPA，儿童领域有 COPPA。在每个州，又都有不同的法律法规。所以，初步接触美国的个人信息保护法时，会有不知从何处入手的感觉。实际上这些法律纵横交错，严密保护。我们先来看看联邦都有哪些法律。

1. 美国联邦的个人信息保护法

（1）《健康保险信息流通与责任法》

《健康保险信息流通与责任法》（Health Insurance Portability and Accountability Act，HIPAA）用于保护患者敏感的健康信息，防止在未经患者同意的情况下被泄露。其中，隐私规则包含患者个人有权利了解并控制自己健康信息的使用。目的是要确保个人的健康信息得到适当的保护，同时允许健康信息的合理流动，以获得高质量的医疗保健服务，保护公众的健康和福祉。

（2）《家庭教育权利与隐私权利法》

《家庭教育权利与隐私权利法》（Family Educational Rights and Privacy Act，FERPA）的目的是在教育活动中，保护教育记录中学生的个人身份识别信息。教育记录必须与学生直接相关，或者由教育机构及其代理人维护。该法律主要涉及两层含义：

- 授权家长可以接触学生的教育档案；
- 未经家长允许不可以公开这些信息。

（3）《儿童在线隐私保护法》

《儿童在线隐私保护法》（Children's Online Privacy Protection ACT，COPPA）专门针对面向 13 岁以下儿童的网站或在线服务的运营商，以及实际上知道其在线收集 13 岁以下儿童的个人信息的其他网站或在线服务的运营商，明确提出了某些具体的保护要求。例如，详细说明了网站运营商必须在隐私政策中包含的内容，如何时以及如何寻求父母或监护人的可验证同意，以及运营商在保护儿童的在线隐私和安全方面的责任，包括限制对 13 岁以下儿童的营销活动。

（4）《消费者金融信息隐私权利规则》

《消费者金融信息隐私权利规则》（Privacy of Consumer Financial Information Rule）旨

在保护消费者的财务隐私，如限制金融机构何时可以向非关联第三方披露消费者的"非公开个人信息"。该法律涵盖了广泛的金融机构，包括许多传统上不被视为金融机构的公司。因为它们从事某些金融活动，必须通知客户其信息共享的做法，并告诉消费者。如果他们不希望与某些非关联的第三方共享信息，则有权选择退出。此外，从金融机构接收消费者财务信息的任何实体在重复使用和重新披露该信息方面都可能受到限制。

除了上面提到的法律之外，联邦政府还曾经发布过《客户信息保护标准》《反垃圾邮件规则》和《电子通信隐私法》等个人信息保护法律。

2. 美国各州政府的个人信息保护法

美国各州对个人信息保护都有自己的法律，下面仅以加州的《加州消费者隐私法》（California Consumer Privacy Act，CCPA）为例进行讨论。

美国加州在 2018 年发布了 CCPA，目的是使消费者能够更好地控制企业所收集的个人信息，也为企业如何落地实施个人信息保护法提供具体的指导。这项具有里程碑意义的法律为加州消费者增加了新的隐私权，具体列举如下：

- 了解企业具体收集哪些个人相关信息，以及拥有哪些使用和共享这些信息的权利；
- 消费者要求企业删除其所收集的个人信息的权利（某些情况例外）；
- 消费者选择不允许企业出售其个人信息的权利；
- 消费者因为行使其 CCPA 规定的权利而不受企业歧视的权利；
- 企业必须向消费者解释它们是如何处理相关的个人隐私信息的。

也就是说，加州居民可以要求企业披露其拥有的相关个人信息，以及如何处理这些信息，也可以要求企业删除相关的个人信息，而不是出售这些信息。加州居民有权利要求企业在收集个人信息之前告知他们正在收集的信息类型，以及如何处理这些信息。一般来说，企业不能因为行使 CCPA 规定的权利而歧视你，企业不能强迫你放弃这些权利，任何放弃这些权利的合同条款都是无效的。

14.6 支付业务的审批

14.6.1 中国支付业务的管理办法

在中国要从事支付业务必须取得中国人民银行颁发的支付业务许可证，也就是行业里面常说的支付牌照。支付业务许可证是为了加强对从事支付业务的非金融机构的管理而由中国人民银行核发的非金融行业从业资格证书。支付业务许可证的有效期是 5 年，到期时持牌机构需要进行续展方可继续从事支付业务，续展不通过者应迅速退出市场。

中国人民银行根据支付机构所从事的业务，分别颁发预付卡受理、预付卡发行、移动电话支付、互联网支付、固定电话支付、银行卡收单和数字电视支付七种支付业务许可证。这里简单介绍几个主要的概念。

预付卡是指发卡机构采用磁条、芯片等技术以卡片、密码等形式发行的预付价值，包括但不限于磁条预付卡、芯片预付卡（含电子现金、电子钱包）以及具有唯一身份识别性质的密码、串码、图形、电子信息、生物特征信息。预付卡在形式上和普通的银行卡一样，但是会预先在账户里存入资金，没有信贷功能，以账户余额为限不可透支。常见的预付卡有各种加油卡和百货公司里的礼品卡等。

依托公网或专网在收款人和付款人之间转移货币资金的行为，包括货币汇兑、互联网支付、移动电话支付、固定电话支付、数字电视支付等。在上述支付方式中，最为常见的是互联网支付和移动电话支付。固定电话支付和数字电视支付这两种支付形式比较少见。

银行卡收单也叫线下收单，是指通过销售点终端（POS机）等为银行卡特约商户代收货币资金的行为。银行卡收单就是商户接收信用卡或者借记卡的过程，是支付金额最大的支付方式。

从2011年5月到2015年12月，中国人民银行分9批向271家支付机构颁发了支付业务许可证。截至2022年8月，其中68家支付机构的支付牌照已经被注销。

在移动支付领域，支付宝和微信支付的双寡头格局已然成型。天风证券研究报告数据显示，截至2019年第四季度，支付宝和腾讯财付通已分别占据支付市场份额的54.93%和38.98%。中国支付清算协会发布的《2020年移动支付用户问卷调查报告》显示，用户使用微信支付的比例从2019年的87.3%增至92.7%，使用支付宝的比例从2019年的90.7%增至91%。

除了中国人民银行的支付业务许可证之外，如果支付公司要进行基金销售的支付业务，还要向中国证券监督管理委员会（以下简称证监会）申请基金销售支付牌照。证监会根据《证券投资基金销售管理办法》发放基金销售支付牌照，从事基金销售支付结算业务的支付机构除应当遵守《证券投资基金销售管理办法（2013年修订）》的第二十六条规定外，还应当满足取得中国人民银行颁发的具有一定区域范围的支付业务资质、实缴货币注册资本1亿元、连续2年为金融机构（或电子商务）提供信息服务和连续2年盈利4个硬性条件，且公司基金销售支付结算业务账户应当与公司其他业务账户有效隔离。首次发放牌照时间为2010年5月，根据证监会2019年5月13日公示的信息，截至2019年4月，为公开募集基金销售机构提供支付结算服务的第三方支付机构共40家。

跨境电商支付牌照是国家外汇管理局发放给支付机构允许其进行跨境电子商务外汇支付业务的许可证。它允许部分拥有支付业务许可证且支付业务为互联网支付的第三方支付公司开展跨境业务试点。截至2015年底，获得该资格的支付平台数量为27家，在随后的2016年，跨境业务试点企业数量维持不变，直至2017年春季，国家外汇管理局才又批准3家企业参与跨境试点。自此，拥有跨境电商支付牌照的支付平台数量达到30家。2021年监管部门积极出台支持性政策，促进跨境贸易和跨境支付的发展。全年共有43家支付机构开展了跨境支付业务，共处理跨境支付业务71.91亿笔，人民币共9723.63亿元，与2020年相比分别增长了62.55%和21.56%，增速也较2020年分别增长了31.62和7.01个百分点。

支付机构的跨境外汇支付收入较 2020 年增加了将近 250 亿元。跨境人民币收入也较 2020 年增加了 1200 亿元。

14.6.2　日本支付业务的审批

在日本，信用卡公司和银行是相互隔离的。银行属于金融机构，而信用卡公司属于非金融机构。服务提供商也属于非金融机构，在收款人和付款人之间作为中介机构提供支付服务。以下是部分资金转移服务（支付服务）：

- 电子支付。
- 预付卡发行。
- 银行卡收单。
- 银行卡提现。
- 信用卡发行。
- 代发代付。

日本的支付业务，被称为资金移动业务，受日本金融厅的《资金支付法》的约束，具体分成 3 种类型，如图 14-2 所示。

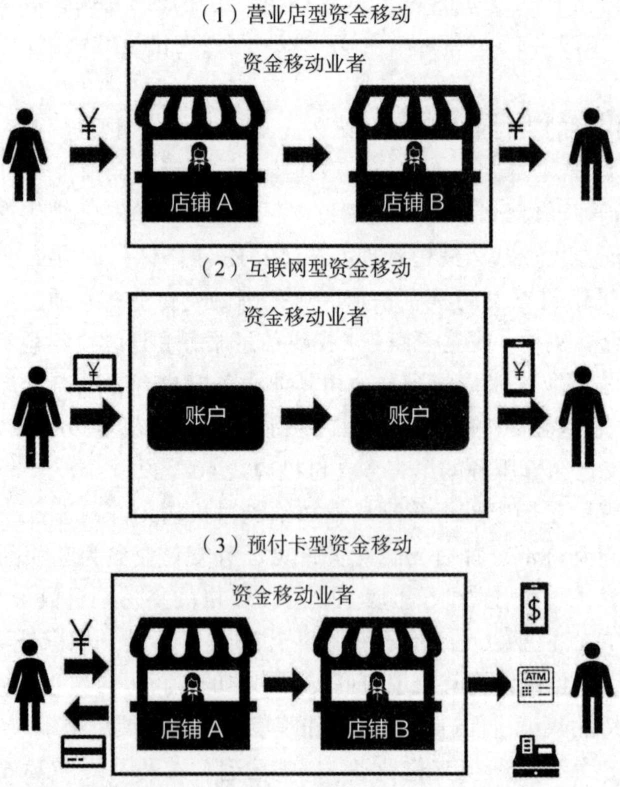

图 14-2　日本支付业务的 3 种类型

1. 营业店型资金移动

这类支付属于汇款业务，如西联汇款。资金移动的具体步骤如下：

1）付款人在营业店 A 汇款。

2）营业店 A 把汇款金额和店的位置发给营业店 B。

3）收款人在营业店 B 收到汇款。

2. 互联网型资金移动

这类支付主要由各种电子钱包服务商提供支持，诸如 Line Pay、PayPay、D pay、Au Pay 等。资金移动的具体步骤如下：

1）付款人在支付服务提供商的网页上创建账户。

2）付款人将资金存入新创建的账户，然后向收款人的账户发出支付指令。

3）收款人在指定账户上收到钱。

3. 预付卡型资金移动

例如 VISA、MasterCard、UnionPay、JCB、AMEX、Diners Club、Discover 的预付卡，其资金移动的具体步骤如下：

1）用户在赴海外旅行前，开立专用账户，领取卡，并将资金存入卡中。

2）用户持卡在海外旅行。

3）用户通过当地的合作商店或自动取款机提钱，或在合作商户处购物。

日本金融行业的审核制度可以分为三类：许可证制、登录制、申报制。

- 许可证制：向相关部门申请业务的经营许可证。例如日本的银行和证券公司都需要有许可证方可经营，许可证的申请难度最大。
- 登录制：向公司所在地的相关政府机关提交申请资料，经过审核之后，登录到机关的从业者一览表即可完成。登录制的难度仅次于许可证制。
- 申报制：将相关的申请资料提交到相关部门，即完成审查过程，难度最低。

日本政府采取申报制管理资金移动业务，也就是让申请支付业务资格的企业把申请资料提交到相关部门即完成审查过程。

14.6.3 美国支付业务的审批

美国在 1999 年颁布的《金融服务现代化法》中将非银行支付机构界定为货币转移服务商。如果想做支付业务，就需要先获取货币服务业务牌照（Money Services Business，MSB）和货币转移牌照（Money Transmitter License，MTL）。

1.MSB

MSB 为联邦层面的牌照。由美国财政部金融犯罪执法网（Financial Crime Enforcement Network，FinCEN）负责受理申请注册和监管。要想从事货币交易及兑换、支票兑现、旅行支票发行、汇票或储值、汇款等业务，则必须在 FinCEN 上注册。注册 MSB 的主体被定义为金融机构，但不包括银行和在美国证券交易委员会（SEC）或商品期货交易委员会（CFTC）注册的公司，同时还需遵守美国《银行保密法》的相关义务。

2.MTL

MTL 在各州进行注册。目前，共有 49 个州颁布了 MTL 的法律框架，但各州间对资金转移的定义及规定存在较大差异。总体来看，多数州都对 MTL 持牌机构有保证金要求，范围从 25000 美元到超过 100 万美元不等，且设有最低资本要求，允许申请者开展资金转移及汇款服务。《银行保密法》规定货币服务提供商除应遵守联邦法规外，还应遵守从事相关汇款活动的州法规，申请 MTL 并接受最低净资产、安全性、用户审查等方面的监管。

MSB 与 MTL 的关系如图 14-3 所示。

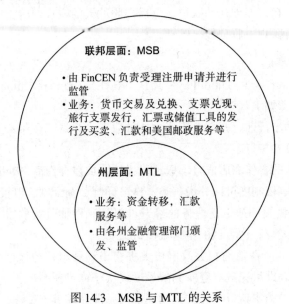

图 14-3　MSB 与 MTL 的关系

14.7　本章小结

本章首先从资金安全和政府要求两个角度讨论了政府与行业监管的意义，然后分别介绍了跨越国界的反洗钱（AML）与打击恐怖主义融资（CFT）监管，并对日本的排除反社会势力监管做了简单的讨论。本章还讨论了各国关于个人信息保护的监管政策，详细地分析了中国、欧盟、日本以及美国针对个人信息保护的各种专项法律和规范，最后针对中国、日本和美国三个市场对支付业务审批的过程做了简单比较和讨论。

第 15 章 *Chapter 15*

支付的未来

前面对支付的基础模式、技术研发、技术运维、技术最佳实践和业务运营体系做了讨论，本章将在上述讨论的基础之上，对支付的未来进行讨论。只有看清了未来的发展趋势，才能为业务、产品和技术的长期发展指明方向；只有掌握了通往未来的发展路径，才能为企业的发展制订正确的战略。

15.1 目前支付所面临的问题

第二次世界大战之后，美国主导建立了以 FICO 模型为基础的信用评价体系和以银行卡为核心的支付业务与技术模式。今天的发卡和收单等支付业务和技术模式，基本上都是在银行卡体系的基础上进一步衍生和发展出来的。从二战后到今天的 70 多年，银行卡服务伴随着交易为世界各国的经济发展和社会文明做出了巨大的贡献。但是，随着技术的革命性进步和经济的快速发展，以银行卡为基础的支付交易模式已经越来越不适应数字化时代的要求，逐渐显现出自己的问题。

15.1.1 体系臃肿

银行卡支付模式的基础就是一个由银行卡组织牵头，包括发卡行、持卡人、收单服务机构、合作商户和收单行在内的生态体系。除此之外，这个生态体系还要依托完备的征信体系作为发卡的前提条件。虽然一切支付活动都围绕着一张小小的塑料卡，但是背后需要提供的各种业务和技术支持却是巨大的。银行卡体系如图 15-1 所示。

首先，银行卡组织建立在 IBM 主机系统的基础之上，这个技术体系不但可以保证全天候的高可靠性，而且可以保证在地球的任何一个角落都能在几秒钟内完成必要的支付处理请求。90% 的银行卡支付请求都是由这些 IBM 大型机（Z System）完成的。VISA 的主机系统每秒可以处理 65 000 笔信用卡或者借记卡交易。

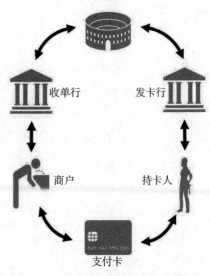

图 15-1　银行卡为核心的生态体系

其次，为了联通卡组织、发卡行、持卡人、商户和收单行，需要在全球范围内构建和维持一个巨大的通信网络基础设施。这个基础设施具有高度的稳定性和广泛的联接性，以确保生态体系里的利益相关方都能彼此通信。

再次，为了能评估消费者的信用水平从而发出信用卡，发卡行需要有庞大繁杂的征信体系作为后盾。基于 FICO 模型的信用评价体系事无巨细地收集每个消费者的雇佣经历、租房经历、还贷记录、违约情况和水电费缴费记录，并以此为基础通过模型计算每个人的信用评分，作为发卡行发出每张信用卡的基础参照。

最后，为了开拓银行卡业务，银行卡组织需要在世界各地寻找和签约发卡银行、收单银行、收单服务商、安全评价服务提供商和其他的合作机构。这个生态体系本身就是一个世界范围的业务组织和产品技术体系。庞大的体系既带来了银行卡被广泛接受的便利性，也让银行卡的交易处理体系臃肿不堪、负重难行。

目前，世界上最重要的七大银行卡组织按照市场的接受程度由高到低排序，依次为：VISA、MasterCard、Discover、American Express、China UnionPay、Dinners Club 和 JCB。

15.1.2　成本居高不下

根据 2020 年的统计，信用卡公司按照每笔交易额的 1.3% 至 3.5% 的比例收取支付服务的处理费用。确切的支付处理费用取决于不同的银行卡组织、银行卡的类型以及企业的商家类别代码。这部分费用包括银行卡组织和发卡行收取的网络交换费（Interchange Fee）和交易评估费（Assessment Fee）。支付服务的处理费用构成如图 15-2 所示。

由图 15-2 可知，网络交换费和交易评估费是银行卡组织和发卡行必须收取的费用，而且不可以讨价还价。其中网络交换费归发卡行，交易评估费归银行卡组织。

在支付请求处理的过程中，除了银行卡组织和发卡行要收取支付服务的处理费用之外，参与交易的收单行、收单服务商和支付服务商也需要收取一定的费用。具体收费方式，可以是以下 3 种方式的任何一种或者几种的组合：

- 按金额的百分比收取；
- 每月收取固定的服务费；

- 处理交易的设备费用。

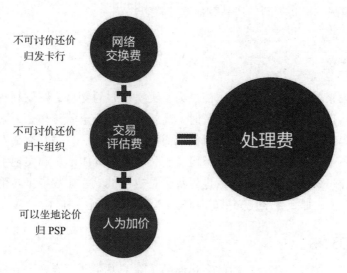

不可讨价还价
归发卡行 → 网络交换费

不可讨价还价
归卡组织 → 交易评估费 ＝ 处理费

可以坐地论价
归 PSP → 人为加价

图 15-2 支付服务的处理费用构成

在支付行业里还有一种比较流行的收费方式叫支付服务商处理费（Interchange Plus），这种收费方式把支付服务商（PSP）的收费与银行卡组织的收费完全分开。PSP 把银行卡组织收取的基本费用直接传递给商户，然后在这个基础上独立添加自己需要的收费。这种方式很受欢迎，因为它对所有类型的企业来说都负担得起，并且费用结构透明。商户可以清楚地知道在每笔支付请求的处理费用中，银行卡组织和 PSP 分别收取了多少。

银行卡生态体系的臃肿直接带来的第一个问题就是支付服务的处理成本居高不下。以日本为例，一笔普通的银行卡支付，商户至少需要拿出交易额的 3% 作为支付处理费。这为银行卡业务自身的推广和普及带来了障碍，很多中小微商户因此不愿意接受银行卡的小额支付。美国的银行卡支付交易处理费比日本的还要高，达到 4% 甚至更高。除了这么高的支付处理费之外，商户还要为处理银行卡支付的请求而支付 POS 设备的费用。

15.1.3 欺诈严重

信用卡在当初是为面对面的线下交易场景所设计和准备的一种支付工具。线下的面对面接触可以比较容易地解决双方之间的身份认证和信任问题。但是，2000 年左右互联网技术的快速发展，给人们带来了以电子商务为代表的新型交易模式，以及与此相对应的在线支付。在线支付让买卖双方在无法物理上接触和见面的情况下完成支付和商品交易。这对持卡人和商户来说都增加了很多倍的欺诈风险。这些交易和支付场景是 70 年前信用卡的发明者们未曾想象到的新情况和新挑战。

根据尼尔森报告，2020 年平均每 100 美元的支付就有 6.81 美分的欺诈损失，与发卡行、商户、收单行和 ATM 相关的支付欺诈损失为 285.8 亿美元。按照目前的趋势预测，在 2030

年，全球因为支付欺诈每年会损失 493.2 亿美元。从这个角度看，目前以卡为基础的支付体系面临着欺诈的挑战，需要创新的产品改变这种状态。

15.2 支付展望

无论支付在未来怎么发展，其本质都是为了买卖双方的交易能够顺利达成，从而能够按照约定的时间、币种和费用，准确、及时、高效地完成资金的转移。未来，只要人们还需要进行生产资料和生活资料的交换，就仍然需要交易活动。只要有交易发生，就少不了支付。虽然支付不会发生本质性的变化，但是支付业务的具体形态和实现手段等却极有可能发生较大的变化。毋庸置疑，未来的世界将会是数字世界。在数字世界里，交易必然会以数字化的形式为主，那么数字化交易的具体形态到底会是什么样呢？

15.2.1 未来的交易

数字化交易买卖的商品将会包括数字化商品。除了现在已经能看到的各种商品和服务以外，数字化交易要能够处理诸如类似非同质化代币（NFT）这样的数字化产品，而且很多的实体商品会向数字化方向演化。例如，去看一场多维度的虚拟现实电影，需要买一张NFT 形态的电影票，看完电影所享受的不仅仅是感官的刺激，还包括该电影的衍生数字化形态的商品。例如，很有可能会获得一套与电影主人公穿戴一样的数字化服装和装备。因此，可以在虚拟世界里把自己的数字形象打扮得和电影主人公一样，虽然真实的你仍然还是 T 恤衫加牛仔裤。

目前的线上交易场景将会扩大到多维度的虚拟化交易场景。现在的在线交易已经取代了相当大一部分的线下交易，在数字化时代，在线交易将会被虚拟现实场景所取代。你可以在虚拟现实的王府井空间里逛街，到虚拟现实的时装店让虚拟化人物试穿各种不同的衣服，根据试穿效果购买喜欢的商品。

配眼镜也不必再预约去眼镜店里试镜。把眼科医生的处方上传到云端，或者直接连上电脑到虚拟现实的眼镜店，就可以非常简单且方便地尝试各种不同风格的眼镜。

数字化交易的主体将会扩大到包括虚拟化的个体。随着物联网的发展，智能冰箱、智能空调、智能电视和智能管家的普及，购买商品和服务的人将不再是你自己，而是家里的各种智能设备。例如，智能冰箱会在牛奶或鸡蛋即将告罄的时候帮你及时补货，智能管家会帮你检查各种日常用品，自动帮你订购常用的药品，早上自动帮你叫车。总而言之，数字世界的数字化交易会比现在的电子商务更加方便、灵活和高效，不仅能大幅度节省用在家务上的时间，还能增加生活的乐趣。

15.2.2 未来的货币

数字世界里的货币显然将会以数字货币为主。这里所讲的数字货币是指基于国家主权的，由世界各国的中央银行所发行的数字货币，即 CBDC。尽管从 2008 年开始，类似比特币这样的虚拟数字货币已经有很多，但是，在国家主权没有消失之前，这些完全自由化的虚拟货币只能是一种理想，或者说一种有价值的数字资产，虽然有价值，但是还不足以成为大部分国家的货币。这就像古董字画一样，再有价值也难以成为货币。未来的数字货币有以下几个特点。

- 数字货币的归属关系清楚。数字货币从发行到使用，整个生命周期都是数字化的形态，而且可以实名保存在银行的账户系统中，而不像历史上的其他货币，例如金银和纸币等会匿名转手。数字货币每笔的转移都有记录可查，交割过程与归属关系非常明确。

- 数字货币的交易路径透明。数字货币在使用的过程中，可以很容易地追踪到参与资金交割各方的身份、地点和时间，这对反洗钱和打击恐怖主义融资非常有帮助，甚至对追查和防止一些国家和地区官员的贪污情况也大有裨益。

- 数字货币的结算可以即时完成。数字货币在使用的时候，可以立即完成资金的交割，这个支付的过程比现在通过第三方支付机构先对账、后结算、再出款的三步骤要更简单方便。卖方可以在卖出货物或者提供服务的瞬间得到自己的收益，实现真正意义上的 $T+0$ 结算服务。

- 数字货币的欺诈风险大幅度降低。因为数字货币的整个生命周期都是可以追溯的，所以这也让现在频繁出现的伪卡和盗卡等信用卡交易欺诈行为无处遁形。因为省略了交易风险管控的步骤，所以支付的速度以及支付处理过程中所涉及的环节和复杂度都大幅降低。目前，信用卡体系成本居高不下，欺诈损失和风险管控也是其中一个重要的因素，所以，数字货币能显著降低支付的成本。

15.2.3 未来的支付

从前面对交易未来的讨论，可以看到未来的交易形态会越来越复杂，因此更需要第三方或者第四方支付服务的提供者的创新和参与。从对货币未来的讨论中可以看到，支付业务今天所严重依赖的以银行卡为核心的世界支付体系，将会逐渐被新兴的以数字货币为核心的支付体系所取代，如图 15-3 所示。无论未来的交易怎么演变，支付作为交易的基础，都会持续被交易所依赖，并随着交易形态的演变而发展。

目前能看见的支付业务的未来如下：

- 虚拟化场景支付会随着虚拟现实应用的发

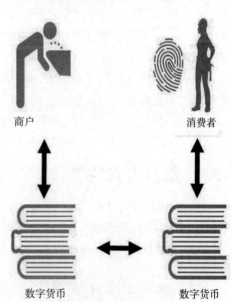

图 15-3 未来的支付体系

展而崛起；

- 生物特征识别将会成为消费者支付的重要手段；
- 信用卡支付将被信用数字货币所取代；
- 跨国支付业务将因为区块链和数字货币而变得更便捷；
- 第三方和第四方支付的服务将继续扩大；
- 以物联网为基础的自动化智能支付将普及。

这里重点讨论信用卡的未来发展趋势。信用卡严重依赖于高成本的银行卡组织，而且风险很大。信用卡支付是基于历史交易数据，对持卡人信用的一种判断。这对信用记录很差的消费者效果很好，但是对刚步入社会的年轻人和外来移民是不靠谱的。数字货币的引入，让我们有了大量丰富的实名化的交易数据，因为靠近当前时间点的数据的价值远高于历史数据的，所以更加容易判断消费者的偿债能力和偿债意愿。最近出现的一些金融科技创新产品，例如 Buy Now Pay Later（BNPL），就是利用金融科技的手段分析数据，计算风险，提供消费贷款的服务。

未来的信用支付将不再需要预先申请信用卡，而是采用信用数字货币的方式完成支付。所谓信用数字货币，是一种类似白条的特殊数字货币，发行人向收单者承诺兑现的义务。使用信用数字货币的人将根据每张白条的借贷时间的长短计算要付出的利息。这些白条可以打包成金融产品在金融市场上融资，完成流动资金的循环。这种动态的消费信贷服务，更容易甄别出缺乏偿债能力和偿债意愿的人，比传统的基于 FICO 模型的信用卡机制效率更高。

另外，今天的银行卡组织构成本身就存在矛盾。银行卡组织所发展的发卡行和收单行都是银行机构，但是很多国家的金融监管机构都规定，银行的存款业务是需要保护储户利益的，不可以同时兼营信用卡业务。发卡和收单都是银行业务以外的一种存在风险的服务。在历史上，发卡业务和收单业务之所以与银行紧密关联，是因为银行想把持卡人都发展成在银行开户的个人和企业客户。实际上，现在掌握用户信息最多的，未必是银行，也包括电信机构和各种互联网平台。假以时日，这些平台逐步与金融服务结合，会提供比现在的银行卡组织更加便利、高效的信用支付服务。当然，这些电信机构和互联网平台的账户目前仅仅是一种信息账户，与在银行开立的具有金融性质的账户完全不同。

15.3 支付方式展望

像未来的交易一样，未来的支付方式应该也必须是最贴近自然的方式。因为现在的人工智能技术已经在语音图像和模式识别方面非常成熟，所以通过语音指令和面部识别来完成各种场景下的支付成为可能。

15.3.1 未来案例：在家里智能支付

在家里购物和支付有 3 种场景。

1. 自然语言指令购买

这个场景应该是最常见的,就像你通过语音控制开关窗帘一样,你可以通过自然语言发出指令来与云端的商城交互,选购商品并完成支付。例如,你可以对着家里的智能音箱发出指令:明天是周六,帮我选购三文鱼和牛肉,我要准备四个人参加的烧烤会。智能音箱收到命令后就会自己在云上搜索三文鱼和牛肉的卖家,然后比对送货时间,比较产品价格,最终把采购方案发给你。你看了一下,基本靠谱,就说下订单吧。然后智能音箱给商户发出订单,自动完成支付。

2. 虚拟现实场景购买

这个场景是比较新的,你需要带上头盔或者有虚拟现实能力的眼镜,然后进入虚拟现实世界。在这里,你可以旅游,也可以到某个城市的某个超市采购。

3. 物联网设备的购买

这个场景已经出现而且会越来越多,家里的物联网传感器通过与 Wi-Fi 相连,根据消耗品的使用情况,自动完成采购订货。只要家里的存货量低于预设的采购线,传感器就会把采购通知发给供货商,然后自主完成支付。如图 15-4 所示。

图 15-4　在家里使用物联网传感器自动购物

15.3.2　未来案例:在车内声控支付

车内声控支付是一种可以安装在车内,基于人工智能和声控技术的支付手段,可以用来加油、停车、交过路费和餐馆订餐。拥有这种支付能力的汽车通过用户预录声纹,然后在虚拟电子钱包上绑定用户的信用卡或者借记卡,完成支付。这些电子钱包由汽车制造商提供。

作为扩大的个人空间,汽车具有很好的私密性,所以语音驱动的命令是再自然不过的一种选择。而且因为每个人的汽车都有类似人的指纹、掌纹、面孔一样的车纹,即通过电子手段安装的车辆识别器,所以汽车的身份和人的身份可以绑定,通过绑定完成信任的传导。这样汽车帮你完成包括支付在内的各种琐碎的日常事务,也是再正常不过的事了。

15.3.3　未来案例:在店里刷脸和掌纹支付

虽然刷脸是最自然、最直接的认证方式,但是只靠刷脸是万万不行的,因为这只是提供了你的身份信息,还必须要与其他的认证方式综合使用才能确定你真正授权支付。这就像登录网络邮箱要先输入用户名然后再提供密码一样,刷脸先提供的是用户名,再提供诸如掌纹这样的认证密码,可以使用的认证方式包括密码、指纹、签字、掌纹、虹膜、静脉、声纹等，其中使用掌纹的机会最大。

有了这种支付方式后，未来在外购物消费和支付的时候，你不需要再拿着手机扫来扫去。如果你是某个店的会员，只要本尊露面，店铺里的摄像头就能确定你的身份。当你在店里挑选好了心仪的商品之后，因为每个商品都有传感器，所以不再需要扫描商品计价的过程，只需要走到商店的门口，用手掌靠近掌纹采集器即可完成支付。发票随后会发送到云端的购物记录本上，供日后查询统计。

无论你喜欢还是不喜欢，愿意还是不愿意，今天的世界正在快速地向数字世界演变。数字化在不同国家或者不同行业有着不同的发展程度。支付服务如同城市里的水电和煤气，是经济发展的基础设施。所以支付行业从互联网时代开始就引领时代的进步，在数字时代必定也将会成为数字化的先驱。云服务、分布式计算、人工智能、区块链技术、数据科学和虚拟现实技术，已经为支付行业快速进入数字世界开辟了道路并提供了技术保障。如何能在数字时代吸取以信用卡为核心的支付体系的营养，承前启后，创新支付业务和产品，为人类开拓一个全新的支付时代，是支付行业要深入思考的大问题。

15.4　本章小结

本章先分析了目前支付体系存在的三个问题——体系臃肿、成本居高和欺诈严重，然后对支付的未来做了展望，描述了交易和货币的未来表现形式，最后对支付业务的未来做了预测性的分析，重点讨论了几种可能的未来支付场景。

缩 略 语

AML：反洗钱（Anti-Money Laundering）

AOC：遵从性证明书（Attestation of Compliance）

AP：应付账款（Account Payable）

ASV：经过批准的扫描服务供应商（Approved Scanning Vendor）

B：商户（Business）

B2B：商户之间的支付（Business to Business）

B2C：商户向消费者支付（Business to Consumer）

BC：业务连续性（Business Continuity）

BNPL：先买后付（Buy Now Pay Later）

BOSS：业务运营支持系统（Business Operations Support System）

BPM：业务流程管理（Business Process Management）

C：消费者（Consumer）

C2B：消费者与商户之间的支付（Consumer to Business）

C2C：消费者之间的支付（Consumer to Consumer）

CCD：电荷耦合器件（Charge-Coupled Device）

CDN：内容分发网络（Contents Distribution Network）

CFT：打击恐怖主义融资（Countering the Financing of Terrorism)

CMM：能力成熟度模型（Capability Maturity Model）

CRC：循环冗余码校验（Cyclic Redundancy Check）

CVV：银行卡验证码（Card Verification Value）

DDoS：分布式拒绝服务攻击（Distributed Denial-of-Service ）

DM：领域模型（Domain Model）

DR：灾备（Disaster & Recovery）

EAN：欧洲物品编码（European Article Number）

EC2：弹性计算云（Elastic Compute Cloud）

ECS：弹性计算服务（Elastic Container Service）

EEPROM：带电可擦可编程只读存储器（Electrically Erasable Programmable ROM）

EER：相等错误率（Equal Error Rate）

EKS：弹性容器服务（Elastic Kubernetes Service）

FAR：误识率（ False Acceptance Rate）

FATF：金融行动特别工作组(Financial Action Task Force on Money Laundering)

FPR：假阳率（False Positive Rate）

FRR：拒识率（ False Rejection Rate）

G2C：政府向个人支付（Government to Consumer）

GDPR：通用数据保护规则（General Data Protection Regulation）

GUID：全局唯一标识（Globally Unique Identifier）

GW：网关（GateWay）

IAN：国际物品编码（International Article Number）

IC：集成电路（Integrated Circuit）

IDC：互联网数据中心（Internet Data Center）

IMEI：国际移动设备识别码（International Mobile Equipment Identifier）

IoT：物联网（Internet of Things）

ITIL：IT基础设施库（Information Technology Infrastructure Library）

IVR：交互式语音应答（Interactive Voice Response）

MCC：商户分类码（Merchant Category Code）

NFC：近场通信（Near Field Communication）

NFT：非同质化代币（Non-Fungible Token）

NPI：美国国家提供商标识号码（National Provider Identifier）

PA-DSS：支付应用程序数据安全标准（Payment Application Data Security Standard）

PCI PTS：支付行业密码交易安全认证（PIN Transaction Security）

PCI SSC：PCI安全标准委员会（PCI Security Standard Committee）

PCI：银行卡行业（Payment Card Industry）

PCI-DSS：PCI数据安全标准（PCI Data Security Standard）

PII：个人身份识别信息（Personal Identifiable Information）

POS：销售终端（Point Of Sale）

PSP：支付服务提供商（Payment Service Provider）

QSA：合格安全性评估商（Qualified Security Assessor）

RA：参考架构（Reference Architecture）

ROC：ROC曲线（Receiver Operator Characteristic Curve）

ROC：遵从性报告书（Report on Compliance）

RPO：灾难恢复的数据目标（Recovery Point Objective）

RTO：灾难恢复的时间目标（Recovery Time Objective）

SAQ：自我评估问卷（Self-Assessment Questionnaire）

SIM：用户身份模块（Subscriber Identity Module）

TPR：真阳率（True Positive Rate）

UPC：通用产品代码（Universal Product Code）